区域发展战略研究
以吉林发展为视角

RESEARCH ON REGIONAL
DEVELOPMENT STRATEGY

From the Perspective of Jilin Development

赵光远　　王树贵／著

社会科学文献出版社
SOCIAL SCIENCES ACADEMIC PRESS (CHINA)

目 录

下篇　调研报告选编

前　言

　　《区域发展战略研究——以吉林发展为视角》一书是笔者自《科技创新引领区域发展》一书出版三年以来的又一成果。本书汇集了著者作为课题负责人进行区域战略研究和实地调查研究的科研成果。这些成果围绕着区域发展的关键问题和前沿问题，以创新为指导，进行了相应论述。

　　本书分上、下两篇。

　　上篇为"区域发展战略的若干探讨"，共四章。笔者结合近年来参加的战略规划研究等工作，对沿边开发开放、科技发展、长吉图区域发展、综合运输系统发展四个方面进行了探讨。

　　第一章是对沿边开发开放战略的探讨。该章在总结回顾吉林省沿边开发开放既有战略的基础上，提出吉林省沿边开发开放的"突破口"要强化通道建设和货物集散，推进"过路"经济向"基地"经济发展；要强化科技创新和成果转化，推进"传统"经济向"高端"经济发展；要强化生态环境和发展环境，推进生态环境和制度环境并重发展；要强化企业主体和体制改革，推进"外生"经济向"内生"经济发展。在此基础上，预测发展目标，按照"构建内陆沿边沿海全方位互动开放、互利共赢的开放体系，培育面向东北亚开放合作的重要枢纽和战略新高地"的要求，设计了对应的任务体系和支撑体系。

　　第二章是对科技发展战略的探讨。该章在回顾吉林省科技创新成就的基础上，指出吉林省已经进入经济社会发展倒逼科技创新的关键期、推动"大众创业，万众创新"的深化期、"一带一路"助力开放创新的探索期、中国制造需求协同创新的增长期、"互联网＋"推进网络创新的试验期和深化改革保障创新效益的实践期，同时，该时期也是吉林省科技发展外部形势可能恶化的时期，区域创新资源竞争加剧、财政科技资金相对紧缩、人才流失现象可能加剧、新兴产业发展亟待跃升、区域创新能力有所下滑等现象可能进一步加剧。为此，迫切需要突出科技创新核心地位，以科技体制改革为先导，以打造创新平台为支撑，以企业主体地位为重点，优化区域布局，突出四个体系和四个制度，优化创新生态系统，营造创新良好环境，巩固现有创新基础，提升科技支撑能力，促进分享经济发展，提升协同创新水平，推动形成以创新为主要引领和支撑的经济体系。

第三章是对长吉图区域发展战略的探讨。该章在总结长吉图区域发展成就的基础上，指出了国内战略催生新机遇、国际形势演化新格局的发展新态势，提出了还存在周边国际环境复杂、区域联动力度不够、经济转型任重道远、"先行先试"探索深度不够、受国内尤其是区域发展环境影响较大等制约因素。在此基础上，长吉图区域要紧抓重大历史机遇，以全面深化改革为指导，以全面扩大开放为宗旨，以创新驱动开发为基础，以重构区域布局为依托，以法律制度建设为保障，突出区域特色产业体系引领作用，加快完善通道网络支撑系统，加大"先行先试"力度和深度，大幅提高开放合作水平，构建新型城镇化、新型信息化、新型工业化三足支撑，绿色低碳、科技创新、全面开放三位一体的发展新格局，把长吉图打造成为吉林省改革开放的平台、产业集聚的平台、新型城镇化建设的平台、科技创新的平台和争取国家政策支持的平台。

第四章是对综合运输系统发展战略的探讨。该章指出交通运输和通道建设是开放发展的重要保障，并基于十八大尤其是十八届三中全会后交通运输行业发展的新形势、吉林省经济社会发展的新形势，系统分析了吉林省交通运输行业的发展现状，梳理了综合运输系统与经济发展之间的互动机理，建立了综合运输系统内在协调性、与经济发展适应性的定量分析模型并进行了定量分析，得出了一系列结论。该章设计了"综合交通是核心，智慧交通是关键，绿色交通是引领，平安交通是基础，协同交通是必然，民生交通是目标，交通体制是根本"的发展框架和"制度创新引领，市场配置资源；培育企业主体，营造环境公平；七个交通并举，系统推进支撑；强化需求导向，质量绩效优先"的发展思路，以及以运输需求为导向重构运输系统、以科学技术为依托提高运输效率、以重点区域为核心打造交通枢纽、以民生需求为目标配置运输资源、以市场机制为根本推进制度改革等对策建议。

　　下篇是"调研报告选编"，包括第五章至第七章，共计 13 篇调研报告。这些报告是笔者从事区域发展战略研究的重要基础。

　　第五章是关于科技金融问题的相关报告。该章不仅从宏观层面提出了实施新"三动"战略，而且从微观层面利用大数据、科技金融信息等对科技成果转化能力进行了评估，并对其他省区科技金融发展的经验进行了总结和梳理。

　　第六章是关于创新战略问题的相关报告。该章不仅指出了通过实施双轮驱动战略可以推动吉林省实体经济发展，还就特殊群体创新创业、传统产业"二次创业"等问题进行了研究。此外，本章还以医药企业为例对高新技术产业发展有关情况进行了探索。

　　第七章是有关区域发展问题的相关报告。本章共六节，其中前三节是关于城镇化、城市建设方面的调研报告，第四节至第五节是关于区域开发开放的调研报告，第六节是关于区域宏观发展政策的调研报告。

上　篇

区域发展战略的若干探讨

战略是方向，是指引。区域发展战略对于一个地区经济社会发展而言，其方向性、引导性作用更为重要。在过去的几年里，笔者参与了吉林省的科技创新、沿边开放、运输系统等领域的规划编制和课题研究，并对此进行了深入思考，形成了相关成果。

第一章

关于沿边开发开放战略的探讨*

　　沿边开发开放是经济社会发展的重大战略之一，是实现区域均衡发展、社会和谐发展的重大课题之一。沿边地区开发开放战略，是国家沿边开发开放战略和"一带一路"倡议的重要组成部分，也是该区域提升内生发展动力、优化区域经济格局的重要举措。如何协调好落实国家战略与促进区域发展的关系，如何协调好应对周边政治安全环境和推进开放发展进程的关系，如何协调好合适的发展目标与科学的发展路径的关系，均是该战略的重要关注所在。本章以既有战略为基础，以吉林省沿边地区开发开放为例，分析了沿边地区的发展趋势，设计了沿边地区的重大任务，并提出了促进沿边开发开放的保障措施。

第一节　沿边开发开放相关文献评述①

　　本节依据国家战略规划、省部级发展规划、市州级发展规划等文献，对不同级别行政区域的沿边开发开放战略进行了梳理和评述。

一　国家战略中的沿边开发开放战略

（一）五年规划中的沿边开发开放

　　《中华人民共和国国民经济和社会发展第十一个五年规划纲要》中指

　＊　本章是在 2014 年长吉图引导资金投资计划项目"编制长吉图沿边开发开放总体规划前期研究"成果基础上修改而成的。该项目负责人为赵光远，主要参加人有徐嘉、宁维、吴迪等。
　①　为保障本节内容与后续内容的逻辑联系，在修改过程中未增加"十三五"以来的文献资料。

出，要"坚持对外开放基本国策，在更大范围、更广领域、更高层次上参与国际经济技术合作和竞争，更好地促进国内发展与改革，切实维护国家经济安全"。其中与吉林省紧密相关的内容有："引导外资更多地投向高技术产业、现代服务业、高端制造环节、基础设施和生态环境保护，投向中西部地区和东北地区等老工业基地。""继续用好国际金融组织和外国政府贷款，重点投向中西部地区和东北地区等老工业基地，用于资源节约、环境保护和基础设施建设。""统筹规划并稳步推进贸易、投资、交通运输的便利化，积极参与国际区域经济合作机制，加强对话与协商，发展与各国的双边、多边经贸合作。"

《中华人民共和国国民经济和社会发展第十二个五年规划纲要》中进一步指出，要"适应我国对外开放由出口和吸收外资为主转向进口和出口、吸收外资和对外投资并重的新形势，必须实行更加积极主动的开放战略，不断拓展新的开放领域和空间，扩大和深化同各方利益的汇合点，完善更加适应发展开放型经济要求的体制机制，有效防范风险，以开放促发展、促改革、促创新"。其中与吉林省紧密相关的内容不多，只有"扩大农业国际合作""引导和推动区域合作进程"等。

（二）"东北振兴"中的沿边开发开放

2003年，《中共中央、国务院关于实施东北地区等老工业基地振兴战略的若干意见》中就东北地区对外开放指出，要"进一步扩大开放领域，大力优化投资环境，是振兴老工业基地的重要途径。扩大老工业基地的金融、保险、商贸、旅游等服务领域的对外开放。着力提高利用外资的质量和水平，积极吸收外资参与老工业基地调整改造，承接国际产业转移。鼓励外资以并购、参股等多种方式参与国企改制和不良资产处置。东北地区要发挥与俄罗斯、日本、韩国、朝鲜等国毗邻的区位优势，加强同周边国家的合作。充分利用东北地区现有港口条件和优势，把大连建成东北亚重要的国际航运中心。依托黑河、绥芬河、珲春等对俄边境口岸，扩大与俄罗斯等国的经贸合作。在'引进来'的同时，加快实施'走出去'战略，鼓励有实力的各类所有制企业进行跨国投资与经营，积极开展多种形式的国际经济合作，建立海外能源、原材料和生产制造基地，带动商品、技术和劳务出口。大力推进对内开放，打破地区封锁和市场分割，积极吸引国内其他地区的各类生产要素进入东北地区等老工业基地市场，鼓励各类所有制企业积极参与老工业基地调整改造"。其中发挥与俄罗斯、朝鲜等国毗邻的区位优势，依托珲春等对俄边境口岸等内容与吉林省沿边开发开放紧密相关。

2007年，《东北地区振兴规划》就东北地区对外开放进一步指出，要"提高利用外资质量和水平""积极发展对外贸易""加强国际经济技术合作""优化对外开放布局"等。其中"鼓励外资参与国有企业改组改造……引导外资投向高技术产业、装备制造业、现代农业、服务业、基础设施和生态环境保护等领域。鼓励外资金融机构在东北地区设立机构和开办业务。鼓励外商投资区域性研发设计中心，合作建立特色优势产业的技术研发和设计中心等。限制或禁止外商投资高能耗、高物耗、高污染产业。""鼓励高新技术产品、高附加值产品、劳动密集型产品和农产品出口。""巩固与东北亚国家的经贸关系，积极开拓东南亚、欧美等海外市场。大力发展边境贸易。""在主要边境口岸城市加快建设边境经济合作区、互市贸易区、出口加工区、跨境工业区。推动与周边国家在能源、原材料和矿产资源等领域的开发合作。建设对俄出口加工基地和科技合作基地。鼓励优势产业加强对外合作，支持有实力的企业在周边国家设立境外生产基地和经济贸易合作区。继续推进大图们江区域合作开发。""加快重点边境口岸城市基础设施及国际物流通道建设，积极发展内贸货物跨境运输和跨国陆海联运国际贸易大通道，促进对俄、蒙、朝的路、港、口岸和经济合作区建设。努力提升开发区对外开放水平"等内容都与吉林省紧密相关。

2009年，《国务院关于进一步实施东北地区等老工业基地振兴战略的若干意见》中指出，要"加快推进辽宁沿海经济带和长吉图地区开发开放。推动《中国东北地区老工业基地与俄罗斯远东地区合作规划纲要》早日签署并协调组织实施。抓紧编制实施黑瞎子岛保护与开放开发规划。把沿海沿边开放和境外资源开发、区域经济合作、承接国内外产业转移结合起来，支持符合条件的地区建设边境贸易中心、经济合作区、出口加工区、进口资源加工区。研究建立中俄地方合作发展基金，支持中俄地区合作规划纲要项目的实施。利用境外港口开展内贸货物跨境运输合作，推进黑龙江、吉林江海陆海联运通道常态化运营。积极探索海关特殊监管区域管理制度创新，加快推动以大连大窑湾保税港区为核心的大连东北亚国际航运中心建设，抓紧建设好绥芬河综合保税区和沈阳保税物流中心，促进东北地区保税物流和保税加工业的发展。开展货物贸易人民币结算试点。推动东北地区与港澳台地区加强经贸合作"。其中涉及吉林省的内容有所增加，长吉图开发开放、中俄地区合作规划纲要项目实施、利用境外港口开展内贸货物跨境运输合作、推进吉林陆海联运通道常态化运营、促进东北地区保税物流和保税加工业的发展、推动东北地区与港澳台地区加强经贸合作等都与吉林省对外开放紧密相关。

2014 年，《国务院关于近期支持东北振兴若干重大政策举措的意见》中指出，"要实施更加积极主动的开放战略，全面提升开放层次和水平，不断拓展发展领域和空间"。其中与吉林省紧密相关的内容有"加强东北振兴与俄远东开发的衔接，启动中俄远东开发合作机制""发挥地缘和人文优势，务实推进对韩、蒙、日、朝合作""建立中德政府间老工业基地振兴交流合作机制""提升中新吉林食品区合作层次""研究设立延吉（长白）重点开发开放试验区、支持中国图们江区域（珲春）国际合作示范区建设，在具备条件的地区建设综合保税区和跨境经济合作区""加强重点边境城市建设，增强对周边地区的辐射力和吸引力""推动东北地区东部经济带发展"等。

（三）"图们江区域开发"中的沿边开发开放

《中国图们江区域合作开发规划纲要》中就吉林省对外开放和沿边开放等工作具体指出，"积极推进珲春口岸国际商品交易中心建设，进一步完善珲春—扎鲁比诺—束草—新潟航线陆海联运。加快沿边重要口岸基础设施建设，进一步增强通关过货能力，提高口岸利用效率和经济效益。""建设（长春龙嘉国际机场）成为东北腹地进出口空地联运中转点和配送中心、东北亚航空物流中心。强化延吉空港国际物流功能。""充分发挥珲春边境经济合作区在图们江地区开发开放中的作用，尽快形成集投资贸易、出口加工、国际物流等于一体的多功能经济区。积极创造条件，逐步建设跨境经济合作区。""积极推进跨国自然保护区、跨国湿地等重点地区生态建设和环境保护的国际合作。""依托珲春边境经济合作区，加强与周边国家合作，重点发展高新电子、汽车零部件出口加工、纺织服装，以及能源及矿业开发加工、木制品加工、建材和机械装备制造。""发挥东北亚各国旅游促进机构的作用，推进与周边国家开展跨国旅游合作。以区域内旅游基础设施建设、陆海空联运航线通畅、旅游市场培育、多语言旅游信息平台开发等为重点，打造图们江区域跨境旅游合作圈。""在现有的大图们倡议合作机制基础上，定期举办东北亚经济合作论坛、图们江区域城市论坛等专业性研讨活动"等。

2012年《国务院办公厅关于支持中国图们江区域（珲春）国际合作示范区建设的若干意见》中指出，要"重点依托珲春中俄互市贸易区，大力发展边境贸易、转口贸易及服务贸易；积极利用陆海联运国际运输通道，扩大内贸货物跨境运输规模，打造南北物流新通道；针对东北亚国家的资源条件和优势互补特点，重点拓展经珲春口岸进出的矿产品、农畜产品及各类精深加工产品贸易与物流服务，建设成为图们江区域重要的国际物流集散地"，并且"突出抓好中朝陆海联运国际运输通道建设，做好共同开发和共同管理中朝罗先经济贸易区工作，加强产业合作……深入推进中朝跨境经济合作"，"突出抓好中俄陆海联运国际运输通道建设，充分发挥俄罗斯远东地区……资源优势，大力发展高端木制品加工、金属制品加工、跨境旅游、商贸服务和口岸经济，配套发展临港物流和互市贸易，深入推进中俄跨境经济合作"。

二　省部级文件中的沿边开发开放战略

（一）五年规划中的沿边开发开放

《国家级经济技术开发区和边境经济合作区"十二五"发展规划（2011—2015年）》在优化开放型经济格局中专门指出要"加强同毗邻国家的国际经贸合作"，并要求"边境合作区要进一步完善口岸基础设施，提高通关和综合配套能力，提升城市建设管理水平，发挥对外交往窗口平台作用。要大力发展边境贸易和特色产业加工，扩大进出口规模，提高边境地区对外贸易占全国外贸的比重。以边境口岸为依托，建设一批较具规模的商品集散市场和多功能物流中心。鼓励资源性商品进口，输出特色优质和高附加值商品。要发挥沿边地缘优势，利用我同周边国家、地区自贸区协定、经济合作协议和其他多双边组织经济合作框架，打造同毗邻国家经贸交流的桥头堡。总结完善中哈霍尔果斯国际边境合作中心试点经验，积极探索、审慎推进跨境经济合作区模式"。

《对外贸易发展"十二五"规划》中针对对外贸易空间布局以及外贸

平台建设等指出，要"大力开拓新兴市场，培育周边市场。""综合考虑资源储量、人口规模、市场份额、战略地位等因素，选择若干个发展中国家市场进行重点开拓。""鼓励沿海地区发展高端产业、发展高增值环节和总部经济的同时，合理有序将劳动密集型传统产业、加工制造环节向中西部地区转移，加快中西部地区发展。加快重点口岸、边境城市、边境经济合作区建设，扩大与周边地区的经贸往来。""培育一批农产品、轻工、纺织服装、医药、五金建材、新型材料、专业化工、机床、工程机械等外贸转型升级示范基地。继续推进国家科技兴贸创新基地和国家汽车及零部件、船舶出口基地建设"等。

《吉林省国民经济和社会发展第十二个五年规划》中在"实施开放带动战略，提升对外开放水平"中针对沿边地区开发开放问题指出，要在更高层次上推动"引进来"和"走出去"。突出引资引智并重，充分利用"两个市场""两种资源"，有效整合国内外生产要素，提高开放带动能力，形成全方位、宽领域、多层次的开放格局。加快长吉图开发开放先导区建设，全力打造吉林省扩大开放、改革创新的重要平台。具体包括："加快中俄、中韩、中日、新加坡、香港等国际园区的建设，推进广东、上海、浙江、福建等省际园区进一步发展。""大力发展服务贸易和加工贸易，加快发展边境贸易，积极开拓国际市场。""推动汽车及零部件……等产业扩大出口规模，形成一批出口优势产业群，加快建设国家级汽车及零部件出口基地、吉林特色农产品出口基地、科技兴贸出口创新基地和20个省级出口基地，支持市、县建设特色出口基地。促进涉外旅游、文化产业等服务贸易加快发展。推动对俄、朝、蒙等国家资源合作开发，支持有实力的企业建立国际经营网络，打造品牌，扩大市场份额。鼓励先进技术装备、关键零部件和资源性产品进口。""加大与周边国家和澳大利亚、加拿大等国家在资源和能源领域的合作开发力度。支持皓月等农畜产品加工企业提高国际市场竞争能力。推动吉恩镍业、通钢、金海木业等企业在海外建立资源性产品开发、生产、加工及进出口贸易基地。""强化长吉腹地支撑，提升延龙图前沿功能，推动建设珲春特殊经济功能区，加快敦化等重要节点城市建设，促进边境地区与腹地联动发展；突出抓好区域内交通、能源及跨境通道等基础设施建设，巩固拓展国际陆海联运航线，努力在借港出海、内贸外运等方面实现突破。""积极推动建立跨境经济合作示范区"等。

（二）其他规划和文件里的沿边开发开放

《吉林省东部绿色转型发展区总体规划》指出，要"充分发挥东部地区独特的地缘优势，增强区域发展开放度，拓宽国际合作新领域，开展国际国内陆海联运，构建内陆沿边沿海全方位互动开放、互利共赢的开放体系，培育东部地区成为面向东北亚开放合作的重要枢纽和战略新高地"。同时，该规划还从主动融入国家"一带一路"倡议、深化东北亚区域国际合作、加强国内区域合作、推动开放平台建设、打通内外互通的大通道、完善国际国内合作机制六个方面构建了全方位互动开放体系。由于吉林省沿边地区均位于东部绿色转型发展区，且本规划在2015年1月发布，为此本规划是制定吉林省沿边地区开发开放规划的关键依据之一。

《吉林省政府工作报告（2015年）》针对对外开放和沿边开放等问题指出，要"深入实施长吉图开发开放先导区战略，主动融入国家'一带一路'建设。加快畅通对外通道，深入推进我省和周边以及东北亚区域合作，搞好中朝圈河、集安等口岸桥重建修复，谋划珲春至海参崴高速铁路，加快扎鲁比诺万能海港和珲春物流中心合作建设进度，开通珲春至韩国釜山等陆海联运航线。继续推进图们江出海航行取得新进展。抢抓俄罗斯远东开发机遇，深化与滨海边疆区等地在能源资源开发等方面合作。争取设立韩国产业园区。积极稳妥推进中朝罗先经贸区建设。推动各级各类开发区转型升级和创新发展。建设长春兴隆综合保税区、珲春国际合作示范区，中新吉林食品区力争晋升为国家级开发区。加快建设长吉产业创新发展示范区，打造助推发展和改革开放新平台。申请设立吉林自贸试验园区。建设长春、延吉空港经济开发区。谋划设立中俄珲春—扎鲁比诺跨境经济合作区。组织好赴'长三角''珠三角''环渤海'等地招商和欧美、东南亚、日韩等经贸交流活动，推动与上海等发达地区合作取得实质性成效。举办好第十届中国–东北亚博览会，为推动东北亚区域政治、外交、经贸、人文等领域交流合作发挥作用，切实服务国家周边外交战略。办好中国长春·东北亚文化艺术周，展示吉林对外形象"等。

三 市（州）级文件中的沿边开发开放战略

（一）通化市的沿边开发开放

通化市"十二五"规划中指出，要积极发展对外经贸，加快医药、长白山特色产品出口基地建设，扩大药品、钢材、优质农副产品等出口规模。实施科技兴贸战略，鼓励医药等高新技术企业培育一批具有竞争优势的出口品牌和拳头产品。选择有发展潜力的企业积极开展进出口贸易，着力培育新的增长点。扶持有进出口能力的中小企业，特别是生产加工型企业走向国际市场。积极发展对朝边贸，重点推进中朝互市贸易区、进出口加工贸易区、国际物流仓储区、青石综合贸易区、鸭绿江公路大桥"四区一桥"基础设施建设，改善通关条件，扩大进出口规模。加快建设通丹经济带建设，建立和完善跨区域合作机制，发展城市联盟。消除市场壁垒，促进要素流通。积极发挥各方优势，提升互动层次，着力推进规划同筹、交通同网、信息同享、市场同体、产业同布、科技同兴、旅游同线、环境同治，提高通丹经济带的整体发展水平。用 5～10 年时间，将这一区域打造成东北东部新的经济隆起带和东北经济发展的重要增长极，建设成为国家边境合作开发与开放的示范区。大力推进招商引资，强化企业的主体作用，建立健全符合市场经济要求的招商引资机制。加强信息服务网络建设，推行会展、网络、委托、中介组织等招商方式。围绕重点项目、重点产业和重点领域，集中力量组织开展大型经贸招商活动。积极承接沿海发达地区资金、技术、产业、人才转移，密切与央企、世界 500 强及国内民营大企业的对接，加强与欧洲、东南亚、日韩俄、我国港澳台等国家和地区的经济联系。实现由招商引资向招商选资转变，由注重引进资金向引进技术、人才、销售和管理经验等全方位招商转变，提高招商引资质量和效益。大力改善招商环境，积极营造尊商、亲商、安商、富商的良好氛围。加强对外经贸交流。落实"走出去"战略，努力扩大对外经贸合作。加强与省内外的联系，主动参与区域经济分工与合作，积极对接长吉图开发开放先导区、辽宁沿海经济带、沈阳城市圈、环渤海经济圈，积极推进与域外的产业协作。充分利用国内、国际大型会展，多渠道、多层次、全方位开展对外经贸业务。加强各类外派劳务基地建设，培育"通化劳务"品牌，扩大外派劳务规模。支持有实力的企业到境外投资建厂，带动劳务、原料和产品输出。

通化市《2015 年政府工作报告》提出了"发挥好入关出海门户城市的特殊功能作用，努力把我市打造成为面向东北亚开发开放的前沿城市"的目标，继续把加快通丹经济带规划建设、加快鸭绿江中朝经济合作带建设等作为核心工作，并积极推进集安跨境经贸合作区、界河大桥联运通行等工作。积极打造开放平台载体，医药高新区地区生产总值增长 20% 以上。各县（市、区）开发区都要培育集聚效应明显的产业集群。策划打造国际文化交流平台，积极发展友好城市。加强出口基地建设，优化海关通关服务，促进外贸稳定增长。坚持引资与引技、引智并举，创新招商引资方式，强化与国内外重点地区产业对接互动，引进更多的知名企业和战略投资者，促进合作项目落地，推动落户企业再投资。规划建设中韩产业园、台湾生物科技产业园。

（二）白山市的沿边开发开放

白山市"十二五"规划中指出，要推进与东北东部十二城市的经济合作，贯彻东北四省区合作框架协议，实施鸭绿江经济先行区（白通丹）战略，尽快完成与"辽宁沿海城市群"和"长吉图开发开放先导区"的衔接。坚持"引进来"和"走出去"相结合，抓住东部沿海地区"南资北移"的有利契机，加强与长三角、珠三角、环渤海经济圈等区域的对接，有效承接产业转移。在扩大对外贸易方面，要立足国际和国内两个市场和两种资源，继续保持木制品、人参制品等产品出口稳定增长，提高人参、硅藻土等产品在国际市场占有率，推进林木深加工和人参出口基地建设，扩大出口规模。实施市场多元化战略，在巩固俄、日、欧、美等市场的同时，积极开拓中东、非洲等新兴市场。加强与朝鲜合作和交流，深度开发跨国旅游，发展边境贸易，拓展外贸市场空间。扶持骨干企业，打造进出口总值超千万美元的企业群，引导重点企业到境外投资开发矿产、林木加工等资源型项目，带动境外劳务输出和工程承包。有效利用外资，充分发挥利用外资在推动科技创新、产业升级、区域协调发展等方面的积极作用，积极支持外商以拥有知识产权的先进技术作价出资等方式进入新能源、节能环保、新材料、生物医药等战略性新兴产业，鼓励外商投资金融保险、科技研发、文化创意、现代物流等生产性服务业以及社区服务、信息咨询、旅游等生活性服务业。

白山市《2015 年政府工作报告》指出，要积极推进长白国家重点开发开放试验区和边境经济合作区建设，筹建临江边境经济合作区，力争早日获批。抓好长白、临江过境通道前期工作，探索建设内陆港和保税物流园区，设立外贸扶持资金，争取出口退税政策。积极发展边境地区民间贸易。发挥国家级外贸转型示范基地和省级林木深加工产品出口基地带动作用，扶持恒大冰泉、舜茂科技、金隆木业等龙头企业扩大出口规模，优化外贸结构，培育新增长点。主动融入长吉图开发开放先导区和东北东部区域合作，扎实推进基础设施、产业布局、政策规划、要素市场一体化。

（三）延边朝鲜族自治州的沿边开发开放

延边朝鲜族自治州"十二五"规划中指出，要以珲春开放窗口和延龙图开放前沿建设为引擎，在更高的起点上构建对外开放新格局。加强与周边国家地区政府、企业、民间各层次的交流与合作，不断巩固和扩大与韩国束草、大邱、釜山、东海、浦项，日本新潟、敦贺，俄罗斯海参崴、圣彼得堡、哈桑区，朝鲜罗先等城市的经济合作关系，加快推动形成图们江区域合作新格局。深化交通合作，加快构筑贯通东北经济区、蒙古国通往日本海的国际运输通道。加强产业合作，建设国家能源储备和开发基地、林产品加工基地、钢铁生产基地、高新技术产业基地、优质农产品出口加工基地等，建立"中日韩循环经济示范基地"和环保设备制造基地。探索设立沿边地区进口资源加工区。着力探索跨境经济合作新模式，不断提升现有边境经济合作区功能，推进进口资源加工区、国际产业合作区、出口加工区、跨境旅游经济合作区等载体建设。推进中俄、中朝毗邻地区的跨境合作。申请设立珲春特殊经济区，强化珲春开放窗口的作用。积极探索金融合作，共同建立区域内信用平台和融资平台，探索形成图们江区域银行联合体的形式，尝试联合建立银联体项目库。吸引和鼓励国际金融组织参与图们江区域合作开发。创新利用外资方式，拓宽利用外资领域，吸引外商投资特色优势产业，扩大基础设施、旅游观光、教育卫生、文化体育、生态环境和扶贫开发等领域利用外资规模。集中力量做大做强各类经济技术开发区，重点吸引跨国集团和国内具有较高知名度的企业入区。积极扩大外贸出口。巩固和扩大朝鲜、俄罗斯、韩国及日本等传统市场，深度开发欧美市场，大力开拓非洲和中东等新兴市场。进一步拓展国际经济技术合作领域，积极开展国际工程承包业务，带动成套设备、相关技术出口。加强出口基地建设。积极培育大宗出口商品，提升产业外向度。以支柱和优势产业为依托，大力扶持出口基地建设，完善基地基础设施及相关配套设施，建立健全基地出口服务体系，搭建面向国内外市场的信息网络平台。建立对俄商品综合加工、实木地板加工、对朝进口资源加工、农产品及其深加工、海产品等五个省级出口基地,以及纺织品、矿泉水出口加工基地。大力扶持边境贸易。大力发展对俄罗斯、朝鲜等周边国家贸易。积极培育贸易主体,支持边贸企业建设专项出口生产体系、国际物流体系,建设图们中朝互市贸易区、进出口产品加工区、国际物流仓储区等。落实国家边贸政策,采取专项转移支付的办法,逐年增加资金规模,专项用于增强边境小额贸易企业经营能力。

延边朝鲜族自治州《2015 年政府工作报告》指出,要主动融入国家"一带一路"倡议,加快互联互通建设,增加商品运输种类,推动双目峰口岸对外开放,谋划设立春化分水岭口岸。提高通关便利化水平,实现珲春至克拉斯基诺口岸互通小型车。积极发展陆海联运,开辟珲春经扎鲁比诺至釜山航线,推动清津港综合利用,拓展内贸外运业务。增加延吉机场国际航线航班。落实国家支持企业"走出去"政策,积极参与俄罗斯远东地区开发和扎鲁比诺超前发展区建设,争取设立扎鲁比诺中俄物流园区;深化与哈桑区合作,设立哈桑中俄旅游集散中心,增进与滨海边疆区希望区合作,设立中俄工业园区、农业园区和物流园区。提升与符拉迪沃斯托克合作层次,办好"深化务实合作年"系列活动。抢抓中韩自贸区建立契机,全面加强对韩交流与合作,建设以珲春浦项为龙头的国际物流产业园,以延吉韩正人参为龙头的健康科技产业园,以图们惠人电子为龙头的电子信息产业园,以安图农心为龙头的生态食品产业园。积极争取国家外经贸发展专项资金,设立图们江开发投资基金,扶持境外经济合作区建设。落实俄、韩两国公民进入珲春国际合作示范区 15 天免签政策。加强与长吉腹地联动,在珲春建立果蔬、肉类、海产品国际商品批发中心。扩大进出口规模,扶持矿泉水、农副产品等优势地产品出口,加大木材、煤炭等资源进口。加快发展图们朝鲜工业园。全力推进设立延吉重点开发开放试验区,争取和龙边境经济合作区尽快获得国家批准。

四　综合评价

吉林省沿边开发开放是吉林省开放发展的重要组成部分,是全国沿边开发开放战略的重要一坏。吉林省沿边开发开放已经得到国家的认可、相关部委的支持、地方政府的积极推动和社会各界的广泛参与,已经形成了依托通道建设深化开发开放的基本模式,已经形成了外向型、广开放的边贸园区和产业集群。但是必须承认，吉林省沿边开发开放仍相对滞后，受制于自身发展水平、周边国际环境、国内经济放缓的整体态势。为此，吉林省沿边开发开放必须深入挖掘传统优势的新增长点，必须顺应"新常态"的发展新规律，必须找到全新政治经济环境下的新"突破口"，从而主动适应吉林省沿边开发开放的"新阶段"。

第二节 沿边开发开放的传统优势和"新常态"

本节对吉林省沿边开发开放的传统优势和"新常态"特征进行了分析，并指出了在"新常态"下吉林省沿边开发开放的新意义和突破口所在。

一 六个传统优势

其一，生态环境优良。吉林省沿边地区位于长白山山地区域，是调解东北气候平衡的主区域，是我国重要的森林生态功能区，是东北亚生物多样性的核心承载区。区域内山高林密、江湖相映、空气清爽、四季分明，保存有欧亚大陆北半部最完整的森林生态系统，数十个各级各类自然保护区、森林公园、风景名胜区、地质公园分布于此。著名的长白山自然保护区，是我国第一批被列为联合国教科文组织"人与生物圈"保留地的国家级自然保护区。延边朝鲜族自治州被列入国家生态文明先行示范区，通化市被列入全国宜居城市，白山市被列入主体功能区建设试点示范单位。优良的生态环境成为沿边地区最大的优势、最大的财富、最大的潜力、最大的品牌，为开发开放提供了天赋资本。

其二，自然资源丰富。森林资源。吉林省沿边地区是我国重要的森林生态功能区和木材战略储备基地，红松针阔混交林为地带性植被的顶级群落。森林覆盖率70%以上，对保障国家木材供给具有极其重要的作用。水资源。松花江、图们江、鸭绿江、绥芬河等水系河网密布、沟壑纵横，占全省水资源总量的一半以上。矿产资源。硅藻土、钼、镍、优质矿泉水等资源异常丰富。能源资源。煤炭资源储量、水能可开发量、油页岩资源储量、风能可开发容量、地热资源等均为全省富集区域。野生动植物资源。温带特征的山地垂直生态系统抚育了大量珍稀动植物资源，是世界人参主要产区，还盛产梅花鹿、紫貂、马鹿等价值较高的经济动物。

其三，产业特色突出。特色资源产业优势明显。沿边地区北药资源丰富，形成了以人参、鹿制品等为原料的中医药产业集群。长白山的葡萄、蓝莓、山野菜、食用菌、林蛙等资源富集，形成了有机绿色食品产业。矿泉水资源品优量丰，龙头企业竞相进入，形成了安图、抚松等大型矿泉水生产基地。硅藻土产品市场份额遥遥领先。现代服务业不断壮大。长白山独特的自然景观和浓郁的旗风满韵，吸引着海内外游客"春观山花、夏登天池、秋赏红叶、冬游冰雪"，形成了独具特色的旅游产业。大批商家在天猫、京东、亚马逊等众多大型网上商城实现注册销售。传统产业仍有较强的支撑作用。钢铁、水电、建材、煤炭、林木加工等传统产业在国民经济中的比重仍然较高，对经济的支撑作用明显。特色突出的产业基础为开放发展提供坚实的支撑保障。

其四，开放区位独特。沿边地区是东北东部地区连接辽宁、黑龙江的纽带地段，是带动区域发展和兴边富民的开放高地，在东北亚和我国战略地位十分突出。东进日本海参与东北亚区域合作，西联蒙古国和欧洲共同体开放合作，南接辽宁环渤海经济带形成沿边沿海互动发展，西南近沈阳经济区接受其辐射带动，北联黑蒙东北部沿边开放带共同落实国家沿边开放战略，西北与哈大齐牡绥呼应发展，具有衔接东北地区合作发展、面向东北亚国际开放合作的有利区位条件。

其五，开放基础良好。沿边地区现有口岸、通道 15 个，其中国家一类口岸 8 个、国家二类口岸 6 个、地方二类口岸 1 个，还有 11 个临时过货点。拥有珲春国际合作示范区、延吉高新技术产业开发区、通化医药高新技术产业开发区、各类出口加工区和边境合作区等重要开放平台。目前已开通了珲春经罗津港至上海（宁波）的内贸外运航线，珲春经扎鲁比诺港至韩国束草航线复航，珲马铁路已常态化运营。优越的区位和开放条件为绿色转型发展提供了地缘资本。

其六，区域政策密集。沿边区域被赋予了若干区域优惠政策，以珲春市为中心，政策密度由高到低，呈扇形分布。20 世纪 90 年代，国家批准珲春为对外开放沿边城市，批准设立了珲春边境合作区、中俄互市贸易区和出口加工区；21 世纪初，国家赋予了延边朝鲜族自治州享受西部大开发政策并享受边疆和少数民族地区优惠政策；近几年，国家又出台了长吉图开发开放先导区规划，加快沿边开发开放若干意见等；国家即将出台长白山林区生态保护与经济转型规划，新一轮东北老工业基地振兴意见中将东北东部经济带上升为国家层面推动。这些政策叠加放大将为区域加快发展提供强力政策保障。

二 六个"新常态"机遇

其一，全面深化改革提供制度机遇。党的十八届三中全会以来，以《中共中央关于全面深化改革若干重大问题的决定》为总领，各方面改革进程进一步加快。2014 年以来，国务院及所属部门在户籍、教育、棚户区改造、行政审批、土地开发、科技创新、司法改革、生态建设、粮食安全等方面出台了一系列政策意见，还对一系列法律法规进行了修订。到 2015 年末，全面深化改革初步形成完整、健全的政策法律体系，为我国在全面建设小康社会的冲刺期提供充足的制度红利。这些制度创新，也为吉林省加快机制体制创新、破解历史遗留问题、化解发展中的结构性矛盾提供了充分的机遇。而且，就吉林省沿边开发开放相对滞后的发展现实看，全面深化改革为吉林省预留的红利规模远大于其他地区，如能抓住这一机遇，将会彻底改变吉林省部分干部群众不想干、不敢干、不会干、不去干的现实，将会为吉林省扩大开放、加快发展提供强大动力。

其二，"一带一路"提供平台机遇。吉林省是"丝绸之路经济带"和"海上丝绸之路"的重要节点，也是"一带一路"在东北亚地区实现互通互联的重要枢纽。强化长吉图先导区建设，提高基础设施建设以及物流、外贸、旅游等产业的发展水平，大力推进图们江区域开放合作，实现东进西联、南拓北延，是实现"一带一路"国家战略的重要内容。同时，借助"一带一路"倡议，全面强化与上海合作组织、欧盟、东盟、北美等经济体的合作，也能够为吉林省开放发展提供新的活力。

其三，新一轮东北振兴战略提供政策机遇。《国务院关于近期支持东北振兴若干重大政策举措的意见》在东北地区经济转型的关键时期及时出台，针对 2013 年以来的新东北现象，启动了新一轮东北振兴战略。新一轮东北振兴战略在《中共中央关于全面深化改革若干重大问题的决定》指导下，更加注重对市场化资源配置的重视和对深化国有企业改革的决心。从思想到机制、从政策到项目对激发市场活力、深化国有企业改革、依靠创新驱动发展、提升产业竞争力、增强农业可持续发展、推动城市转型、推进重大基础设施建设、保障和改善民生、加强生态环境保护、扩大开放合作十个方面部署了重大任务。吉林省及时出台了促进装备制造业发展、推进民营经济综合配套改革示范区试点、统一城乡居民养老保险等政策意见，积极抢抓新一轮东北振兴政策机遇。抓住和利用好这一政策机遇，吉林省有望形成新的支柱产业，优化产业发展格局，破除经济社会发展瓶颈，增强沿边地区开放发展的内在支撑力。

其四，新型城镇化提升发展内生动力。《国家新型城镇化规划（2014—2020年）》中指出，新型城镇化是现代化的必由之路、保持经济持续健康发展的强大引擎、加快产业结构转型升级的重要抓手、解决"三农"问题的重要途径、推动区域协调发展的有力支撑和促进社会全面进步的必然要求。就解决吉林省发展中的十大问题而言，《吉林省新型城镇化规划》出台、哈长城市群相关工作的启动和推进、长春市被列为国家新型城镇化综合试点等推进新型城镇化的具体措施，有望全面改变吉林省经济、社会、文化、生态等各个方面的二元结构，有望通过土地、户籍、社保、基础设施等方面的政策公平塑造新的发展平台和载体，有望全面增强人民群众的发展活力和创造性，这些举措及其带来的潜在需求，能够为沿边地区开放发展形成新的增长点。

其五，国际格局转换提供新的商机。当前，全球政治经济格局正处于重要调整时刻，资本主义国家因为争夺地缘优势和势力范围的需要，也因为转移国内矛盾的需要，政治或军事斗争仍将持续。这一基本态势不仅将继续为中国创造提供便利条件，也为其他新兴经济体快速发展提供了机遇。吉林省经济发展要立足全球，深入考察全球市场变化，重视但不局限于东北亚市场需求，结合自身发展特点，克服对历史资源、自然资源、易得资源和国家政策资源的依赖心理，加快产业转型，及时应对新的形势，把握新的商机。强化信息收集和公开，强化市场分析和预测，及时组织企业"走出去"，抓住转瞬即逝的商机，有望把吉林省及其沿边地区的开放发展提高到全新水平。

其六，吉林省新一轮五年规划和"五大发展"战略的推进。在国内外新的经济形势条件下，中国经济正在经历一段非常重要的结构转型期，"十三五"时期，吉林省的经济增长和结构转型也将受到较大影响，沿边地区经济社会发展面临着难得的历史时期，必须要紧紧抓住这一历史机遇，实行更加积极主动的开放战略，统筹推动吉林省沿边地区加快发展，促进我国与东北亚国家务实合作，将区位优势转化为开放优势和发展优势，缩小与沿海地区开放型经济发展水平的差距。

三　三个全新战略意义

构筑东北亚国际合作的新高地　有利于推动内陆沿边沿海对外互动开放，构筑东北亚国际合作的新高地。发挥吉林省沿边地区地处东北亚区域中心、处于可与黑龙江沿边开放和辽宁沿海开放互动地带的开放优势，积极融入国家"一带一路"倡议，加快建设珲春国际合作示范区等对外开放平台，努力把沿边地区打造成"一带一路"重要支撑和海上战略支点，有助于提升吉林省沿边地区在东北亚区域国际合作中的地位。

形成东北振兴的新格局　有利于构筑东北东部经济支撑带，形成东北振兴的新格局。发挥吉林省沿边地区在东北东部承北启南、东出西联的区位优势，能够培育壮大东北东部经济带，形成与哈大经济带互动发展、双带驱动的东北振兴新引擎，有助于应对经济下行压力加大的形势，为全面振兴老工业基地和促进区域协调发展提供重要支撑。

保持边疆民族地区繁荣稳定的新局面　有利于推进兴边固防富民，保持边疆民族地区繁荣稳定的新局面。发挥沿边地区的边疆区位优势和全国唯一的延边朝鲜族自治州和长白朝鲜族自治县的民族特色，推进兴边固防富民工程，进一步增强经济实力，大幅度改善人民生活，有助于为建设民族团结、边境稳定、长治久安的新边疆奠定坚实基础。

四　四个可供选择的"突破口"

通道建设和货物集散　沿边开发开放必须推进"过路"经济向"基地"经济发展，必须依托通道建设，寻找具有全国甚至全球市场的、具有特色优势的产品建立货物集散中心、产品加工中心，只有这样才能实现聚人、聚财、聚物，才能实现持续发展。

科技创新和成果转化　沿边开发开放必须推动"传统"经济向"高端"经济发展，才能建立跨越式发展的优势。必须大力引进高新技术企业、引进更多的专利技术、引进产业技术人才和研发机构，才能不断地推动产品升级换代，持续占有市场。

生态环境和发展环境 沿边开发开放必须保障生态环境和发展环境，以生态环境促宜居、以发展环境促宜业。坚持生态环境和制度环境并重，树立做强做精、不盲目做大做散的生态发展理念，建立吸引人才、资金、技术的良好发展环境，是保障沿边开发开放的重要基础。

企业主体和体制改革 沿边开发开放必须依靠人民群众的智慧、依靠民营经济的力量、依靠企业主体的理念。必须依托更大力度的体制机制改革，严格落实好各项优惠富民的政策，释放人民群众的创造力，才能加大沿边开发开放步伐。

第三节　沿边开发开放的战略构想和空间格局

在前两节分析的基础上，本节主要指出吉林省沿边开发开放应以开放发展为主题，着力加强国内国际区域合作，构建内外互动、充满活力的全方位互动开放体系；着力培育开放型产业，构建集约高效、循环低碳的绿色产业体系；着力开发旅游资源，构建文化引领、面向世界的生态旅游体系；着力优化城乡布局，构建环境优美、空间适度、宜居宜业的城乡体系；着力建设先导性基础设施，构建互联互通、立体综合的基础设施体系。把沿边地区建成衔接长吉图、面向东北亚、支撑"一带一路"发展的新区域。

一　五个重要发展原则

坚持扩大开放 突出沿边近海区位优势和政策优势，落实长吉图战略，融入"一带一路"倡议，推进基础设施互联互通、产业对接融合，扩大国际国内合作交流，拓展对内对外开放的广度和深度。

坚持集约高效 引导产业向园区集中，人口向中心城镇集中，推动传统产业升级改造，培育长白山特色新型绿色产业，实施生态移民，推进生态城镇化，创新社会管理，构建和谐社会。

坚持绿色发展 坚持在保护中发展，在发展中保护，推进生态修复和保护，把生态文明理念融入城乡建设和生产、流通、消费等环节，促进经济社会、生态环境协调可持续发展。

坚持四化同步 坚持信息化和工业化深度融合、工业化和城镇化良性互动、城镇化和农业现代化协调推进，促进区域发展与资源布局、产业布局、城乡布局、人口布局相协调，推动产城融合、城乡同步发展。

坚持深化改革、创新发展　发挥科技、人才、人文优势，推动科技创新、产业创新和企业创新，着力构建有利于绿色转型发展的体制机制，创新生态保护、退耕还林、生态移民、沿边开放等方面政策机制。

二　四个重要战略定位

全国内陆沿边沿海互动开放的先行区　加强对外平台建设，实施借港出海，促进东北亚国际交流合作，增强与哈长城市群、沈阳经济区等腹地的联系，加强与辽宁沿海经济带对接合作，探索内陆沿海沿边开放新路径，打造面向东北亚开放合作新高地。

全国绿色转型发展的示范区　加大森林、湿地、农田、江湖等生态系统保护和修复力度，促进生态系统良性循环。推进传统产业转型升级绿色发展，依托生态资本培育绿色产业，构建生态城镇和绿色乡村，探索走出生态良好、绿色发展、文明富裕的转型发展之路。

全国兴边固防富民的样板区　吉林省沿边地区是我国典型的边境少数民族地区，深入实施"兴边固防富民"工程，增进民族团结，提升边境地区群众生活水平，促进边境经贸往来，增强边境管控能力，探索多民族边境地区兴边固防富民新模式，构建和谐、稳定、繁荣、富裕的新边疆。

东北新一轮振兴的战略支撑区　在东北新一轮振兴当中，发挥吉林省沿边地区在东北东部承北启南、东出西联的区位优势，探索培育区域经济发展支撑带的新路子，培育东北东部经济带，成为东北地区新一轮振兴的重要支撑。

三　吉林省沿边地区发展目标预计

到 2020 年，边境城市和口岸得到聚集发展，开放平台建设取得明显成效，沿边开放水平显著提高，初步构建全方位互动开放格局。基础设施进一步完善，社会管理、社会保障等公共服务能力得到加强，居民生活质量大幅提升，步入全面小康社会。到 2030 年，生态环境和经济社会发展高度融合，可持续发展能力明显增强，争取成为全国沿边开发开放的特色区域、全国森林风光的生态高地、全国知名的宜居宜业宜游区、全国边疆林区生态产业制高点。

表1-1 主要发展指标

序号	主要指标	2014 年	2020 年预测	2030 年预测
1	GDP（亿元）	801.5	约 1200 （年均增速 7% 左右）	约 1800 （年均增速 5% 左右）
2	人口总数（万人）	172 *	约 170	约 175
3	城镇化率 （非农人口比重，%）	66.9 *	68	71
4	城镇居民人均 可支配收入（元）	22026	33000	65000
5	农村居民人均纯收入（元）	10238	18000	40000
6	利用外资（亿美元）	1.26 *	约 3.5	约 7
7	出口总额（亿美元）	19.2 *	约 40	约 70
8	公路里程（公里）	9471 *	10000	12000
9	单位 GDP 能耗（吨标煤）	1.05 **	0.88 **	0.78 **
10	森林覆盖率（%）	75 ***	75.7 ***	76.5 ***

注：本表按沿边市县级行政区域统计数据进行预测。

* 为 2013 年数据；

** 为《吉林省东部绿色转型发展区总体规划》提供的东部地区平均数据，预测值因考虑到沿边地区开发开放速度较快，故略高于东部地区平均指标；

*** 为《吉林省东部绿色转型发展区总体规划》提供的东部地区基础数据和预测数据；以上数据为根据当前经济发展趋势的初步预测值，在未来发展中需要随时根据相关五年规划进行调整。

四 沿边地区空间格局构想

总体构想 发挥沿边地区沿江、近海的区位优势，打造开放平台，优化产业分工，引导人口集聚，合理划分生态空间，形成产业布局科学、城镇特色突出、对外通道畅通的"两组团两轴线多节点"开发开放空间格局。利用沿边地区毗邻朝俄和陆海通道优势，积极发展图们江区域城镇组团和通白城镇组团，着力构建沿线（东北东部铁路）城镇轴和沿边沿江（图们江、鸭绿江）开放城镇轴，努力培育发展潜力较大的延龙图、珲春、集安、长白、临江等区域增长极，有选择地发展区域经济增长点。依托边境口岸、国际经济合作区和各级各类开发区，实施"东出西联、南拓北展、双向开放"战略，向东参与东北亚国际经济合作，向西强化与内陆腹地联动发展，向南构建以丹东港为出海口的陆港联动发展，向北谋划建设珲春、东宁、绥芬河跨省开放合作区。发挥沿边地区双向开放门户作用，形成以轴带为骨架、城镇组团为中心、支点城市为节点的"两组团两轴线多节点"空间开发和互动开放合作格局。

图们江区域组团　深入实施长吉图开发开放战略，推进延龙图一体化，提升珲春市口岸功能，沿交通轴线构建带状城镇组团，强化与长吉腹地的联动发展；依托山区资源优势，重点发展医药、烟草、绿色水稻和人参、苹果梨、松茸、林蛙、山野菜、野生药材等山区特产加工产业，大力发展特色旅游、国际物流和矿产精深加工业，科学发展矿泉水产业，形成独具特色的产业优势；增强组合型城市的整体功能，优化延龙图城市空间布局，推进城际公路建设，完善城市功能；加快建设珲春国际合作示范区，进一步畅通对外通道，加强中俄、中朝边境合作，加大中朝罗先经贸区、中俄珲春—哈桑跨境经济合作区开发力度，利用珲春（图们）—罗先、珲春—扎鲁比诺、图们（龙井）—清津通道，通过借港出海，构建面向韩国、日本、俄罗斯的陆海联运航线，拓展内贸货物跨境运输的通道，主动融入"一带一路"，形成以延龙图为中心的图们江对外开放区域。

通白组团　加快实施通化城港经济带建设，推进通白组团发展，完善城镇功能，提升城镇化整体水平；依托资源优势和产业基础，高起点、高科技、高效益发展医药、食品加工、农林特产加工、矿泉水、新材料、旅游等优势产业，集成资源打造大健康产业，巩固和提高北药基地地位，进一步提高国内外知名度；加强城市之间的密切合作，提高重点优势产业的关联度；发展循环经济，构建城市之间功能耦合、企业之间横向共生、上下游产品之间纵向闭合的产业链条，提高资源的利用效率和产出率；利用区位优势，构建白（白山）通（通化）丹（丹东）经济带，加快陆港建设，实现丹东港与通化陆港一体化管理，打通吉林省出海通道，积极发展区域物流、文化创意等现代服务业，推进与沈阳经济区和辽宁沿海经济带合作，主动融入环渤海经济圈，成为区域性开发开放中心。

沿交通干线轴线　沿东北东部铁路构建开放城市发展轴。包括白山市、安图县、龙井市、和龙市、图们市以及沿路重点镇，形成沿交通干线发展轴线。发挥连通丹东、营口、大连出海口的优势，大力发展农畜和林产品加工、煤炭采掘和精深加工、新能源、装备和石化配套产业，加快形成以外向型产业为主导的产业布局，形成互动发展。

沿边境轴线 在中俄、中朝边界沿图们江和鸭绿江构建沿边沿江开放城镇发展轴。沿图们江包括珲春市、图们市、龙井市、和龙市，沿鸭绿江包括长白县、临江市、集安市，以及沿边具有对外开放职能的重点镇。以边境 12 个国家口岸和珲春国际合作示范区、和龙国家边境经济合作区、延吉（长白）国家重点开发开放试验区、集安国家边境经济合作区、罗先经贸区为依托，加大对俄、对朝沿边开放力度，发展外向型经济。

第四节　沿边地区开发开放任务体系设计

基于前三节的分析和吉林省沿边地区的实际，吉林省沿边地区开发开放应充分发挥独特的地缘优势，增强区域发展开放度，拓宽国际合作新领域，开展国际国内陆海联运，构建内陆沿边沿海全方位互动开放、互利共赢的开放体系，培育面向东北亚开放合作的重要枢纽和战略新高地。

一　积极融入"一带一路"

发挥东向日本海连接海上丝绸之路、西出蒙俄连接丝绸之路经济带的区位优势，主动融入国家"一带一路"倡议。深化与东北亚合作，扎实推进中俄合作建设扎鲁比诺万能海港，积极开发利用朝鲜港口，完善口岸铁路通道和区域交通网络，实现"借港出海"；谋划利用途经萨哈林岛，绕过堪察加半岛，穿越白令海峡，沿俄罗斯北部，经北冰洋抵达欧洲的荷兰、英国、挪威等国家的新北冰洋航线，将沿边地区打造成为海上丝绸之路的战略支点。以珲春国际合作示范区为核心，以延吉（长白）国家重点开发开放试验区为两翼，推动与俄朝合作，依托中蒙铁路大通道，实现与蒙古国的国际合作，形成中俄朝蒙合作格局，畅通珲春—长春—乌兰浩特—乔巴山—乌兰巴托—欧洲的国际大通道，把沿边地区建成以珲春为起点的丝绸之路经济带中蒙俄经济走廊的支撑区。

二　深化国际经济合作

坚持"引进来"和"走出去"相结合，以更加灵活的开放政策，促进与周边国家在产业、资源、贸易、生态、文化等方面的务实合作，实现优势互补和合作共赢。

扩大农业领域开发合作。强化农业"走出去"的政策支持，鼓励和引导企业采取多种形式与周边国家开展农业生产和进出口合作，支持海外农业企业回运农产品，扩大对外农业合作的领域和空间。努力培育一批有实力的粮商和农业公司，加强与俄罗斯在粮食种植、果蔬栽培和特色养殖等方面的合资合作，支持开展农牧产品就地加工转化回运。加强与朝鲜罗先、两江道、慈江道、咸境北道地区农业科研合作，尤其是良种繁育、农业生产技术和农产品加工方面的合作。充分利用俄罗斯等国家闲置宜农土地，进一步落实与有关国家的农业合作框架协议，推进以粮食生产为重点的海外农业基地建设，积极探索建立集生产、加工、仓储、物流于一体的海外农业产业园区。

推进能源、矿产和林业资源开发合作。加大境外能源资源开发合作扶持力度，鼓励有实力的企业通过参股、控股、技术合作等方式，获得境外合作权和开采权，参与周边国家能源资源开发合作。依托富集的朝鲜矿产资源、俄罗斯油气和林木资源，加大石油、天然气、煤炭、木材、金属矿产、海产品等资源的进口力度，大力推进矿产勘探开发、油气资源勘探开发及石油炼化产业、木制品精深加工产业的开发合作，推进企业参与朝鲜茂山铁矿、青年铜矿、松鹤矿、五龙矿等的开发合作，积极推动境外煤电及配套设施一体化建设，加快对俄天然气管道建设。积极推进中朝鸭绿江水电开发合作，鼓励有实力企业参与毗邻国家电力建设和电网现代化建设。发挥沿边地区钢铁、水泥等产业优势，引导企业采取多种形式开展境外合作，有序转移过剩产能。

开展对外经贸交流合作。加快服务业对外开放，重点推动文化贸易、技术贸易、中医药等服务贸易领域发展，培育重点企业和产业园区。大力发展对俄对朝边境贸易和互市贸易。优化贸易市场布局，建设珲春国际商品交易市场、图们物流集散港、苏玛集团珲春揽货中心等一批国际商贸集散地，推进图们、龙井、和龙等一批边民互市贸易区建设，扶持人参、中药材、农产品等内贸专业市场。扩大对外贸易规模，积极建设木材、煤炭、海产品、矿产等加工集散基地，抓好精深加工，促进边境地区中小外贸企业发展。强化对外劳务合作，加强对朝劳动力输入，巩固扩大俄罗斯、韩国等农业劳务市场和新型工业化国家及部分发达国家的技术劳务市场。优化对外贸易环境，完善边境小额贸易专项转移支付资金政策，加快建设跨国贸易电子商务平台，支持企业通过互联网向境外零售商品。

加强人文领域的交流合作。深化与周边国家在跨境旅游、科技教育、文化卫生等领域的交流合作。整合沿边地区旅游资源，加强跨境旅游区建设，扩大境外旅游市场空间。发展科技园区、研发中心等各类合作平台，推进与日韩俄在生物、电子信息、新能源、新材料等高技术领域合作。鼓励沿边地区高等院校、职业培训机构等与周边国家开展多层次教育和人才培养合作，扩大演艺娱乐、影视制作、动漫设计、图书出版等文化产业合作，推进医药产业、医疗卫生、疫情防控等合作发展。

强化生态环境保护国际合作。建立健全中朝、中俄生态环境保护合作机制，完善跨界生态环境重大事项通报会晤制度，合作开展森林防火、跨境水体、水质监测和保护磋商。加大鸭绿江、图们江等界河生态环境保护力度。推动跨界自然保护区建设，辟建跨境生态廊道，共同保护野生动植物。

三　加强区域经济合作

加强吉林省沿边地区与国内其他地区经济联系与合作，加强顶层设计，突破行政区划界限，建立区域性联合推进机制，打造东北区域经济发展新优势。促进全省沿边地区与内陆地区协调联动发展，发挥沿边地区比较优势，推动与内陆地区在对外开放合作、产业分工协作、生态环境同保共治、基础设施共建共享等方面联动发展、协同发展。因地施策、分类指导，制定统筹推进机制，科学配置优势资源，形成既各具特色又紧密联系、既独立完整又良性互动的区域发展新格局。

推动与东北东部经济带其他地区融合发展。发挥吉林省沿边地区在东北东部北连黑龙江东宁、绥芬河，南接辽宁本溪、丹东、大连的区位优势，加强与辽宁东部、黑龙江东部的合作。建设白通丹经济带，利用丹东港，实现陆港联动发展，打通吉林省沿边地区面向环渤海的出海通道。谋划建设珲春、汪清、东宁、绥芬河跨省开放合作区。

加强与东北三省互动发展。紧密结合沿边开放和经济发展需要，构建与长吉腹地、沈阳经济区、辽宁沿海经济带、哈大齐工业走廊优势互补、错位发展格局，加快培育新的合作增长点，挖掘各领域合作潜力，提高在现代农业、绿色环保产业、先进制造业、现代服务业等方面合作水平，成为东北新一轮振兴的重要支撑。

强化与东部发达地区互补发展。加强与长三角、珠三角、京津冀等国内其他地区的经济联系，在产业承接、科技研发和成果转化、能源保障等领域加强合作，吸引战略投资者投资有利于扩大设备、技术和产品出口的产业，积极有序地承接东部沿海地区的产业转移，共同培育一批有市场竞争力的产业基地。深化与港澳台地区的经贸合作。

四　完善开放平台体系

发挥各类境内外合作区、开发区、产业园区载体功能，构建沿边开放园区体系，形成境内外商贸物流、科技创新、产品加工等紧密联动的合作开放平台。

加快推进国家级开放平台建设。推进珲春国际示范区建设，加快国际合作、边境贸易以及中朝、中俄经济合作区等四个功能区建设，探索建立自由贸易试验区，全力打造进口资源转化、出口产品加工、商贸物流、旅游休闲养生四大基地，将珲春国际示范区打造成面向东北亚合作的重要平台和经济功能区。推动设立延吉（长白）国家重点开发开放试验区，规划建设转口贸易、矿产开发、海产品加工等园区，将延吉和长白打造成沿边开放的重要节点。

加快推进边境经济合作区建设。加快和龙国家级边境经济合作区建设，加强新兴特钢、钼镍矿、机械电子、出口加工、物流等专业园区建设，培育其成为集区域性贸易、加工制造、境外资源合作开发等于一体的特殊经济功能区。积极争取国家在集安设立国家级边境经济合作区，建设中朝互市贸易园区、旅游服务园区、商贸和物流园区等。适时推动珲春边境经济合作区置换和扩区工作，解决发展空间瓶颈问题，提升发展水平。

推进境外和跨境经济合作区建设。着眼建设集境内外产业联动、上下游产业衔接、互市贸易、跨境旅游和文化交流等多功能于一体的边境开放区域，大力推进中朝罗先经贸区建设，加快谋划中俄珲春—扎鲁比诺跨境经济合作区，积极谋划推动设立中国和龙—朝鲜茂山跨境经济合作区、中国图们—朝鲜稳城跨境旅游合作区、中国龙井—朝鲜会宁跨境合作区等项目。谋划在防川中俄朝交界处划出一定区域建设旅游开发开放区。适时推动其他边境县（市、区）设立跨境经济合作区。

加强海关特殊监管区域建设。充分利用国家对边境经济合作的特殊政策，加快海关特殊监管区建设。支持珲春出口加工区整合优化为综合保税区。支持珲春国际物流园区、龙井保税物流园区、图们国际物流集散港建成保税物流园区。积极推进设立长白综合保税区和图们凉水海关特殊监管区。积极探索在边境经济合作区构筑"自由贸易"及"自由行"等示范平台，推进沿边开放。

促进沿边地区工业园区转型发展。按照"园区集聚、特色鲜明、龙头带动、产业配套、功能齐备"的要求，壮大园区规模，提升发展质量。依托长白山机场，打造空港边贸承接区，实现旅游、贸易相互促进。

五　完善互联通道体系

围绕建立大交通、大枢纽、大物流格局，加强与周边国家基础设施互联互通建设，积极开展国际间省际多式联运合作，开通面向俄日韩及我国东部发达地区的大通道。拓宽途经俄罗斯的国际通道，扎实推进珲（春）马（哈林诺）铁路常态化运营，稳定珲春—扎鲁比诺港—束草（韩国）客货混装航线，开通珲春—扎鲁比诺港—釜山（韩国）集装箱航线和珲春—扎鲁比诺港—新潟（日本）—海参崴（俄）集装箱航线，畅通珲春经扎鲁比诺港至中国东南沿海地区的内贸外运通道。积极辟建途经朝鲜的国际通道，畅通沿边口岸公路铁路通道，开辟图们—罗津、圈河—稳城—清津、龙井—开山屯—三峰里—清津、南坪—茂山—清津、长白—惠山—金策等陆路通道，利用罗津港、清津港、金策港开辟经日本海到达日、韩及我国南方沿海城市的货物跨境运输航线。加强省际联运通道建设，利用纵贯辽黑、横联内蒙古的高速公路网和铁路网，贯通沿边地区向南经过沈阳、丹东，利用丹东港、大连港、营口港，畅通向黄海、渤海地区的陆路通道；向西经四平—通辽—锡林浩特—二连浩特和经白城—乌兰浩特—阿尔山—乔巴山，分别打通经蒙古国通往欧洲的陆路通道。

六　完善开放合作机制

完善图们江区域国际合作机制。借助"大图们倡议""东北亚博览会"等平台，进一步加强政府间合作，建立健全有效的对话机制和联动机制，不断提高合作层次，加强政策沟通。探索推进区域便利化合作机制，推行边境旅游、口岸签证、东北亚国家72小时入境免签等相关政策，探索推行"一次申报，一次查验，一次放行"的通关模式，简化出入境通关手续，提升贸易便利化层次，营造便捷的贸易环境。

建立国内区域合作机制。拓展东北东部区域合作圆桌会议机制的内涵，加强地方政府间沟通与协作，研究制定中长期区域经济发展战略规划和产业政策，建立起促进区域合作的制度和机制，拓宽合作空间，提高合作层次，激发区域经济发展活力。

第五节　沿边地区开发开放重点领域谋划

沿边地区开发开放需在产业支撑、城乡宜居、基础设施三大领域进行重点谋划，按照产业聚人、宜居留人、设施保障的思路，打造沿边开发开放的新体系。

一　产业支撑领域

大力发展特色农业。以"宜粮则粮、宜特则特、宜林则林"为策略，以发展"一村一品"为抓手，深度挖掘沿边地区特色农业资源潜力，走出一条具有"吉林特色、长白山特征、沿边开放特点"的集约化绿色有机农业发展道路。以标准化基地建设为载体，突出发展有机、绿色、高效种植农业，优化绿色农业的产业布局，建设绿色农产品产业群。利用沿边地区山区的板栗、山梨、山李子、山杏、山葡萄、山核桃等资源，大力发展果材兼用林和苗木花卉产业。充分利用广阔的林地资源，进行林下药材种植，发展林下参、细辛、龙胆草、天麻、防风等名贵药材。利用山葡萄、五味子、蓝莓、山楂、山荆子、山梨、软枣猕猴桃、狗枣猕猴桃等资源，发展长白山特色野果的果汁饮料产业。利用野菜、野果、菌类等野生食用植物资源，开发山野菜、食用菌系列产品，建立山野菜种苗、食用菌生产基地。加快畜牧开发，推进黄牛、森林猪、森林鸡养殖加工；积极引进蜂蜜、王浆双高产的新蜂种，使蜂群达到一定规模，形成沿边地区山区养蜂产业带。利用长白山林蛙资源，建设种蛙繁育基地和标准化养殖基地，大力开发林蛙食品、药品、保健食品、化妆品等系列功能产品。利用柞树资源，发展蚕业生产，建设北方柞蚕种源生产基地。深入研究国外市场需求，在现有种养殖基地基础上谋划打造具有一定国际竞争力的特色农产品出口基地。

强化现代农业科技支撑。大力推进农业科技创新，完善农业科技创新体系。重点加强农作物新品种研发、繁育与推广，提高良种供给能力。做好区域分工，推进新品种和技术的培育，加快品种的技术成熟度。挖掘种植栽培技术的增产潜力，在农业技术推广体系建设上，重点建设公共技术服务网络平台，实施技术标准化战略，推广现代精耕细作生产方式，提高种植的综合效益。加强农业生物灾害预警监测网络系统建设，降低有害生物对农业生产的危害。创新农业经营机制。创新沿边地区特色农业发展机制，促进特色生产要素向有机、绿色、安全农业集聚，构建农产品质量安全可追溯体系。在坚持和完善耕地保护的前提下，赋予沿边地区山区农民对承包地占有、使用、收益、流转及承包经营权抵押、担保权能，鼓励支持农民以承包经营权入股发展特色农业的产业化经营，鼓励承包经营权在公开市场上流转。壮大特色农产品股份合作社、专业合作社、龙头企业、家庭农场、专业大户等新型生产经营主体，积极培育现代农业综合体、主导产业示范区和特色农业精品园，发展多种形式的适度规模经营，全面推进现代农业示范区建设。

加快发展开放、绿色、新型工业。加快工业技术改造升级，推进特色优势资源深加工，提升产业层次，发展全产业链，大力推进产业转型升级和外向型产业发展。做大做优特色资源产业。在医药制造业方面，依托优良中药材资源和现有产业基础优势，大力发展以名贵中药材深加工为主的医药制造业，构建包括药材种植、初加工、深加工以及医药研发、市场营销等全产业链条。加强医药商贸信息服务平台建设，积极发展企业电子商务，建成国际化程度较高的中国长白山北药生产研发基地。在人参产业方面，依托长白山区人参区域资源和产业基础优势，推进人参产业转型升级、振兴发展。规范人参栽培，加大人参科技研发，提高人参精深加工能力，挖掘市场潜力，打造长白山人参品牌，将人参产业培育成为支柱产业。推进人参资源可持续利用，大力发展林地种参、林下参、非林地种参等人参种植新模式，促进人参种植规范化、集约化、优质化；推进人参全产业链开发，拓宽人参开发应用领域，加大人参食品、保健品、药品、化妆品、高精尖产品和生物制品等开发力度，逐步建立起高附加值的新型产品结构体系及研发激励体系；推进人参产业集群化，发展壮大人参产业龙头企业，建设人参产业园区和精深加工基地；实施品牌发展战略，不断完善各方面利益联结机制，建立"'长白山人参'品牌原料基地＋品牌生产企业＋品牌产品专卖＋全程质量可追溯"主导模式，提升"长白山人参"品牌竞争力。在矿泉水产业方面，依托长白山矿泉水资源，以要素整合和打造品牌为重点，面向国内国际两个市场，坚持科学开发、合理开采和规范管理相结合，加强水源地的保护，集约节约利用矿泉水资源。有序推广长白山地理标识，将长白山矿泉水打造成国际著名品牌。加强对生产高端矿泉水的关键技术研究，支持高端水产品开发，提升长白山矿泉水品质。培育白山、延边、通化三大矿泉水产业集群，发展设计、包装等相关配套产业，带动长白山矿泉水原产地的协调发展。在绿色生态食品工业方面，以开发葡萄、山野菜、食用菌、林蛙、优质大米等特色有机绿色食品资源为重点，开发具有长白山区资源特色和民族特色的有机绿色生态食品，建立以生态环境为基础的绿色食品物质与技术支撑体系，形成布局合理、结构优化、标准完善、管理规范的有机和绿色食品产业体系，打造沿边地区有机和绿色食品生产基地。加强葡萄、人参、林蛙、山野菜等特色资源的种养殖基地建设和地理标识认证，为沿边地区有机绿色食品工业可持续发展夯实资源基础。

扶持发展新兴产业。新材料产业。发挥沿边地区有色金属、硅藻土、伊利石、玄武岩等矿产资源品种丰富的优势，大力培育建筑装修新材料产业。加快发展镁合金系列产品精深加工，重点研发汽车、轨道客车、航空航天专用镁合金产品及稀土镁合金产品。推进硅藻土涂料、硅藻土缓释农药、化肥填料、硅藻土壁纸系列产品以及高纯二氧化硅、纳米二氧化硅等领域研发攻关。依托丰富的伊利石资源，加大可降解农用地膜、缓释肥等关键技术和重点产品的研发力度，打造国内知名的伊利石新材料产业园。清洁能源产业。根据资源开发潜力和发展基础，加大水能、生物质能、太阳能、地热、煤层气等新能源和可再生能源的开发力度，打造清洁能源基地。积极促进生物质能源规模化和产业化发展。推进生物质能源替代化石能源、生物基产品替代石油基产品、非粮生物质替代粮食资源；大力发展生物质成型燃料，推动生物质成型燃料集中供热和对分散式城乡居民生活用能的替代；稳步发展秸秆热电联产和垃圾发电项目；以非粮燃料乙醇和生物柴油为重点，有序发展生物质液体燃料。因地制宜发展太阳能，在大型公用建筑、工商企业、观光农业、居民住宅等领域拓展分布式光伏发电。加强与中石化等企业战略合作，推动长白山周边地区地热能源勘探开发建设，在保护地下水资源的前提下，探索推广地热能高效利用技术，开展地热能集中供暖示范项目建设。

改造提升传统产业。木材加工制造业。利用境外林木资源，实现林木加工业转型与可持续发展。整合沿边地区林木加工企业，以高新技术改造传统木材加工业，开展林木产品的深加工，延长产业链，打造一批知名品牌，提高市场竞争力。面向国际、国内两大市场，加快研制开发高档优质家具、高档装饰装修材料和其他资源节约型产品。重点发展地板、门、窗、家具加工制造业，注重木制品高端产品的开发，提高产品附加值。大力发展节能、环保、废物综合利用型的再生木（木塑）制品门，环保节能型欧式木窗，提高终端产品的比重。加快国际家具建材城建设，形成生产、销售、配送、质保一站式服务平台，形成全省联动发展的建材服务基地。装备制造业。加快装备制造业向绿色制造、智能制造、协同制造、服务制造转型升级，积极开发研制木材加工成套设备、无人机及遥感监测设备、空心承重砌块成套设备等，提升装备制造业整体水平。冶金建材产业。逐步淘汰关闭技术落后、污染严重、无后备资源的矿山开采和加工企业，鼓励钢铁、建材等产能过剩行业成套设备境外输出和国外建厂。加大矿产资源综合利用，强化科技攻关，最大限度地挖掘和释放矿产冶金产业潜能。积极推动白山市浑江中心城区、临江等老业区整体搬迁改造。加强非黏土烧结新型墙体材料开发项目，打造新型墙体材料生产基地。

重点发展生产性服务业。现代物流业。大力发展第三方物流，抓好国家《物流业发展中长期规划（2014—2020年）》重点工程建设，积极推进物流产业化和市场化，促进物流产业链延伸和物流服务功能创新。加快物流园区（中心）和节点建设，依托沿边地区独特的资源禀赋和特色产品，围绕钢铁、医药、矿泉水、林木产品、人参、绿色食品等产业发展大宗商品物流，重点推进珲春国际物流园区、和龙物流科技园、图们国际物流中心等大型区域性物流园区（中心）建设。依托朝鲜罗津港、俄罗斯扎鲁比诺港，鼓励对外海运航线开辟建设，发展多式联运，促进内贸外运。优化物流企业供应链管理服务，提高物流企业配送的信息化、智能化、精准化水平，推广企业零库存管理等现代企业管理模式。在关系民生的农产品、药品、快速消费品等重点领域开展标准化托盘循环共用示范试点。倡导发展绿色物流，鼓励物流企业选用新能源汽车等节能环保物流设施，引导企业建立逆向物流体系，促进资源的循环利用。依托吉林省物流行业联盟网，加快物流公共信息平台建设，推进与物流相关的政务信息系统的协调与开放，实现资源共享、数据共用、信息互通。全力构建以促进沿边地区绿色转型为核心、以国际物流为特色、以多业联动为重点的精益高效的物流服务体系。信息与科技服务业。积极引导信息技术在工业产品研发设计、生产过程控制、企业管理、节能减排等领域的应用，全面提升制造业设计创新能力。开展跨境电子商务试点，重点开展对俄、日、韩、朝电子商务，发展外向型经济，扩大进出口规模。开展云计算、物联网、大数据的应用。金融服务业。完善金融体系，鼓励沿边地区发展中小金融机构，大力发展新型农村金融组织，加快设立村镇银行，稳步推进普惠金融服务；积极吸引银行等各类域外金融机构在沿边地区设立分支机构。扩大融资规模，协调国家开发银行、国家进出口银行等金融机构增加对沿边地区的授信额度。加强资本市场融资，实施"企业上市培育工程"和"中小企业融资服务工程"，支持中小企业融资。促进金融开放合作，引导和鼓励域内金融机构开展境外业务，推动珲春开展卢布流通试点，推进对俄、朝货物贸易人民币结算。加快金融业态创新，积极推进土地收益保证贷款、土地经营权抵押贷款试点，探索将收益保证贷款运营模式逐步向林权、水面等领域延伸，积极推动发展手机金融和网络金融业务，主动与各类保险机构全面合作，跟进国家推进巨灾保险、信贷保险等新险种，推进大宗粮食品种应保尽保，加快推进保险服务实体经济能力。支持设立新型金融机构，推动民间资本发起设立自担风险的中小型银行、金融租赁公司和消费金融公司，探索开展农村土地银行业务，积极支持设立林业银行和人参特色银行。节能环保服务业。推行合同能源管理，扶持壮大一批专业化节能公司，引导技术研发、投融资等机构利用合同能源管理机制开展节能服务，支持重点用能单位采用合同能源管理方式实施节能改造。促进资源循环再生利用，完善废旧商品回收网络，提高回收企业的组织化和规模化程度，建设分拣技术先进、环保处理设施完备、劳动保护措施健全的废旧商品回收分拣体系。加快环保服务体系建设，大力发展环境投融资、清洁生产审核、环境监理、认证评估、环境法律诉讼和教育培训等环保服务，探索排污权交易，培育交易市场，研究生态补偿机制，探索新兴服务模式。

优化发展生活性服务业。商贸服务业。推进零售行业转型升级。支持重点零售企业以资本和品牌为纽带，实施跨行业、跨地区、跨所有制兼并重组或跨区域经营，提升零售企业规模化、组织化水平。培育壮大骨干批发市场。加快商品批发市场标准化升级改造步伐，改善市场硬件设施条件，实施多点、多极支撑发展战略，推动大型商品批发市场向规模化、信息化、现代化发展。积极扩大连锁经营。鼓励有条件的连锁企业发展特许经营，提高中小企业现代化管理水平，促进连锁经营业态结构的合理化和多样化。鼓励具有吉林特色的餐饮企业发展连锁经营，推进餐饮业集约化生产、规模化经营。创新商业运营模式。依托阿里巴巴、淘宝、京东和三千禾、欧亚e购、购够乐商城、好汇购等网络平台，开展 B2B、B2C、C2C、O2O 等电子商务应用。建设面向东北亚的商贸服务中心，大力发展高端咨询、人力资源服务、广告会展等商务服务。房地产业。加快推进新一轮棚户区改造，扩大政府对保障性住房的投资，将林业棚户区、国有工矿棚户区和农村危房改造政策叠加整合，联合开展保障性住房建设，形成新的居住社区，产生规模效应。坚持市场化方向，发展宜居、宜业、宜游的特色房地产，打造特色生态新城，以长白山特色文化产业为重点，打造具有沿边地区特色的文化地产。积极推进住宅产业化，转变传统住宅建设模式，推进住宅产业向建设工期短、环境污染小、能源消耗低、科技含量高、综合性能好的方向发展，开展住宅产业化试点示范。完善房地产市场服务体系。规范发展房地产中介服务业，完善房地产金融信贷服务，积极推进房地产开发和物业管理分业经营。家庭服务业。大力发展物业服务、社区服务、家政服务和休闲娱乐等面向民生的服务业，健全供需对接、信息咨询、服务监督等功能，形成便利、规范的家庭服务体系，为家庭、社区、家庭服务机构提供公益性服务。积极推进社区救助服务，加强对失业人员、贫困残疾人家庭和城乡低保对象的动态管理。加快发展咨询、科技、信息、广告、租赁等中介服务业，提高会计、法律、房地产、旅游、资产评估、公证等中介服务业发展水平。健全和完善社会中介服务市场体系，实现行业规范发展。养老服务业。积极引入先进地区养老服务业的新业态，推进社会养老服务体系建设。构建省、市、县、乡、村五级养老服务网络，完善推广居家养老服务信息管理系统，实现省至村（社区）五级联网。加强城镇公办养老机构和农村养老服务大院建设，支持社会力量兴办养老机构。积极发展养老服务产业。引导家政清洁、物流等服务业向养老服务领域延伸，积极发展老年电子商务，推动长白山休闲旅游、延边民族风情、珲春宜居小镇等极具特色的老年产业园区建设。培育发展养老服务社会组织。加大政府购买服务力度，凡是适合采取市场化方式提供的养老服务，尽可能交由具备条件的社会组织承担。文化产业。以长白山文化为灵魂，整合优势资源，优化文化产业结构，深化文化体制改革，全面推介中药文化、人参文化、葡萄酒文化、松花石文化、朝鲜族和满族民俗文化等特色地域文化，推动文化产业集聚发展，推进文化创意和设计服务与相关产业融合发展。加强文化产业基地建设。以集安高句丽世界文化遗产为载体，打造世界级高句丽文化产业基地；以延边朝鲜族自治州朝鲜族民俗文化为载体，打造特色民俗风情文化基地；以江源松花石之乡为载体，打造国家级松花石文化产业基地。

突出发展生态旅游产业。突出"生态山水、多彩文化、激情冰雪、风情边境"旅游主题，培育精品旅游线路，完善旅游产品体系，创响特色旅游品牌，把旅游业打造成为沿边经济的支柱产业。构建以长白山为核心的大旅游格局。以长白山旅游为龙头，联合沿边地区重点景区，整合沿边地区旅游资源，构建"环山、沿江、跨国"的旅游格局，把沿边地区建设成具有国际影响力的旅游目的地、旅游客源地和旅游集散地。构建环长白山生态旅游经济圈。依托长白山国际知名品牌，整合环长白山的旅游资源和名胜景区，开发多种形态的旅游产品，建设陆空立体旅游廊道和环线城镇带，构建以长白山为引领，贯通东中西、横跨东北亚的名山走廊，促进大长白山旅游经济区一体化发展，将长白山打造成为世界级生态旅游目的地、国际著名休闲度假旅游目的地、全国知名的高品质边境旅游目的地、全国知名的民族文化体验旅游目的地。培育沿江旅游风光带。整合沿松花江、鸭绿江、图们江的生态、文化旅游资源，以生态城乡、生态山水为主要内容，建设以山水相映的松花江、鸭绿江、图们江为轴带的集观光游、度假游、边境游、出海游于一体的风光带。推进跨境旅游区建设。发挥吉林省在东北亚旅游格局中的区位优势，加强跨国旅游区域合作，整合边境旅游资源，创新跨境旅游发展模式，以边境游和跨国游带动景观游和民俗风情游，实现共赢发展。

推进旅游产业融合联动发展。强化"大旅游"观念，注重特色发展、差异发展、优势互补，加强统筹协调，促进旅游、产业、文化、创意相融合，推动旅游产业由低端建设向高端建设转变，由粗放经营向集约发展转变。推动区域旅游整合发展。发挥沿边和东部地区旅游在全省旅游发展中的带动作用，全盘谋划设计旅游资源开发，推动地区间旅游务实合作，充分利用国家、省级风景名胜区旅游资源，推进资源整合、市场整合、力量整合、功能整合、链条整合，统一发力，联动发展，把分散的旅游资源串成线、集成团、连成片，打造统一品牌。促进旅游与工农业融合发展。推动旅游与大农业融合，结合农业、林业、水利，实施乡村旅游富民工程，打造一批具有浓厚民族文化特点的旅游小镇、旅游村，建设农业观光体验基地、乡村休闲养生基地等，打造全国知名的乡村旅游品牌。推动旅游与工业融合，推动森工、食品加工企业形成工业旅游产品，大力培育以长白山人参、鹿茸、雪蛤"吉林三宝"为龙头的旅游商品系列；依托松花石、长白石等资源，发展特色旅游艺术名品；利用朝鲜族、满族民俗文化历史渊源，发展民族特色旅游商品；开发以长白山景区为载体的标志性旅游纪念品；积极发展滑雪、登山、漂流、自驾游、野营探险等户外装备用品制造业。促进旅游与文化互动发展。把弘扬沿边地区民族优秀文化与加快旅游产业发展相结合，将文化元素植入旅游各环节，打造旅游业新亮点。开发建设一批文化旅游精品项目，推进长白山文化旅游融合发展示范区建设，支持开展文化观光、文化体验、旅游演艺等活动，在重点旅游城市建设旅游文化街区，增强景区文化内涵。

推动旅游产品创新发展。立足国内外市场需求，开发新产品，发展新业态，延伸产业链条，推动沿边地区旅游转型升级，着力培育打造具有浓郁东北及长白山文化特点、代表国际旅游文化品质的旅游精品。生态旅游产品。大力开展生态观光、运动、探险、科普、休闲、度假等多种形式的生态旅游产品，开展森林探险、观光、科考、休闲、度假等森林生态旅游，开发森林豪华列车游、狩猎游、体验游等产品。开发户外探险科考旅游产品，开展地质地貌科普、自行车绿道旅游、登山和远足旅游等。加大松花江、鸭绿江、图们江等水上观光、餐饮和娱乐演出，开发水上旅游项目。冰雪旅游产品。大力发展冰雪观光、冰雪文化体验、冰雪主题娱乐、冰雪体育运动、冰雪度假等旅游产品。以长白山冰雪风光为代表的冰雪旅游加强开发滑雪健身、冰上运动等冰雪运动产品和温泉养生产品。大力推动体育运动公园、国家拓展训练基地及度假别墅等配套度假旅游设施建设，打造一批滑雪、体育运动休闲和主题度假相结合的冰雪度假旅游综合体。文化旅游产品。立足吉林沿边地区历史悠久的文化底蕴，大力开发文化民俗观光旅游产品。加快以高句丽文化、渤海国文化、祭祀文化、满族文化为主题的历史文化景区建设，提升高句丽文化遗产世界级旅游品牌，建设集历史遗迹、森林生态、边境观光于一身的旅游胜地。开发民族民俗观光、民族生活体验、民族美食等产品，重点开发朝鲜、萨满以及关东民俗文化游，发展具有原汁原味民族风情的民族自然村旅游。结合节庆产品开发"关东文化节""朝鲜族岁首节"等节庆产品。边境旅游产品。开发建设鸭绿江、图们江两大界江旅游风光带，打造图们江区域跨境旅游合作圈。扩大境外旅游市场空间，开拓面向俄、日、朝的风情边境、一游三国、环日本海游轮之旅、神秘朝鲜等跨境旅游线路。发展跨境生态观光、跨境文化体验等跨国风情体验产品，开通中俄跨境自驾游项目。推进大防川国际旅游先行试验区、图们江三角洲国际旅游区建设，突出"一眼望三国，鸡鸣闻三疆"景区特色，创新开辟赴朝鲜、俄罗斯生态观光与文化体验旅游。红色旅游产品。依托沿边地区类型多样的红色旅游资源，重点开发以"林海雪原、抗联英雄"为主题的红色旅游，以松花江、鸭绿江流域和长白山为重点的"东北红色旅游区"和白山、通化两个红色旅游目的地，推进红色旅游经典景区、精品线路、重点旅游区建设。

提高旅游服务水平。以人性化服务为方向，加强旅游服务设施建设、培育旅游商品市场、推进旅游信息化进程，提升旅游服务和管理水平，实现旅游配套便捷化、服务精细化、管理规范化、服务标准化，让游客游得放心、游得舒心、游得开心。提高旅游接待能力。围绕旅游业"吃住行游购娱"六要素，推进基础设施、公共服务设施和配套设施建设，全力提升旅游服务接待能力。围绕特色景区，打造集休闲、餐饮、住宿、娱乐、购物、康体、信息、金融、医疗等服务于一体的国内一流度假区。大力推进景区间方便快捷、通达顺畅的交通通道建设，建成一批功能配套、标准化的旅游综合服务区，适度发展高档次、高星级旅游饭店，鼓励在旅游热点地区开发建设"家庭旅馆""森林人家""青年旅馆""农家乐"等适合大众旅游者消费的住宿设施。旅游设施建设要符合禁区开发区域有关法律规定,开发规模和游客容量设计要与生态资源环境相适应,防止出现借旅游名义大搞开发破坏生态环境的现象。培育旅游商品市场。加大旅游商品开发步伐,大力发展具有沿边地区特色的"吉林优品"旅游商品,提高旅游商品质量和知名度。举办面向东北亚的旅游博览会、推介会,扩大沿边地区旅游商品的国际市场影响力。在重点旅游城市和重点景区建立旅游购物中心和旅游商品街,引进国际知名品牌的名店,推进特色服务消费,建设大型购物体验区,积极培育旅游消费热点,形成完善的旅游商品销售网络,逐步形成市场消费总量庞大、消费群体来源广泛、彰显本土文化特色国际旅游消费新天地。推进旅游信息化进程。积极推进智慧旅游,完善旅游门户网、物联网和电子商务网,构建旅游综合信息服务平台。积极开展旅游在线服务、网络营销、网络预订和网上支付,重点景区、旅游企业全面实施数字化管理,建立覆盖沿边地区的旅游信息服务体系,支持推广使用旅游"一卡通",推进旅游服务智能化。

二 城乡宜居领域

以培育人与自然和谐的生态文明为先导,大力建设绿色宜居城镇和乡村,统筹城乡发展,推动兴边固防富民,着力民生改善,促进社会和谐,构建具有长白山特色的城乡宜居体系。打造生态宜居城镇。适应沿边地区资源环境约束,坚持"集约紧凑、规模适度、交通引导、因境而成、顺势而为"的原则,推进就地就近城镇化,建设美丽、富裕、和谐的生态城镇。发挥沿边地区环抱群山、水碧天蓝、景色秀美的生态优势,走集约、智能、绿色、低碳的生态城镇化道路,突出特色化、差异化,积极引导和促进相邻城镇组团发展,沿交通、边境轴线形成珠串式的绿带嵌入、分隔有致、功能互补、空间一体的若干个城镇群团,打造山环水绕、错落有致、景趣相融的城镇格局形态。加快绿色城镇建设。坚持显山、露水、透绿、彰文的生态城镇发展理念,以生态城镇建设为突破口,将森林、山水形态引入城市,促进城镇建设与区域自然景观和特色义化相融合,着力打造一批生态城镇、山水城镇、森林城镇、文化城镇。支持珲春生态新城建设,推动集安等休闲养生宜居城市建设。营造宜居环境。围绕环境保护和资源节约，尊重自然、顺应自然，营造人与自然和谐的良好环境，合理布局城镇工业、生活、商业、公共服务等功能区。加强绿地系统建设，科学设置公园、广场、湖泊、湿地等城镇绿地空间。推进供热、供水、排水等基础设施和地下管网设施建设改造，加大林业棚户区和工矿棚户区改造力度，继续实施"暖房子"工程。加强生态廊道建设，以长白山环区旅游公路绿化美化为重点，实施长白山生态景观美化工程，进一步优化生态环境。选择一批基础条件好的城镇社区，开展生态社区建设，加快社区信息化建设，构建社区综合服务管理平台，推进社区居民依法民主管理社区公共事务和公益事业。加快市容市貌综合整治，努力打造宜居城镇。倡导绿色生活方式。倡导绿色发展、节能环保的生活理念，加快实施绿色建筑行动计划，推广绿色节能建筑。大力发展绿色能源，推进水资源循环利用，探索推行垃圾分类处理，实施智能化物业管理。积极发展绿色交通，推广使用燃气车和电动车，鼓励推广绿色出行方式，着力发展公共交通和城市慢行系统。加大绿色消费的宣传力度，倡导文明、节约、绿色、低碳消费理念，鼓励消费者购买使用节能节水产品、节能环保型汽车和节能省地型住宅。

建设绿色宜居乡村。推进社会主义新农村建设，全面改善农村生产、生活、生态条件，努力提高农村基础设施和公共服务水平，建设美丽、富裕、文明和饱含长白山特色的绿色宜居乡村。科学布局村庄。按照适度聚集、节约用地、有利生产、方便生活的原则，宜迁则迁、宜聚则聚，发展中心村、整治空心村、控制独居户、保护特色村，着力建设村情浓郁、功能完善、交通便捷、生活便利的社会主义新农村。推进偏远山区向中心村发展，农村向集镇发展，集镇向小城镇发展，逐步取消长白山脉周边零星分散的农村居住点。通过萎缩式管理方式，对分布在长白山自然保护区等保育性林区中的村民进行生态移民，对鸭绿江、松花江、图们江等流域的洪涝区采取异地集中安置、新建移民小区、生态小镇等多种形式安置。严格按照国家传统村落保护发展政策执行，重点保护山东屯、林业聚落、满族文化村、朝鲜族文化村等有历史文化或开发价值的典型特色村庄。形成布局合理、集约节约、联系顺畅的乡村体系。建设特色乡村。依据乡村资源优势，力求差异化，打造生态旅游村、历史文明村、宜居养生村等特色乡村。依托高句丽王城、"安图人"洞穴遗址、渤海国遗址等历史文化遗留建设一批历史悠久、底蕴丰厚的历史文明村；依托森林、温泉等自然资源建设一批气候宜人、风景秀丽、慢节奏的宜居养生村。打造宜居家园。加快改变村庄环境脏、乱、差的状况，突出抓好"清洁水源、清洁能源、清洁家园、清洁田园"建设。完善村屯基础设施，加强公共服务建设，努力实现村有卫生所、农民文化站，中心集镇有卫生院、农民科技文化中心等设施。推进农村环境综合整治，实施畜禽粪便、垃圾污水处理等生态卫生工程，开展农村河沟、池塘整治，发挥自然环境净化能力，加强村庄绿化，保障饮水、农产品及人居环境的生态安全。按照"一村一景观"的要求，建成一批集聚能力强、服务功能全、管理水平高、经济繁荣、环境优美、人居舒适的宜居乡村。塑造文明乡风。加强农民宣传教育和文化设施建设，开展各种新风新俗的有益活动，总体提升农民文明素质。充分利用电视和网络的作用，开设文明乡村专题或专栏，大力开展送戏下乡活动，实施农村电影放映工程。建立文明乡风活动评价机制，通过评价机制，评选"文明村镇""文明家庭"等。加大文化资源向农村倾斜力度，做到电视广播"村村通"，文化馆（站）和农家书屋村村有。因地制宜地发掘传统文化中的积极因素，保护具有民族传统和地方特色的文化资源。

促进城乡统筹发展。统筹工业与农业、城市与乡村、口岸与腹地，全面推动城乡产业、基础设施和公共服务的一体化发展。推动城乡产业一体化。统筹城乡建设和产业布局，构建以城带乡、以工促农、口岸与腹地联动的产业发展格局。延伸长白山区特色产业链条，发展现代服务业和口岸贸易，促进城乡产业融合发展、资源要素流通和市场对接，提高城乡产业关联度和经济融合度。推动城乡基础设施建设一体化。推动区域重大基础设施向城镇和乡村延伸，加快实施农村公路通达、安全用水、生态建设、环境整治等薄弱环节重点工程建设。推进城市公共交通、供水、电力、燃气、污水和垃圾处理向周边村镇延伸。加快农村网络平台建设，提高信息化服务水平。推动城乡公共服务一体化。统筹城乡基本公共教育均衡发展，将优质教育资源向农村倾斜，提高农村教育教学水平。建立健全城乡医疗卫生服务机构，提高服务能力和水平。加强城乡公共文化、体育设施和场所建设，提升服务功能。稳步推进城乡社会保障制度逐步并轨，统筹城乡养老服务机构建设，为城乡居民提供优质的养老保障。

推动兴边固防富民。按照"兴边、富民、固防、睦邻"的宗旨，大力实施"兴边固防富民"工程，成为得民心、顺民意的德政工程，稳定边疆造福人民群众的幸福工程，建设经济发展、社会和谐、人民富裕、民族团结、安全稳定的新边疆。强化兴边固防富民的增长点建设。依托边境地区的独特区位，把资源优势转化为经济优势、地缘优势转化为边贸优势、政策优势转化为发展优势，大力推进特色农产品加工、文化旅游业发展、边境贸易流通，夯实兴边固防富民的经济基础。建设边境连片扶贫开发区，推动沿边地区连片开发、综合整治，帮助边境群众脱贫致富。建设沿边开放试验区，扩大经济贸易交流合作，提升沿边开放水平。建设国际跨境旅游区，创新国际旅游合作方式，培育沿边地区新的经济增长点。加大资金、政策和技术支持，发展壮大集体经济，引导群众拓宽致富门路，促进群众增收，提高边境地区人民生活水平。加强兴边固防富民的基础设施支撑。着眼改善群众生产生活条件和边境安全，推动有关支持基础设施建设的新政策、新举措在边境地区先行先试，全面提升边境地区基础设施和公共服务水平。加强农村公路建设，逐步完善农村公路网末端的互通架构；提升边防公路等级，改善边民互市贸易点、边防派出所、边防哨所、边境巡逻和旅游点的交通状况；加强边境农田水利和电网工程建设，着力提升农田牧业、民生水利、农村电网条件和农村饮用水安全。优先安排支持边境地区基本公共服务发展，加强农村危房改造、边境信息下乡、边境社会保障、边境公共服务设施建设，促进各项公共服务向边境地区延伸。发挥兴边固防富民的基层组织作用。发挥基层党组织的战斗堡垒作用，重点选优配强乡村党组织支部书记，加强边境地区党的基层组织建设。有计划地选派优秀年轻机关干部到边境乡（镇、街道）、村（社区）工作，加强村委会和社区居委会建设。实施乡村党员和干部素质提升工程，优先安排边境村"两委"班子成员各类培训，开展实用技术和创业就业技能培训，提高基层党员、干部素质和带头创业致富能力。创新社会管理方式，构建基层社会管理和服务体系，完善社会矛盾排查和调解机制、民意诉求表达和权益保障机制，突出抓好社会矛盾化解、流动人口管理和特殊人群的管理服务。建设兴边固防富民的稳边固防安全体系。完善党、政、军、警、民"五位一体"的合理治边机制，强化联勤联动治安防控体系建设。完善边防边控通信设施、网络信息安全、无线电监测系统建设，支持边境覆盖和应急通信工程，建设一体化边防指挥信息系统和治安防控信息网络。强化技防物防，扩大警民联动报警装置覆盖面，在边境重点地段、交通要道安装监控设施，逐步实现全程全地域全时段无缝隙监控和全线封闭管控。建立统一的维稳固边情报信息工作机制，完善应急预案，提高突发事件应急处置能力。

三 基础设施领域

按照统筹规划、适度超前的原则，加大重大基础设施建设，提升管理服务水平，形成衔接顺畅的综合交通运输网络、配套完善的水利设施、多元清洁的能源体系、融合畅通的通信网络，为沿边地区绿色崛起提供有力保障。

建设完善综合交通运输网络。加强跨区域、跨国境交通的互联互通建设，重点推进公路、铁路、航空、口岸建设，加强各种运输方式的有效衔接，构建内联外通、便捷高效的立体综合交通运输网络。建设完善快速铁路网，大力实施既有线扩能和电气化改造，提升东北东部铁路等级和标准，提升支撑东部经济带的铁路运输能力。谋划珲春至俄罗斯海参崴高速铁路、图们至珲春至扎鲁比诺港扩能改造项目，努力提升跨境铁路运输能力。完善区域内高速公路网建设，打通集双等高速公路断头路，建成贯通辽吉黑、内联城市群的高速公路网。提升国省干线公路技术等级和服务水平，扎实推进国边防公路建设改造，加强农村公路通达深度和畅通程度，完善沿边地区公路网体系。谋划珲春至俄罗斯海参崴高等级公路，适时推进珲春至扎鲁比诺港、图们—稳城—清津等跨境公路建设，改造提升圈河至罗津等跨境公路等级，有序推进跨境桥改造。合理规划机场布局，适时新建白山机场，谋划建设珲春、集安、长白、和龙等机场，积极推动建设通用机场，构建布局合理、干支协调、功能完善的航空网络体系。优化国内省内航线布局。推进空港物流、支线机场和通用机场建设，促进通用航空产业发展。加强铁路、公路、民航与城市交通等多种交通形式的综合换乘，开展枢纽建设，实现多种运输方式有效连接。加大口岸建设资金投入力度，着力加强联检楼、入境通道、检验检疫等基础设施建设，支持专业化货场和配套基础设施建设。重点建设完善临江、图们、珲春口岸中药材检验检疫设施，推进集安公路口岸、安图双目峰口岸升级为国家口岸，加快推进图们铁路口岸增加国际客运功能，改造和建设珲春铁路口岸千万吨国际换装站，推动实现中俄珲春—克拉斯基诺口岸互通小型车辆，适时启动珲春甩湾子、龙井开山屯、和龙南坪、长白铁路口岸及珲春春化分水岭公路口岸开放，适时设立龙井白金临时过货通道，提升口岸人流通行和货物吞吐能力。全力推进电子口岸建设步伐，提高口岸信息化水平。推进"大通关"工程，设立快速通关通道，提高通关效率。推动俄、朝加强相应口岸基础设施配套建设，提高贸易口岸通关能力。

加强水利、能源、通信等设施建设。加强水利设施建设。完善防洪工程体系，开展鸭绿江、图们江两条国界河流重点河段防护和整治，实施大江大河及重要支流的治理工程，开展中小河流重点河段和山洪沟的综合治理，着力提高重要支流和入海河流的防洪能力。加强重大水利枢纽工程建设，完成病险水库和大中型病险水闸的除险加固工作，开展城市应急储备水库水源工程和应急备用引水水源工程建设，保障城镇饮用水安全。加大对农村饮水安全工程建设支持力度，积极发展集中供水工程，提高农村自来水普及率，延伸集中供水管网。加强能源设施建设。继续加强沿边地区电网建设。建设安全可靠、节能环保、技术先进、管理规范的新型农村电网，改善农村生产生活用电条件。加快推进延吉—珲春、白山—临江等天然气长输管道建设，同步实施联络线、城市门站等配套工程建设，与城市燃气管道联网。有序建设压缩天然气/液化天然气设施，加快建设天然气储气库，提高区域天然气储气调峰能力。深入实施"宽带吉林"战略，加快建设3G、4G、光纤宽带、新一代互联网等网络，加快推进新一代互联网、新一代移动通信网和数字广播网"三网融合"，加强物联网、云计算、大数据等新一代信息技术应用，推进信息安全保障数据中心、公共数据交换中心建设，搭建高性能的信息网络平台、电子政务及公共信息平台、企业信息平台。建设应急指挥调度平台和新型应急网络，提高通信和网络信息安全保障能力。

第六节 结论及建议

前述分析表明，吉林省正处于深入实施沿边开发开放战略的关键时期，通过创新工作举措、加大工作力度、建设沿边开放高地等措施，通过全省人民尤其是沿边地区人民群众的共同努力，有可能形成良好的开放型经济发展局面，有可能打造吉林省沿边开发开放新模式。从政策层面看，吉林省还应该从如下四个方面进行加强。

一是行政管理保障。切实转变政府职能。正确处理政府与企业、政府与市场的关系，使市场在资源配置中起决定性作用，把政府职能切实转变到宏观调控、社会管理与公共服务上来。全面深化行政审批制度改革。进一步清理和精简行政审批事项；加快推进行政审批项目全流程管理；绘制行政审批项目全流程权力运行流程图并固化到行政审批全流程电子监察软件系统中；对需多部门审批的项目，按照"一家受理、全程负责、并联审批、限时完成"的要求，实行并联审批。深入整顿和规范市场经济秩序。继续开展打击侵犯知识产权和制售假冒伪劣商品专项行动，整顿和规范大宗商品中远期交易市场，规范流通领域市场准入管理，建立健全重要商品和服务市场准入制度，实现准入许可和监管并重的全程管理。加强社会信用体系建设，建立健全市场运行管理体制和商品价格监测机制，引导企业树立诚信意识，健全诚信机制，诚信自律经营。强化职能部门的统筹协调。将沿边地区开发开放上升为吉林省的发展战略来统筹谋划、统筹推进，并对沿边地区中长远期发展进行战略部署。地方政府部门要从实际出发，高度重视沿边地区开发开放工作，要制定详细计划或实施方案，分解目标，明确责任，确保各项任务的落实。要加强部门之间的沟通和协调，建立部门、地区间密切联系统筹推进实施机制，形成全省上下合力推动沿边开发开放的新格局。加强部门间政策制定和实施的协调配合，全面调动和优化配置政策资源，坚持政策的长期性、优惠性、连续性和协调性，推动各项政策和改革举措形成合力、落到实处。

二是配套政策保障。及时制定落实政策的配套措施或实施细则，并加强协调、沟通，防止政出多门、政令抵触，保证政策相互配套，便于操作。增强政策的透明度，各项政策制定后要及时向社会公布。建立健全政策咨询和反馈制度，及时解答企业或投资者提出的问题。政策支持体系构建应从实际出发，重点围绕产业联动发展、基础设施互联互通、畅通对外通道、打造开放平台、体制机制创新、陆海联运航线运营等领域，在土地、资金、税收、科技、人才、物流等方面出台具有可操作性和含金量较高的优惠政策，形成完善的政策支撑体系。财税政策。加大对沿边地区一般性和专项转移支付力度。将现有的专项资金更多地向沿边开发开放项目倾斜。进一步加强财政支持力度，在省财政预算内设立沿边开发开放专项资金，重点支持资源开发利用、进出口加工、科技合作以及重点合作平台建设。对沿边地区符合产业、环保、土地政策及促进就业与技术进步的中小企业实行税收优惠政策。加大沿边地区外贸企业税收减免力度，以2014年进口环节税收总额为基数，五年内新增税收全额用于奖励企业扩大贸易规模。金融政策。鼓励政策性金融、商业性金融探索支持沿边开发开放的有效模式。探索由各级政府和企业共同出资设立沿边开发开放专项基金，用于贸易、投资和经济技术合作，以缓解企业的融资难题。优先支持沿边地区符合条件企业发行企业债券，研究将沿边市县纳入地方政府债券自发自还试点范围。加大对俄、朝经贸企业的信贷支持力度和政策性担保力度，提高对俄、朝经贸企业担保融资比例，支持担保公司、保险公司对俄、朝出口企业提供信用担保和商业保险。支持沿边地区中小银行跨区域设立分支机构，扩大本外币业务范围，给予再贷款、再贴现资金优惠支持。加大对沿边地区支农再贷款和支小再贷款支持力度。支持珲春农村商业银行参股或收购俄罗斯符拉迪沃斯托克城市商业银行。土地政策。支持沿边地区开展土地管理改革综合试点，根据用地单位申请，吉林省国土厅将建立用地服务档案，强化动态管理，实施全程跟踪服务，并及时纳入审批"绿色通道"，提高用地审批效率。保障开发区、特色园区建设用地，在安排土地利用年度计划指标时，适度向沿边地区倾斜，对重点项目可申请办理先行用地手续。产业政策。遵循国家区域经济布局的要求，结合边境地区的实际情况和国内外市场需求，选择和培育具有比较优势的特色产业，综合运用财政、金融、税收、价格等经济手段进行支持，加快建设具有沿边地区特色的产业体系，打造一批特色出口加工基地。

三是招商引资保障。加强项目建设，提高项目质量。加强项目谋划，注重项目更新，做好单体项目策划，建立信息反馈机制。围绕交通、口岸等重大基础设施进行招商引资，要搞好项目的规划、设计和包装，做好可行性研究，积极向战略投资者进行推介，争取合作。创新招商引资方式，增强招商工作实效。强化专业招商，开展产业配套招商，重视以商招商，推进中介招商。围绕调整和优化产业结构招商引资。要把引资与承接国内外产业转移紧密结合起来。一方面，要积极引导外资投向做大做强吉林省的支柱产业和沿边地区的特色优势产业，提升产业竞争力，加快沿边地区的经济发展；另一方面，要加快培育战略性新兴产业，引导外资向高新技术、环保、电子信息、清洁能源等产业投资。此外，要加快服务业的发展。沿边省区现代服务业的发展较为落后，应积极吸引外资投资沿边地区的商业零售、各种中介服务、软件、金融服务等领域，积极发展服务外包，带动和促进沿边地区服务业的成长壮大。加强招商环境建设，提高综合竞争力。优惠透明的政策环境，公正公平的法制环境，优质高效的行政环境，凝心聚气的社会环境，营造舒适宜人的人居环境。围绕巩固国企改革和发展非公有制经济招商引资。积极引进战略投资者，推动实现国企产权的多元化，为建立现代法人治理结构、完善现代企业制度奠定基础创造必要的条件。通过大力引进外资和民营资本，做大做强民营经济，壮大沿边地区经济发展活力。

四是强化边境贸易。与日、韩企业合资、合作、共同开发俄、朝市场。由于俄罗斯经济持续发展，消费者购买力增强，朝鲜出现革新要求和开放迹象，日本企业近年来对俄、朝市场兴趣大大增加，韩国企业进军俄、朝市场的积极性也很高。与此同时，俄、朝两国也需要日、韩的资金、技术和高质量商品。但是日本比中国更缺乏对俄、朝贸易的渠道和人才。吉林省可以利用他们的资金、技术和管理经验，在吉林制造具有日、韩技术或品牌的商品，销往俄罗斯和朝鲜，扩大对俄、朝出口；共同开发俄、朝两国资源，扩大对俄、朝的进口；在俄罗斯和朝鲜建立合资企业，在当地生产、销售并出口到第三方市场。加强经济技术合作，带动对俄、朝贸易发展。利用吉林省在农业、林业和制造业等方面的优势，加大在农业、林业、矿产资源开发和机械、消费品制造领域对俄、朝的投资、工程承包和经济技术合作。尝试采用加工贸易和补偿贸易等形式，规避俄、朝对资源性产品出口的限制，扩大自两国的进口规模，促进对两国的出口。加强对两国市场的调研，逐步使贸易形式规范化、合作长期化，产品适销对路，稳步增加吉林在两国工业品和消费品市场上的份额。继续发挥边贸优势。扩大对俄、朝边贸出口，加大边贸合作平台建设力度，继续推动中俄、中朝互市贸易区发展。加强与俄罗斯滨海边疆区地方政府之间的协调，打通和争取形成更便利的中俄边贸通道。建立吉林边贸官员与朝鲜地方贸易主管部门官员定期会晤制度，加快图们等边贸市场建设，改善对朝边贸条件。大力发展对俄、朝边境旅游业，吸引更多游客，扩大旅游贸易规模。大力发展加工贸易和服务贸易。提高外贸质量，一方面，积极引进附加值较高的加工贸易。引导企业从国外引进高科技含量、高附加值的加工贸易项目，支持外资企业抓住我国加工贸易由南向北转移的机遇，充分利用东北亚博览会等各种招商引资活动，把一些好项目、大项目、更高技术水平的项目引到吉林省来，推动吉林沿边地区加工贸易的快速发展。另一方面，积极鼓励服务业。贸易加快发展，推进吉林服务业跨越式发展与积极开拓国际服务业市场相结合，支持具有较强竞争力的教育、文化等服务型企业出口，增强吉林省沿边地区发展服务贸易出口的优势。此外，还要做好沿边开发开放方面的示范试点工作。积极申请国家扩大中俄两国本币结算份额，将人民币结算从边境贸易扩展到对朝、对俄一般贸易及投资领域。申请珲春市开展卢布货币流通试点。以省内韩币交易最频繁的延吉市为试点，争取韩币清算机制试点和韩币 QFII 额度安排。要加强与韩国产业银行等金融机构的合作，争取有更多的韩国金融机构在吉林省设立分支机构和开展业务。探索东北亚国家与吉林沿边地区开展人民币双向贷款试点。在沿边地区试点民间资本发起设立民营银行等金融机构。鼓励东北亚国家财团或法人以人民币购买开发开放区企业股权。

第二章

关于科技发展战略的探讨[*]

我国已经进入创新驱动发展的新阶段，科学技术对经济社会发展的驱动作用将越来越强，且这种作用对老工业基地而言极其迫切。制定科学、有效的科技发展战略，对于东北地区尤其是吉林省的经济发展而言，已经成为挖掘科技潜力、重塑经济动力、激发人才活力的必然举措。本章以吉林省为例，对科技发展战略相关问题进行了相关探讨。

第一节　科技发展情况概述

近年来，吉林省科技发展取得了积极进展，企业创新主体地位更加突出，市场导向的创新机制更为健全，多项科研成果达到了世界领先水平，多个创新平台发挥了积极作用，一批优秀的专家学者脱颖而出，他们为保障吉林省经济社会发展发挥了重要作用。

一　各类企业创新驱动发展作用显著增强

近年来，吉林省通过深化科技体制改革，强化企业创新主体地位，推动各级企业创新能力大幅提升。中国第一汽车集团（以下简称"一汽"）在环保节能、安全舒适、可靠耐久、工艺材料、汽车电子智能五大关键技术

---

[*] 本章是在吉林省科学技术厅委托项目"吉林省科学技术'十三五'发展规划研究"成果初稿基础上修改而成的，该项目负责人为赵光远。本章吸收了该项目相关子项目成果的相关内容。

领域取得了连续突破。2015 年，一汽解放"胜虎"中型高机动性通用战术车辆第一次亮相阅兵仪式，在总成技术水平和作战使用性能方面实现了跨越式提升，在越野机动性、环境适应性、电子信息化以及战场防护能力等方面接近西方发达国家当代军车水平。一汽独有的国四发动机及后处理技术——电控单体泵 + 气驱尿素系统完美解决了传统共轨发动机和电驱尿素泵油嘴堵、不会修、修不起等问题，打破国外供应商对电控喷油系统垄断的格局，完全符合国四、国五排放标准并具备国六的潜力。一汽马自达 2015 款阿特兹获得"五星"安全评价，一汽奔腾纯电动乘用车入选第四批免征购置税新能源汽车目录。东北工业集团有限公司汽车零部件环境检测实验室顺利通过中国合格评定国家认可委员会评审，被授予 CNAS 认可资格，标志着技术检测能力具备国际水平。中车长客股份公司采用 IEC62267 标准中规定的 GOA4 级标准（世界最高自动化等级）进行研发设计的国内首列全自主化、全自动驾驶地铁车成功下线，适用于非洲气候的轻轨客车、适用于高寒环境的高铁客车等成功运营。吉林化纤集团公司 2014 年新产品销量达 2.5 万吨，新产品贡献率达 39%。吉林博大生化有限公司研究并采用玉米生物法制乙烯，2014 年实现销售收入近 10 亿元。吉林方大江城碳纤维有限公司研发的红旗 H7 碳纤维复合材料发动机罩使发动机性能提升了 50% 以上，吉研高科公司 C/C 复合材料、碳纤维编织布、碳纤维发热制品形成批量生产能力，其中 C/C 复合材料在国内处于领先水平。首钢通钢集团先后研发出 60V 方钢、80B 方钢、130B 方钢、U75V 外销坯、ϕ20mm 规格锚杆钢等产品和生产工艺，扩大了市场占有率。国药中生长春公司"一种重组戊型肝炎疫苗 P179 抗原的纯化方法"获得国家发明专利授权，能够在保护疫苗的免疫原性的基础上有效地去除杂质，提高该疫苗的产量和质量稳定性，缩短疫苗抗原纯化时间，降低生产成本。通化东宝在目前国际医药研发上急于攻克的难题方面取得了显著进展，长效胰岛素已经完成了小试研发，新产品"激动剂"作为糖尿病治疗的辅助药品准备进行新产品的申报，单时向混合胰岛素研发成功，研发的"扩渗剂"使口喷式胰岛素给药方式即将成为现实。紫鑫药业"一种用于补肾、宁心、安神的药物组合物"发明专利和"一种提高免疫力的药物组合物及其制备方法"发明专利分别获得 2012 年第十四届中国专利优秀奖和 2013 年第十五届中国专利优秀奖。

二 重点机构加速成为区域创新极

近年来，吉林省大力通过原始创新、集成创新和科技成果转化，并把中国科学院长春光机所、应化所，吉林大学、东北师范大学、长春工业大学、长春理工大学、东北电力大学等机构作为科技成果转化试点，这些机构取得了显著的科技创新成就。由长春光机所主导的首颗自主研发的商业高分辨率遥感卫星"吉林一号"发射成功；研制出"高性能微米线日盲紫外探测器"，可用于紫外天文学、天际通信、火灾监控、汽车发动机监测、石油工业和环境污染的监测等，应用前景十分广泛；研制出的"具有超薄的氧化物壳层的 Ag 纳米三角"，可高效增强太阳能电池的光电转化效率；"月基极紫外波段成像技术"应用于国家探月工程二期"嫦娥三号"极紫外相机并成功登陆月球；"大型高精度衍射光栅刻划系统"已完成光栅刻划机、温控及隔振系统、光栅制作工艺三大组成系统的研制工作，并在 2014 年 10 月首次完成了连续 14 天的中阶梯光栅刻划试验；"4 米量级高精度 SiC 非球面反射镜集成制造系统"项目已完成 2.4 米口径 SiC 整体镜坯制备、1.35 米量级 SiC 非球面加工与检测、2 米反射镜的精研磨、2 米口径 Si 改性层镀制的工艺试验、5 米镀膜机 Si 改性层镀制的工艺试验等工作。长春应化所成功制备了首例"全金属三明治化合物"，发明钯纳米薄膜和钯/铂纳米薄膜制备方法，"新型高效有机太阳电池研究"在有关技术方面达到世界先进水平；率先提出微波辅助氧化插层剥离法，容易实现批量化制备高导电性、高透过率的石墨烯材料；首次在国际上采用电化学还原石墨烯氧化物制备二维单层石墨烯膜；"稀土催化剂成功应用于具完全自主知识产权的锂—空气电池组"项目研制成功 51 安时的锂—空气电池组并入选"2014 年中国稀土十大科技新闻"，该电池是我国完全原创的成果。吉林大学利用聚焦太阳光可控还原石墨烯氧化物薄膜，成功制备了具有湿度响应特性的石墨烯智能的爪子、爬行机器人等器件；通过在金属电极上集成微纳结构，以参数调控实现金属电极界面的表面等离子与器件内部微腔模式耦合的创新方案，提高厚的金属电极的透过率，器件的工作寿命也能够提高两倍以上，解决了效率和稳定性的固有矛盾。在"传统高温超导体"的研究上，理论预测 $H_2S - H_2$ 化合物在高压下的超导临界温度可达到 191K，超过铜氧化合物的超导临界温度 27K，实现了传统超导体基础研究领域上新的突破。东北师范大学、长春理工大学、长春工业大学和东北电力大学也都在各自的优势领域储备了一批先进技术成果。如东北师范大学的具有环境认知能力的智能清洁机器人、长春理工大学的无机光功能一维纳米结构材料构筑技术、长春工业大学的复杂光学曲面主动调制加工新技术及应用、东北电力大学的大型锅炉水循环在线监测与故障诊断装置及应用等成果，均对创新驱动发展发挥了支撑作用。

三 农业科技创新深度保障粮食安全

近年来，吉林省在农业科技领域突出重点环节，加大支持力度，取得了显著成就，累计审定农作物新品种 573 个、蔬菜新品种 21 个、特色植物新品种 16 个；农产品地理标志登记保护超过 800 件；制定地方标准 771 项；形成和完善优质农作物耕作栽培配套技术 39 项。农业科技进步贡献率达到 57%，科技成果应用率达到 75%，农作物自主创新良种市场占有率达到 60% 以上，主要农作物耕种收综合机械化水平达到 77.8%，主要农作物秸秆综合利用率达到 75%，畜禽养殖废弃物资源化利用率达 60%。其中，玉米单倍体规模化育种技术研究与应用取得重大突破，单倍体诱导率达 13.17%，达国际先进水平；"国家粮食丰产科技工程" 3 期课题，连续 4 年超高产攻关稳定超吨粮，在全省三大生态类型区全面刷新玉米、水稻超高产纪录；安全优质肉猪现代生产关键技术研究建立了优质肉猪杂交繁育模式 3 套，新增产值 75760 万元；毛皮动物系列疫苗产业化项目建立了犬瘟热活疫苗、细小病毒性肠炎细胞灭活疫苗、狐狸脑炎活疫苗和犬瘟热 Vero 细胞 （CDV3 - CL 株） 冻干疫苗 4 条生产线和毛皮动物生物制品的生产基地，成果达到国际先进水平，累计实现产值 7.2 亿元，相关研究成果获国家科技进步一等奖；蛋品精深加工产业化项目建成 3 条鲜蛋加工生产线，生产高乳化蛋黄粉、卵黄免疫球蛋白、高凝胶性蛋白粉、高分散性全蛋粉、蛋壳超微粉等产品，年产值总额超过 12 亿元；作物秸秆与畜禽粪便高效转化生产食用菌关键技术研究和示范项目筛选与培育出食用菌优良品种 17 个，集成创新出工厂化栽培技术规程 4 项，建立了农艺化栽培研发中试基地和赞比亚食用菌生产基地，产值超过亿元。超低甲醛释放农林剩余物人造板制造关键技术与应用项目开发的环保型人造板各项物理力学性能优于国家标准，新增产值 38 亿元，研究成果获国家科技进步二等奖。森林抚育材/速生材高值化利用技术集成产业化项目开发出多种产品，获发明专利3件，制定企业技术标准1项，累计实现产值7.1亿元。棚膜蔬菜产业发展关键技术研究选育出设施专用蔬菜品种6个，获得国家新品种保护2项；优化日光温室4种，制定生产技术规程与标准15项，示范推广蔬菜栽培技术1项，累计实现经济效益2.09亿元，获中华农业科技奖二等奖。

四 科技成果转化助力新兴产业加快发展

近年来，吉林省更加重视科技成果转化，更加重视高新技术产业发展，更加重视谋划新平台、新载体创新科技成果转化模式。吉林省国家级高新技术产业开发区增加到5个，开发区主营业务收入近万亿元；吉林省高新技术企业达到330户左右，比"十一五"末增加了近百户；技术市场成交额从"十一五"末期的不足20亿元跃升到30亿元以上；高技术制造业增加值从"十一五"末期的263.99亿元跃升到548.11亿元；信息产业、医药产业、装备制造业三个重要的新兴产业增加值也分别从75.90亿元、218.83亿元和320.69亿元增长到129.73亿元、502.26亿元和600.29亿元。全省20多个院士工作站、40多个科技企业孵化器、30多个技术创新战略联盟、20余个高新技术产业化基地、20个科技成果转化中试中心、300多个企业技术中心、近20个技术转移示范机构、5个产学研合作示范基地、175个省级工程研究中心和工程实验室已经成为推动科技成果转化和高新技术产业发展的重要载体和平台。

五 科技体制机制改革激发创新创业活力

近年来，随着全面深化改革各项工作的推进，科技体制改革取得积极成效。科技计划管理体制更为完善，由六大类科技计划构成的科技计划体系，实现了按产业链、创新链部署和配置科技资源的目标，形成了以项目带产业，系统支持产业技术创新的模式。知识产权管理体制更为健全，重点开展"专利护航"专项行动，拓展专利维权援助网络，建设省级专利维权援助中心和延边、四平、通化三个分中心，加大知识产权培训工作力度，开展知识产权管理、执法、专利代理和专利电子申请等各类知识产权培训年均10次以上，国家知识产权培训（吉林）基地建设进展顺利。科研机构运行体制更为优化，积极推动全省研究与开发机构改革，地方属研发机构减少 8 户，地方属转制科研机构增加 2 户。自然科学和技术领域的研发机构 R&D 经费支出年均增长 11.2%，转制科研机构 R&D 经费支出年均增长 11.9%。科技协同创新机制正在形成，以产业技术创新战略联盟为抓手，积极推进机制体制创新，加强项目倾斜力度，推动重点实验室、工程技术研究中心、工程中心、博士后工作站等各类科技资源向联盟开放，推进科技协同创新机制的形成和深化。"十二五"期间组建产业技术创新战略联盟 10 余个，对吉林省重点产业技术创新发挥了重要作用。科技治理保障机制得到加强。坚持依法治理，大力推动《吉林省科技进步条例》《吉林省科技成果转化条例》《吉林省专利条例》等科技法规的完善、修改及立法工作；推动政策落实，制定《中共吉林省委　吉林省人民政府关于深化科技体制改革加快推进科技创新的实施意见》《吉林省人民政府关于建立健全市场导向机制促进技术创新加快科技成果产业化的实施意见》《吉林省人民政府关于在长春市建立产学研协同创新机制试点的实施方案》《吉林省促进科技成果转化股权和分红奖励的若干规定》等政策措施；探索信用管理制度和绩效评价制度，引入市场机制参与科技治理。

六　科技发展方式转变强化区域创新基础

近年来，随着经济社会发展形势的变化，科技发展方式发生了积极变化。一是扎根基层务求实效的科研风气正在加快形成。高校和科研机构科技人员均能扎根企业、扎根农田，去主动发现问题、解决问题，如 2013 年全省共有法人科技特派员（团队）611 个，有 4282 名科技特派员活跃在农业生产第一线，209 名科技特派员创办领办企业，354 名创办农村合作组织或专业协会，建设培训基地 215 个，科技特派员服务站 401 个，实施科技开发项目 669 项，引进新品种 800 多个，推广技术新品种 800 多个，累计培训农民 76 万人次。二是突出转化务求支撑的科研机制正在加快形成。省科技计划经费投入中近 70% 的经费均直接或间接地用于科技成果转化及其体系建设，一多半的科技资源集中在汽车、农产品加工以及战略性新兴产业等领域。同时依托"双十"工程等重大项目的实施，集中力量务求突破切实支撑的科研局面正在加快形成。三是加强协同开放创新的合作机制正在加快形成。30 多个产业技术创新联盟发挥了巨大作用，年均实施近 70 项国际科技合作项目，建设了近 40 个国际科技合作基地，中韩技术转移大会等国际科技合作机制进一步完善，产学研协同创新、国内外合作创新的模式正在进一步健全和完善。四是信息支撑资源共享的保障机制正在加快形成。出台《吉林省人民政府关于进一步推进科研基础设施和大型科研仪器向社会开放的若干意见》，加强吉林计算中心、大型仪器共享平台等数据平台建设，支持资源开放共享。

七 存在的问题及挑战

近年来，吉林省进入了全面振兴发展的攻坚时期、全面建成小康社会的决胜时期和应对挑战、化解难题、大有可为的重要战略机遇期。对科技工作而言，这也是经济社会发展倒逼科技创新的关键期、推动大众创业万众创新的深化期、"一带一路"助力开放创新的探索期、中国制造需求协同创新的增长期、"互联网＋"推进网络创新的试验期和深化改革保障创新效益的实践期。但是必须看到，吉林省科技发展形势不容乐观，一是企业主体作用发挥不充分，有研发活动的企业比重居全国第31位，企业研发经费支出强度居全国第31位，规模以上企业研发投入比重显著低于全国平均水平；二是科技创新市场化程度不高，政产学研协作不够充分，科技中介组织发展滞后，科技服务业发展水平不高，省级工商注册的科技咨询中介服务机构比重仅为1.6%，全省累计注册成立股权科技投资类企业仅166户；三是创新创业环境不够优化，吉林省每名科研人员仪器和设备支出居全国第25位，中试投入水平明显偏低，科研成果熟化不足，科技成果产业化环评、安评、能评等方面办理手续程序繁杂，政策执行比较僵化。这些问题在未来一段时间仍将影响吉林省科技创新竞争力的提升。

第二节 科技发展的战略思路和区域格局

吉林省科技发展战略应突出科技创新核心地位，以科技体制改革为先导，以打造创新平台为支撑，以企业主体地位为重点，以区域创新能力提升和支撑经济社会发展为目标，优化创新生态系统，营造创新良好环境，巩固现有创新基础，提升科技支撑能力，促进分享经济发展，提升协同创新水平，引领带动产业创新、企业创新、市场创新、产品创新、业态创新、管理创新，推动形成以创新为主要引领和支撑的经济体系。

一 四个主要原则

改革引领，重点突破。进一步深化科技体制改革，突出市场引领创新重大趋势，激发科研机构、科研人员创新活力。突出科技成果转化链条，突出优势新兴产业领域，突出重大工程实施手段，突出科技法规环境保障，集中有限资金和人力，实现重点突破。

优化布局，加强协同。引入市场机制和竞争机制，优化科技资源的产业布局、区域布局、产学研主体间的布局和不同环节间的布局，集中研发，全域转化，加强协同，统筹推进，推动研发高地和转化基地建设，增强创新驱动发展能力。

开放合作，联动创新。积极借力域外创新资源，主动利用国家战略赋予的相关机遇，加大力度开展国内外科技合作，完善和创新部省会商、省院合作、省校合作和国际科技合作等工作机制，集聚更广范围的科技资源，为我所用。

突出特色，集约高效。按照前瞻性、战略性、超前性、特色性集中科技资源，有所取舍，打造科技创新核心领域和核心优势。增强对重大工程、重大项目、重点团队的支持力度，力争形成特色研发领域"地方积极培育、国家高度重视、效益快速显现"的发展态势。

二 主要目标及区域布局构想

到2020年，基本建成适应吉林经济社会发展、符合科技发展规律的区域创新体系；原始创新能力不断增强，集成创新、引进消化吸收再创新能力显著提高，战略性新兴产业高技术研发实现重大突破，传统产业技术创新实现重大进展；创新环境更加优化，创新人才大量涌现，全民科学素质普遍提高；科技支撑引领经济社会发展能力大幅提升，把吉林建成创新型省份。在这一目标下，结合全省重大区域战略布局，遵循科技发展规律，优化配置科技资源，促进科技创新与区域经济发展互动协调发展。

（一）提升长吉创新核心地位

围绕中部创新转型核心区、长吉产业创新发展示范区、哈长城市群建设等重大区域战略布局，深化改革，整合资源，强化集聚，突出协同，把长吉两市建设成吉林省区域创新体系的核心区。重点打造国家级长春新区，完善提升长春、吉林等国家级开发区创新功能，加快建设长吉产业创新发展示范区等创新载体。加快推进长春市国家创新型城市建设进程和吉林市国家创新型城市申报工作。推动有关高新区申请建设国家自主创新示范区工作。鼓励四平、辽源等中部地区城市和省内其他市（州）结合自身发展特点和优势领域，与长春、吉林两市开展多元化、多领域的合作。鼓励长春、吉林两市研发主体牵头成立产业技术创新联盟，推动长春、吉林两市科技成果在全省进行转化。加快长春、吉林两市互联网等新技术和产业跨界融合，推动工业向高端智能绿色转型、农业向规模优质高效转型、服务业向现代集聚协同转型、城市向绿色智慧人文转型，构建创新创业、产业发展、城镇化、开放合作等区域高地，形成新的增长极。

（二）建设东部特色创新区域

围绕东部绿色转型发展区建设和沿边地区开发开放等工作，绿色引领，突出特色，转化为主，加强合作，谋划延龙图珲和通白两个特色创新区域，坚持绿色、循环、低碳发展方向，兼顾特色资源开发和生态环境保护，强化创新平台建设和东北亚国际科技交流，建设吉林省东部创新发展高地。重点推动延吉、通化两个国家级高新技术产业开发区加快发展，加大对通化市、白山市、通化县、磐石市、敦化市省级创新型试点市（县）的支持，发挥图们江区域国际技术转移中心、珲春国际技术转移中心等国家级国际科技合作基地以及其他省级国际科技合作基地作用，加快白山镁合金、通化医药、梅河口医药、集安农业、抚松农业、龙井农业等省级高新技术产业化基地和白山、东昌区、临江市、长白山保护开发区等可持续发展实验（示范）区建设，以医药科技、生态技术、特色资源加工技术为重点，支撑医药、矿泉水、人参、食品、林产等绿色产业集群的形成和发展，加快构建绿色生态产业技术体系。

（三）打造西部创新重要节点

围绕西部生态经济区建设和河湖联通等重大工程的实施，突出平台，引进资源，重点突破，生态优先，着力壮大松原、白城两市科技创新能力，完善区域内创新和科技成果转化网络，建设吉林省西部重要的科技创新节点和科技成果转化节点。重点推动松原国家农业科技园区、白城燕麦、黑麦国际科技合作基地建设；着力提升西部地区企业创新能力，稳步提高西部地区高等院校和科研机构创新能力；支持西部地区县（市）谋划科技成果转移转化平台，完善科技成果转化网络，加快根治西部缺水"痼疾"相关技术和高效生态产业技术的转化，支撑规模特色种植业、养殖业、渔业等现代大农业发展，强化与国家精品畜牧产品、绿色特色农产品生产基地建设和高效生态经济区建设的协调发展和共享发展；鼓励西部地区建设院士工作站、科技创新中心等实用型、应用型科技创新（服务）平台；重点推动生态环境、农业科技、新能源技术的适用性研发平台和成果转化平台建设。

（四）突出创新园区建设

结合全省各地既有发展基础，促进科技资源集聚，形成特色创新态势，促进科技创新与新兴产业培育、发展方式转变和持续健康发展紧密结合。

高新技术产业开发区。以创新驱动发展为主线，以市场导向机制为动力，以企业创新主体为支撑，着力提质增效，全面提升高新技术产业开发区（下文简称高新区）创新能力。重点推动现有科技开发机构向高新区集聚；鼓励高新区利用市场机制投资组建新型研发机构；鼓励高新区企业开展以提高创新能力为核心的并购、重组行为；在现有法律框架下，支持高新区招商引资设立"创新门槛"，支持高新区优先落实或试行科技创新各项政策。继续推进有关开发区升级为省级高新区的认定审批工作。

高新技术产业化基地（园区）。以特色产业集聚为导向，以加速成果转化为途径，以增强产业效益为目标，进一步增强高新技术产业化基地（园区）发展水平和产业规模，"十三五"期间高新技术产业化基地（园区）产值规模增速力争显著高于全省经济增速。重点推动高新技术产业化基地（园区）集约化发展，布局科技成果转移转化平台终端，鼓励基地（园区）企业牵头申报和承担省级重大科技项目，支持基地（园区）内企业独立或联合开展研发活动，鼓励基地（园区）和省内外研发机构、高等院校建立产业技术创新战略联盟、组建研发机构或开展研发活动。开展新一批高新技术产业化基地（园区）认定工作，争取省级高新技术产业化基地（园区）从现有的18户达到25户以上。

科技企业孵化园区（含大学科技园）。以科技小微企业为重心，以青年科技人才为重点，以"互联网＋"业态为方向，探索引领科技企业孵化园区（含大学科技园）转型发展，适应新时代新要求。重点推进以众创空间为重点的新型科技企业孵化园区建设；鼓励各地方政府、国家高新区、经济开发区、高等学校、科研院所、企业和社会力量自建或联建各类专业型科技企业孵化园区、综合型科技企业孵化园区；完善各类科技企业孵化园区的专业技术服务网络和中试等成果转化配套设施，提升各类科技企业孵化园区在专业技术咨询、科技管理、技术人员培训等方面的综合能力。组建全省科技企业孵化器联盟，争取科技企业孵化园区毕业企业显著增长，争取科技企业孵化园区（含大学科技园）从现有的 41 户增长到 50 户以上。

国际科技合作园区。以国际科技合作为目标，以跨国技术转移为重点，立足发展高技术产业和新兴产业，合作研发与技术转移并举，促进科技资源在更广阔的空间进行优化配置。重点推进以吉林省科技大市场为重点的国际技术转移网络和平台建设，在国家技术转移东北中心的基础上，建立中国—东北亚国际技术转移中心和东北亚国际技术转移战略联盟；加强省内高等院校、科技研发机构与国外机构研发合作并申报国际创新园、国际技术转移中心、国际联合研究中心等各类省级以上国际科技合作基地。争取省级国际科技合作基地由 37 户增加到 50 户以上。鼓励有关高新区和工业园区建设国际科技合作成果转化园区、国际技术转移承接园区。

第三节　科技发展的战略任务谋划

科技发展战略思路的实现，未来创新驱动发展目标的达成，都有赖于科技发展的战略任务谋划。这些战略任务，是战略目标和原则的具体化，也是时代发展、科技创新与区域特色的具体结合，更是促进各类科技创新平台发挥创新作用的有效路径。这些战略任务，必须以市场机制为核心，以企业创新为主体，以服务体系建设和机制体制创新为支撑，以重点领域为抓手，形成互促互进、内生发展的任务体系。

一　强化企业科技创新主体地位

（一）强化企业主体

切实发挥企业技术创新决策主体、技术创新投入主体、科技成果应用主体作用，支持企业建设高水平研发机构，推进企业技术创新国际化进程。探索建立高层次、常态化的企业技术创新对话、咨询制度，支持企业自主决策、先行投入，开展重大产业关键共性技术、装备和标准的研发攻关。争取国家科技计划（专项、基金）后补助试点、龙头企业创新转型试点。探索适应以普惠性财税政策为主的企业技术创新投入方式的新机制。统筹研究企业所得税加计扣除政策，完善企业研发费用计核方法，调整目录管理方式，扩大研发费用加计扣除政策适用范围。健全国有企业技术创新经营业绩考核制度，加大技术创新在国有企业经营业绩考核中的比重。鼓励采用首购、订购等非招标采购方式以及政府购买服务等方式促进创新产品的研发和规模化应用。完善使用首台（套）重大技术装备鼓励政策，健全研制、使用单位在产品创新、增值服务和示范应用等环节的激励和约束机制。推进首台（套）重大技术装备保险补偿机制。

（二）突出舟桥机制

制定科技型中小企业的条件和标准，为落实扶持中小企业创新政策开辟便捷通道。完善中小企业创新服务体系，加快推进创业孵化、知识产权服务、第三方检验检测认证等机构的专业化、市场化改革，构建面向中小微企业的社会化、专业化、网络化技术创新服务平台。鼓励中小企业加大研发力度，将涉及文化科技支撑、科技服务的核心技术纳入吉林省重点支持的高新技术领域。落实和完善政府采购促进中小企业创新发展的相关措施，完善政府采购向中小企业预留采购份额、评审优惠等措施。支持中小微企业与高等院校、科研机构合作，推动低成本、适用性的存量科研课题成果转化为技术工艺或商业产品。

二 强化科技创新及服务体系建设

（一）完善研究开发（R&D）体系

增强现有科研机构研发能力。加快现有科研院所分类改革，建立健全现代科研院所制度，完善科研院所法人治理结构，探索理事会制度，推进科研事业单位取消行政级别。按照国家有关规定规范科研事业单位领导人员任职资格、选拔任用、考核评价激励、监督管理等。在有条件的单位对院（所）长实行聘任制。推进公益类科研院所分类改革，落实科研事业单位在编制管理、人员聘用、职称评定、绩效工资分配等方面的自主权。坚持技术开发类科研机构企业化转制方向，推动承担较多行业共性任务的转制科研院所组建产业技术研发集团。对于部分转制科研院所中基础能力强的团队，在明确定位和标准的基础上，引导其回归公益，参与重点实验室建设。研究制定科研机构创新绩效评价办法，对基础和前沿技术研究实行同行评价，突出中长期目标导向，评价重点从研究成果数量转向研究质量、原创价值和实际贡献；对公益性研究强化国家目标和社会责任评价，定期对公益性研究机构组织第三方评价，将评价结果作为财政支持的重要依据，引导建立公益性研究机构依托国家资源服务行业创新机制。扩大科研机构绩效拨款试点范围，逐步建立财政支持的科研机构绩效拨款制度。增强高校研发机构支撑能力。继续实施"高等学校创新能力提升计划"（2011计划）。鼓励高等学校启动科研组织方式改革，开展自主设立科研岗位试点，推进高等学校研究人员聘用制度改革。将新型研发机构纳入全省研发体系。制定鼓励社会化新型研发机构发展的意见，探索非营利性运行模式。优化重点实验室、工程实验室、工程（技术）研究中心等研发平台布局，按功能定位分类整合，构建开放共享互动的创新网络。制定重点实验室发展规划、运行规则和管理办法，探索新型治理结构和运行机制。引导企业参与研发体系建设。鼓励大中型企业参建、组建新型研发机构并开展研发活动，鼓励企业研发机构、研发成果参与省级以上创新荣誉和科技奖励评选，提升企业研发机构和研发成果的行业影响力和社会影响力。

（二）加速构建具有特色的知识产权体系

促进知识产权创造运用。面向产业集聚区、行业和企业，实施专利导航试点项目，开展专利布局，在关键技术领域形成一批专利组合。加强专利协同运用，推动专利联盟建设。完善企业主导、多方参与的专利协同运用体系，形成资源集聚、流转活跃的专利交易市场体系。发布重点行业、重点产业及战略性新兴产业专利发展态势报告。建设一批知识产权密集型产业集聚区，推行知识产权集群管理。建立一批版权交易平台。加强植物新品种、农业技术专利、地理标识和农产品商标创造运用。推动育种创新成果转化为植物新品种权。加强种子企业与高校、科研院所的协作创新，建立品种权转让交易公共平台。加强农业机械专利布局。大力发展知识产权服务业，培育知识产权服务市场，建立知识产权服务业集聚区。建立健全知识产权服务标准规范。发挥行业协会作用，加强知识产权服务行业自律。支持银行、证券、保险、信托等机构广泛参与知识产权金融服务。建立知识产权价值评估体系，完善知识产权投融资服务平台。引导和鼓励各地政府建立小微企业信贷风险补偿基金，对知识产权质押贷款提供重点支持。增加知识产权保险品种，扩大知识产权保险试点范围，加快培育并规范知识产权保险市场。加强知识产权保护。依法公开制售假冒伪劣商品和侵犯知识产权行政处罚案件信息。将案件信息公开情况纳入打击侵权假冒工作统计通报范围并加强考核。探索建立与知识产权保护有关的信用标准。积极开展重点领域知识产权行政执法专项行动，重点查办跨区域、大规模和社会反响强烈的侵权案件。加强执法协作、侵权判定咨询与纠纷快速调解工作。加强大型商业场所、展会知识产权保护。督促电子商务平台企业落实相关责任，督促邮政、快递企业完善并执行收寄验视制度，探索加强跨境贸易电子商务服务的知识产权监管。优化网络监管技术手段。开展自由贸易（关税保护）区知识产权保护状况调查，创新并适时推广知识产权海关保护模式，依法加强自由贸易（关税保护）区知识产权执法。依法严厉打击进出口货物侵权行为。推进软件正版化工作。加强知识产权行政执法与刑事司法衔接，加大涉嫌犯罪案件移交工作力度。力争尽快在吉林省设立知识产权法院。推进知识产权纠纷社会预防与调解工作，培育一批社会调解组织，培养一批专业调解员。强化知识产权管理。加强吉林省科技重大专项和科技计划知识产权管理，落实省科技重大专项和科技计划项目管理部门、项目承担单位等知识产权管理职责。将知识产权管理纳入省科技重大专项和科技计划全过程管理，建立省科技重大专项和科技计划完成后的知识产权目标评估制度。探索建立科技重大专项承担单位和各参与单位知识产权利益分享机制。鼓励高等学校和科研院所建立知识产权转移转化机构。针对重大产业规划、政府重大投资活动等开展知识产权评议，制定发布重大经济活动知识产权评议指导手册，推动建立重大经济活动知识产权评议制度。引导企业加强知识产权管理，建立知识产权管理标准认证制度，建立健全知识产权价值分析标准和评估方法，制定知识产权委托管理服务规范，引导和支持知识产权服务机构为中小微企业提供知识产权委托管理服务。加强知识产权国际交流。加强政府、企业、高校和科研院所与国际间相应组织、企业与机构的交流合作，跟踪研究有关国家的知识产权法规政策，做好涉外知识产权应对工作。公平公正保护知识产权，对国内外企业和个人的知识产权一视同仁、同等保护。推进国际间海关知识产权执法合作。建立知识产权境内保护制度。及时收集发布主要贸易目的地、对外投资目的地知识产权相关信息。支持企业在国外布局知识产权。在信息技术等重点领域探索建立公益性和市场化运作的专利运营公司。鼓励企业建立知识产权海外维权联盟。引导知识产权服务机构提高海外知识产权事务处理能力。

（三）加速培育技术转移体系

扶持和培育一批技术转移机构。重点推进国家技术转移东北中心、中国—东北亚国际技术转移中心建设；提高科技情报信息机构的信息采集、分析和综合加工能力，与技术交易机构共同发挥区域技术转移中心的作用。鼓励国有企业、民营企业与科研单位联合兴办科技企业孵化器或生产力促进中心，继续支持科技人员从事科技中介服务。推动具备条件的科技中介机构广泛应用现代科学技术，不断创新服务方式、服务手段和组织形式，将服务业务向技术集成、产品设计、工艺配套以及指导企业建立治理结构、健全规章制度、完善经营机制等领域拓展，充实服务项目的技术内涵，满足日益多样化、系统化、高层次的服务需求。要结合各地区经济结构调整，进一步加强面向特定行业、特定创业人员的服务业务，提高服务的专业化水平；针对投融资渠道不畅问题，大力发展创业投资服务机构，吸引社会资金支持科技创新活动。培育技术转移队伍。要把培训作为促进科技中介机构发展的一项基础性工作，开展从业人员培训，提高人员素质。要对从业人员必须掌握的基本知识和技能提出明确要求。培训内容既要包括法律法规、政策制度、职业道德、行业规范、公共关系以及现代科技、经济发展趋势等方面的综合知识，也要包括企业管理、市场营销、技术创新等方面的专门知识，以及科技服务的方法、规则、手段等专业技能。各级科技管理部门要深入了解本地科技服务机构的培训需求，针对发展中的具体问题进行培训，注重实效，将其作为一项长期工作来抓。构建技术转移服务信息网络。整合政府部门、科研机构、信息研究分析机构的信息资源，建立区域性公共信息网络。各级科技管理部门要进一步向科技服务机构开放科技成果、行业专家信息，为其提供及时、准确、系统的信息服务。加快建设以创新产品市场信息服务为主要内容的吉林省综合科技服务机构，健全市县科技服务网络，开展科技情报、知识产权、招商引资引智、研发外包、投融资等全方位科技服务。

（四）着力打造科技成果转化体系

建立和完善各级科技成果储备和科技需求数据库。支持市（州）地方政府部门、厅（局）级以上政府部门和行业龙头企业根据自身需要建立科技成果储备库和科技需求数据库，定期公布"待转化科技成果目录"和"科技需求目录"，强化科技成果转化的源头和终端建设。建立和完善多类科技成果转化平台。积极发挥市场机制作用，分类推进科技成果转化平台建设，支持科技成果转化公共平台做精、做强、做大，鼓励民营企业、投资基金等市场主体投资兴建科技成果转化新型平台，推动成立科技成果转化平台联盟，强化科技成果转化平台管理体制机制创新，推动科技成果转化平台多元化发展。积极发挥科技成果转化人员作用。在现有基础上，赋予创新领军人才更大的人财物支配权、技术路线决策权，下放科技成果使用权、处置权和收益权，提高科研人员成果转化收益比例，推进省内首创科技成果本地转化；研究探索进一步提高科技成果转化人员收益的办法和可行性，探索应用技术研发团队配备科技成果转化专员或者融资专员的制度，鼓励青年科技人员参与科技成果转化活动，促进科技成果转化和科技研发活动的互动互促。进一步探索科技成果转化与科技成果奖励有机结合的新机制。

三 强化科技创新的制度支撑

（一）科技项目管理制度

创新科技项目审批机制。建立全省统一的科技管理平台，统筹衔接基础研究、应用开发、成果转化和产业发展。对接国家需求，调整完善科技发展计划体系。在现有基础上，改进管理平台，完善管理制度，实施电子印章，完善信息档案，减少项目审批人工操作环节，将项目审批主要环节纳入信息平台上进行操作，进一步简化科技项目审批机制。完善科技项目评价机制。根据项目类别确定评价方法，基础研究项目、人才培养项目等要关注科研的可持续性，应用研究项目、科技成果转化项目要关注项目的实用性和经济社会效益，科研平台建设项目、产业基地建设项目要关注项目对资源的集聚能力等。部分项目在专家评价的基础上要积极考虑社会评价、信用评价的综合影响。探索实行项目评审评议的联评机制和复议机制。完善科技项目跟踪和储备机制。探索建立科技项目跟踪的专门队伍，在项目结项 3 年之内持续跟踪项目后续研发和科技成果转化情况。鼓励科技项目管理平台与科技项目实施单位加强合作，建立科技项目储备库和项目成果储备库，推动可持续发展。

（二）科技资源共享机制

完善科技资源共享补助机制。完善科技资源共享的后补助机制，建立经费补助和科技资源共享效果相挂钩的机制。对于科技资源开放效果好、用户评价高的管理单位，优先享受开放共享后补助。对于不按规定如实上报科技资源数据、不按规定公开开放与利用信息、开放效果不明显、使用效率低的管理单位，要予以通报，限期整改，并采取停止管理单位新购相应科技资源、在申报省级科技计划（专项、基金等）项目时不准购置有关仪器设备等方式予以约束。对于通用性强但开放共享差的科研资源，相关行政主管部门和财政部门可以按规定在部门内或跨部门无偿划拨，管理单位也可以在单位内部调配。健全科技资源共享评价机制。制定科技资源共享的分类评价标准和办法，引入第三方专业评估机制，定期对科技资源的运行情况、管理单位开放制度的合理性、开放程度、服务质量、服务收费和开放效果进行评价考核。评价考核结果向社会公布，并作为科技资源再投入的重要依据。对于通用科技资源，重点评价用户使用率、用户反馈意见、有效服务机时、服务质量以及相关研究成果的产出、水平与贡献；对于专用科技资源，重点评价是否有效组织了高水平的设施应用专业团队以及相关研究成果的产出、水平与贡献。建立科技资源共享引导机制。探索建立用户引导机制，鼓励共享共用。在现有省级科技专项资金中设立科技资源共享服务补贴资金。对充分利用现有资源开展委托分析测试的用户予以一定额度的资金补贴，对积极承接社会委托任务的管理单位、机组和一线人员予以奖补。管理单位对外提供共享服务，可以按照成本补偿和非营利性原则收取材料消耗费和水、电等运行费，还可以根据人力成本收取服务费，服务收入纳入单位预算，由单位统一管理。管理单位对各类科技资源向社会开放服务建立公开透明的成本核算和服务收费标准。统筹考虑和严格控制在新列科技研发与成果转化项目中购置科学仪器设备等科技资源。将优先利用现有科技资源开展科研活动作为各科研单位获得省级科技计划（专项、基金等）项目支持的重要条件。鼓励企业和其他社会力量以多种方式参与共建科研基础设施，组建专业的科学仪器设备服务机构。

（三）科技金融结合机制

巩固现有结合机制。进一步巩固科技发展与金融机构之间已有的合作机制。进一步建立从实验研究、中试到生产的全过程科技创新融资模式，促进科技成果资本化、产业化。推进科技发展与政策性金融相结合。加强与国家开发银行吉林分行等政策性金融机构的合作，在政策性金融推动民生、产业等发展的过程中，积极引入科技因素，设立科技研发及成果应用的相关课题，促进民生、产业等高水平发展。探索推进科技与保险、担保等金融业相结合。加强与域内的保险、担保机构进行合作，探索与保险机构共同出资建立科技保险基金促进科技事业发展，探索推动利用知识产权、技术设备等进行担保的新机制。探索建立科技、产业和金融三结合机制。在科技金融结合机制中引入产业资本，探索建立科技机构、金融机构、产业主体共同入股的产业技术基金模式，推动科技金融深度结合，加快科技成果转化进程。探索推动科技与互联网金融产品结合机制。加强与"支付宝"等互联网金融产品的合作，鼓励国内互联网金融企业、产品投资与吉林省区域科技发展事业。

（四）科技经济结合机制

推动科技人员创新创业。探索高校、科研院所等事业单位专业技术人员在职创业、离岗创业新政策。对于离岗创业的，经原单位同意，可在3年内保留人事关系，与原单位其他在岗人员享有同等参加职称评聘、岗位等级晋升和社会保险等方面的权利。原单位应当根据专业技术人员创业的实际情况，与其签订或变更聘用合同，明确权利义务。对具备条件的高校中小科技成果项目转化提供资金支持。鼓励利用财政性资金设立的科研机构、普通高校、职业院校，通过合作实施、转让、许可和投资等方式，向高校毕业生创设的小微企业优先转移科技成果。完善科技人员创业股权激励政策，放宽股权奖励、股权出售的企业设立年限和盈利水平限制。推动应用技术开发机构转制。加快推动科研机构分类改革进程，制定有效的过渡性政策，推动一批国有应用技术开发机构转制为研发类企业或高新技术企业。引导国有应用技术开发机构及转制机构入驻有关产业园区，与行业龙头企业构建产业技术创新战略联盟，按照市场机制和市场需求组织开展研发活动。积极研究促进科技经济相结合的政策措施。根据吉林省经济社会运行的新态势、新特点、新规律，研究探索、制定出台促进科技经济相结合的政策措施，及时调整工作思路和工作重点，保障经济社会的可持续发展。

四　强化重点领域科技创新的支撑作用

（一）农业科技领域

种植业育种、生产方面。实施全产业链育种科技攻关，重点突破基因挖掘、品种设计和良种繁育核心技术，培育和应用一批具有市场竞争力的突破性重大新品种；强化农产品生产标准研制、质量检测及控制技术研究、质量控制关键技术研究和标准化安全生产技术集成与示范、主要粮食对象高产高效作物群体和土壤条件、肥料使用等之间内在规律及协同调控机制研究、土壤保育技术、农业机械化设备研制以及农业生产信息化技术等。种植业生物灾害防治方面。以吉林省玉米、水稻、大豆和花生的病虫草害为研究对象，以常发性重大病虫草害防控技术研究为重点，以具有潜在威胁的病虫草害研究为补充，加强农药科学使用及药害治理技术研究。养殖业育种、养（繁）殖高效技术方面。开展提纯复壮、种质资源创制和新品种选育，针对引进品种开展选育提高，创造一批具有应用前景的新种质，培育和示范一批具有市场竞争力的新品种（系）。以优异基因发掘为基础，全面开展动物生物技术研究，熟化及运用分子育种技术、胚胎工程技术、转基因技术、克隆技术。开展新型安全投入品研制、全程综合配套饲养管理技术、新型饲料研制及养殖管理模式的研究。以提高种群繁育效率为目标开展相关技术研究与集成。开展牧草新品种选育、栽培与利用技术以及配套装备的研发。动物疫病及畜产品安全防控关键技术。开展变异监测、快速诊断、防控技术及产品的研发，支撑吉林省无规定疫病区建设。针对主要畜禽产品生产过程安全控制关键技术，开展投入品安全快速检测技术及全程可追溯技术的研究，提升吉林省畜禽产品的质量安全。粮食产品加工业核心关键技术。重点开展粮食产品综合加工利用生产质量安全控制技术、质量安全监测预警技术、质量安全检测技术、质量安全生产标准、质量安全溯源等关键技术研究，开展玉米发酵产品生产关键技术的研发，重点开展以玉米、水稻和杂粮为主料的高营养、适口性良好的主食产品、副产物、健康食品及方便休闲食品的规模化生产技术研发；开展以玉米、杂粮杂豆、大米、黑米等为主要原料的饮料、功能食品及休闲食品生产加工关键技术研究。畜牧产品加工关键技术。开展猪、牛、羊、鸡等屠宰技术，肉制品加工关键技术与产品开发及品质控制技术，畜产品副产物综合开发与利用等研究；开展原料乳产品开发与品质控制和发酵乳制品开发与品质控制等研究；开展差异化鸡蛋精深加工产品开发、功能化及高值化、休闲化鸡蛋精深加工产品开发等研究。利用长白山特色药食同源动植物资源的保健品研制及生产技术，建立特色资源食品的有害生物预防与风险评估体系；开展特色资源产品的加工品质及工艺研究。特产业发展关键技术。开展珍稀动植物品种资源收集保护、品种选育、配套饲养管理技术及综合开发利用研究。开展主要林木品种筛选、培育和扩繁技术研究，受损生态系统修复技术研究和农田防护林木体系建设技术研究。开展主要蔬菜品种良种繁育技术、蔬菜种植技术和设施及设施蔬菜流通领域相关技术研究。

（二）工业及高新技术领域

汽车产业升级和结构调整技术领域。攻克汽车和轨道客车低碳化、智能化、信息化以及高品质等为代表的关键核心技术，促进自主创新能力提升和自主品牌建设，形成完整的产业自主创新体系。以乘用车自主研发和制造为重点，攻克高效动力传动、轻量化、噪声控制等关键技术，研发面向高品质汽车技术的试验及检测设备，以科技创新驱动新能源汽车产业快速发展，加快新能源汽车推广使用。前瞻部署互联智能汽车产业。引入互联网技术，攻克车联网、智能辅助驾驶、主动防撞系统等核心技术，引导互联网行业、电子行业、通信行业与汽车产业的融合。坚持整车与关键零部件并重，提高关键零部件自主研发能力与核心竞争力。光电技术领域。依托长春光机所、长春理工大学、吉林大学等开展深层次的光电领域技术创新工作，寻求激光芯片应用新方向，集中力量攻克新型光电检测技术，创造一系列具有高、精、尖水平的研究成果，努力实现重点领域关键技术的突破与跨领域的技术集成，争取在卫星技术及其数据应用技术、无人机等领域实现重大技术突破，构建若干世界领先、国内龙头的产业高地。信息技术领域。落实国家汽车产业、制造业、农业、文化科技产业、卫星产业等与"互联网＋"深度融合的发展战略，结合信息技术发展趋势和吉林省实际需求，聚焦科学问题、突破核心技术、开展 5 ~ 8 个示范应用，支撑全省"互联网＋"行动的推进。新材料技术领域。依托中国科学院长春应用化学研究所、吉林大学、东北师范大学和长春工业大学，以轻金属合金、树脂专用料、新型功能材料、高性能结构材料、高性能纤维、先进复合材料为发展重点，开发高性能轻金属合金、高性能聚烯烃、高性能工程塑料、高性能纤维、先进复合材料、高性能塑料合金以及具有光、电、磁、生物、环保功能等功能的有机材料等新材料的制备技术。其他领域。支持引进国际科技最新成果进行消化再吸收，加大对产业发展和经济社会发展具有较强支撑能力的关键技术研发活动和科技成果转化活动的力度。

（三）社会发展和民生技术领域

全民健康技术领域。强化现代医疗诊治技术、化学制药技术、医疗器械技术、医用材料技术、优生优育技术、体育科技研发等主题研究，强化若干重点领域。生态环保技术领域。强化生态保护与修复技术、生活工业建筑垃圾处理技术、水资源保护与污染治理、环保设备与产品开发技术主题研究。低碳经济技术领域。强化工业节能技术、民用节能技术、城市化及绿色建筑技术、新能源及绿色能源开发技术等主题领域。公共安全技术领域。强化生产安全保障技术、食品药品安全保障技术、交通安全保障技术、公共治安保障技术等主题领域。资源综合开发利用技术领域。强化矿产资源综合开发利用技术、低品位资源深度开发利用技术、废弃资源高值化利用技术、特色资源开发技术等主题领域。气候变化与防灾减灾技术领域。强化气象灾害防御技术、地质灾害防治技术、应对气候变化技术、重大自然灾害预警技术、火灾消防技术等领域进行主题研究。城镇建设科技领域。强化住宅产业现代化技术、城镇建设规划新技术和"智慧城市"支撑技术、新型建筑材料开发技术、建筑垃圾综合利用技术等主题领域的科技研发工作。可持续发展实验区建设领域。巩固现有可持续发展实验区示范区建设成果，继续建设 3 ~ 5 个省级可持续发展实验区，并争取建设 1 ~ 3 个国家级可持续发展实验区。以实验区建设为平台，促进先进、适用技术的集聚、推广和应用。

（四）中药和现代生物制药科技领域

积极开发现代中药产业关键技术。重点支持中药材有效成分提取及深度开发技术、提取物及饮片等产品开发技术、中药新药创制技术、中成药大品种二次开发与产业化技术、中药材良种选育与示范推广技术、人参和梅花鹿等中药材大品种规模化种植（养殖）与开发技术、中药材资源普查与标准建立技术等。生物制药产业关键技术开发。重点支持减毒鼻喷流感疫苗、手足口病疫苗等疫苗新品种创制与大品种二次开发技术、艾滋病疫苗和癌症疫苗等概念疫苗的研发技术、流感和水痘等已上市疫苗的技术升级与产能扩大技术、单克隆抗体和重组蛋白等基因工程药物的研发与产业化技术、重组人胰岛素和重组人生长激素两大优势系列产品升级换代技术、多组分生化药物大品种二次开发与产业化技术。生物基绿色原料药及制剂开发技术。重点支持以玉米等特色资源为基础，采用生物技术方法，开发医药中间体产品，发展低污染、低能耗和高附加值的绿色原料药。研发玉米生物基等医药中间体产品向终端制剂产品转变技术，推进咖啡因、阿司匹林等中间体产品优化工艺技术更新。加快研发医疗器械设备仪器相关技术。重点支持医疗器械创新产品开发技术、健身器材的研制与开发技术、已上市产品技术升级与产业化技术、提取分离等中药生产设备及生产线开发技术、制药设备开发与产业化技术、药品食品检测仪器开发与产业化技术等。

（五）基础研究领域

设立支撑全局发展的基础研究重大专项。围绕"中国制造2025"、粮食安全、信息安全、生态安全、医疗健康等重大领域科技发展，设立若干专项，采取首席科学家制，推动基础研究机制体制创新，重点支持"四基"创新能力提升、智能制造技术、重点制造业行业关键技术、粮食生产技术、食品安全技术、粮食安全基础资源保障技术、信息安全技术软硬件技术、信息安全技术基础设施技术、国土资源保护技术、水资源保护技术、大气资源保护技术、生物物种资源保护技术、医疗健康技术、公共安全技术等领域的基础研究工作。强化重点基础研究平台建设。构建重大科技基础设施和种质、遗传资源库，推进主题实验室建设。借助实验室评估、项目审批等方式，引领现有实验室主题化发展。新建一批主题实验室，将是否有明确的中长期研究主题作为重要的审批条件之一，将研究主题发展方面的中长期发展规划作为重要的审批要件之一。推动区域特色科技基础数据平台建设。包括吉林省科技资源和条件平台发展数据平台、吉林省实验室数据共享平台、吉林省科技人才数据平台、吉林省技术转移转化信息数据分析平台、吉林省科技竞争力数据采集平台、吉林省科技计划项目科研数据平台。建设长白山科技基础数据平台，包括气象活动及空气质量、地质活动和地质灾害、水文及土壤资源保护、矿产资源勘测开发、动植物资源保护采集和开发以及区域科技文化发展的基础型数据资源。稳步推动面上项目研究工作。重点包括农业与生态、化学与材料科学、先进制造与工程科学、信息科学、生物与医药科学等领域，兼顾支持其他学科领域的基础研究工作。

第四节 结论及建议

前述分析表明，吉林省科技发展具有坚实的基础、良好的趋势，目前正处于加快科技创新模式转变的关键期、创新驱动发展能力提升的关键期。找准突破口，强化市场机制导向，把激发科研人员活力作为根本着力点，有可能形成良好的创新驱动发展的新局面，有可能打造科技成果转化和科技事业改革的新模式。从政策层面看，吉林省还应该从如下五个方面进行加强。

一是做好加减乘除，强化制度保障。强化与新兴业态、新型战略结合发展，制定一批"互联网+""一带一路+"科技创新的制度政策，积极调整科技发展计划体系，做好科技创新的加法。强化既有优惠政策的弹性落实机制和常态调查机制，继续通过减税、贴息等方式，降低科技创新的综合成本，做好科技创新的减法。强化科技成果转化、科技创新服务平台等条件对研发和经济发展的连接服务作用，优化创新生态，发挥政策杠杆的乘数效应，做好科技创新的乘法。坚持以企业创新为主体、以人才政策为突破，全力构建新型创新文化，积极打造科技智库，努力消除科技创新的各种障碍，做好科技创新的除法。

二是创新激励政策，加强人才保障。确立并实施人才优先发展战略，从培养、引进、使用三个环节，重点加强高科技创新领军人才、高级技能人才和创新创业管理人才队伍建设。以重大科技任务培养和凝聚创新人才，造就一批科技创新领军人才和创新团队。健全培养选拔高级专家的制度体系。积极吸引国内外高层次人才特别是掌握自主知识产权和核心技术的海外留学人员创新创业。鼓励和支持高等院校和科研院所的科技人员到企业兼职进行技术开发。鼓励企业与高等院校和科研院所共同培养技术与管理人才。允许国有高新技术企业对技术骨干和管理骨干实施期权等激励政策。支持企业吸引和招聘外籍科学家和工程师。鼓励企业培养各类高技能人才。

三是强化市场机制，完善投入体系。确立与创新发展战略相匹配的、与市场机制相适应的财政投入机制，形成创新投入的稳定增长机制、弹性调整机制和预决算制度，建立重大研发项目的持续投入机制，强化后补助、贴息贷款等财政间接投入比重，加强财政投入绩效管理。引导各类企业增加创新投入，明确将创新投入纳入国企考核指标中，建立高新技术企业、创新型企业、中小微企业创新投入与财政经费资助的挂钩制度，探索设立高新技术企业、创新型企业、中小微企业创新投入后补助制度，引导国有投资平台扩大科技创新投资规模，改进完善企业创新投入调查制度。激励社会各界增强创新投入，扩大风险投资、天使投资等基金规模，探索促进社会资本投入科技创新的再保障制度，鼓励民间资本投入到科技企业孵化器、研发平台建设中，支持民间资本成立民间科技创新基金组织，强化对社会资本投资科技创新事例的宣传。

四是加强联动合作，共享创新成果。加强与东北亚国家和"一带一路"相关国家的科技合作。提高科技成果转化项目在国际科技合作领域的比重，鼓励企业引进消化再吸收国外先进技术成果，在重大科技成果转化项目中加大转化国外科技成果的支持力度。加强引进国内其他地区的先进科技成果。增强与科技部、基金委、中国科学院以及国内著名高校和科研机构的联系，通过产业技术创新联盟、共建产业园区等多种形式引进和转化国内适用的科技成果。推动省内优秀科技成果的应用和扩散。鼓励各市、州科技主管部门发布科技成果的供需目录，鼓励各市、州科技主管部门建立跨市、州成果转移转化的沟通平台和模式。地方属企业跨地域转化科技成果并取得实效的，地方科技管理部门参照省重大科技成果转化项目配套办法予以支持。加大科技计划项目成果的开放力度。对不涉及国家安全等重大事项的科技计划项目，要及时发布通过专家鉴定或验收的科技成果目录；应用性强但在一定时间内没有应用或转化的科技成果，要及时推动其进入科技大市场进行拍卖。

　　五是发展创新文化，优化创新生态。大力发展创新文化，提高全民科学文化素质。加强各级干部和公务员的科技培训，抓好未成年人、农民、城镇劳动人口的科学普及工作。建立政府主导、社会力量广泛参与的科普投入机制。加强科普场所建设与管理，提高科普场馆运行质量。建立科研院所、大学定期向社会公众开放制度。充分发挥新闻出版、广播电视、互联网等传播媒体的作用，在全社会大力弘扬科学精神，宣传科学思想，推广科学方法，普及科学知识，进一步形成讲科学、爱科学、学科学、用科学的社会风尚，构建有利于创新人才成长的文化环境，形成宽松和谐、健康向上的创新文化氛围。加强科研职业道德和科研诚信建设，遏制科学技术研究中的浮躁风气和学术不良风气。

第三章

关于长吉图区域发展战略的探讨*

长吉图先导区是吉林省经济社会发展的重心，也是图们江区域合作的主体支撑力量。自 2009 年长吉图先导区被纳入国家战略之后，该区域发展步伐显著加快。但是，这一区域的发展仍受制于旧体制、旧结构、旧观念，在发展环境上仍受制于区位因素、地缘政治因素等的影响。本章对长吉图先导区的发展情况进行了回顾，对未来进行了展望，并架构了该区域发展的新体系。

第一节　长吉图区域发展情况概述

长吉图先导区战略实施以来，尽管国际经济形势不断变化，但总体来看，长吉图区域取得了显著成果，有力地支撑了吉林省经济社会发展。

一　经济发展量质并进

2015 年长吉图先导区实现 GDP 8270 亿元，是 2009 年的 2 倍，按可比价计算年均增速 9.6%，高于全国 GDP 增速 1.4 个百分点。人均 GDP 达到 7.4 万元，分别高于全省平均水平和全国平均水平 39.1 个和 48.7 个百分点。在经济总量扩大的同时，经济结构实现优化，经济效益显著提升。从区域结构看，长春市、吉林市和延边朝鲜族自治州 GDP 比例由

* 本章是在吉林省长吉图办委托项目"长吉图战略实施'十三五'规划研究"成果初稿基础上修改而成的，该项目负责人为赵光远，本章内容是赵光远根据有关资料独立完成的。

2009 年的 5.87∶2.25∶1.00 调整到 2015 年的 5.47∶2.10∶1.00，三个区域呈现出均衡发展、统筹发展态势。从产业结构看，三次产业比例由 2009 年的 6.8∶51.5∶41.7 调整到 2015 年的 5.3∶53.5∶41.2，非农化特征更加明显，第二产业支撑作用显著增强。从经济效益看，每元固定资产投资实现 GDP 水平由 2009 年的 1.22 上升到 2015 年的 1.27 左右，地方财政收入占 GDP 比重由 2009 年的 5.4% 上升到 2015 年的 7.5% 左右。经济规模的壮大和经济结构、效益的优化改善，为长吉图战略实施"十三五"发展奠定了坚实的物质基础。

二 通道平台互促支撑

经过 6 年的探索和实践，长吉图先导区已经形成"通道 + 平台"的独特支撑模式，以平台促创新发展、以通道促开放发展，已经初见成效。长吉客运专线、珲乌高速、长春至符拉迪沃斯托克空中航线、延吉至济州岛和符拉迪沃斯托克等空中航线、吉珲客运专线等相继开通，珲春经扎鲁比诺至釜山、经扎鲁比诺至新潟、经扎鲁比诺至束草的陆海联运航线，珲春经罗津至萨哈林、经斯拉夫扬卡至欧美的航线先后通航，两山铁路建设工作取得重大突破，珲马铁路恢复常态化运营，珲春口岸成为全国首批进境粮食指定口岸，圈河口岸实行无周日通关，内贸外运目的港拓至广东、福建、海南等省市，对俄、对朝邮路相继运营，极大地增强了长吉图地区开放发展的活力。中国图们江区域（珲春）国际合作示范区、中新（吉林）食品区、长春兴隆综合保税区、长春空港经济开发区等重点开发开放平台快速推进，各级高新区、经开区、工业园区等产业发展平台稳步发展，跨境经济合作平台已经形成一定规模，临空经济、电子商务等新兴业态飞速壮大，平台经济总量占长吉图先导区经济总量 70% 以上，不仅有力地支撑了区域经济发展，也丰富了通道建设的运输内容。

三 对外合作跨越升级

在长吉图先导区战略的推动下，2015 年长春、吉林、延吉三市（州）进出口额达到 250 亿美元以上，进口额达到 200 亿美元规模，出口额达到 50 亿美元以上，实际利用外资超过 60 亿美元，依次是 2009 年的 2.4 倍、2.5 倍、2.0 倍、5.7 倍。在长吉图先导区的带动下，2015 年吉林省机电产品和高新技术产品出口额分别是 2009 年的 2.1 倍和 1.7 倍。对外合作平台建设顺利推进，罗先跨境经济合作区形成一定经验，哈桑跨境经济合作区以及在蒙古的境外经济合作区正在谋划或者顺利推进。中国图们江区域（珲春）国际合作示范区水产工业园区已进驻 119 家水产企业，浦项现代国际物流园竣工，中韩产业园建设方案获商务部认可。中新（吉林）食品区国际物流园项目一期竣工，海王集团健康产业生产制造基地项目已进行试生产，韩国希杰、日本味之素、中粮、广州恒大、南京三胞、上海东锦、加多宝、天仁集团、天津康师傅、河南三全、清华控股等一批项目正积极推进。长春兴隆综合保税区实现年进出口额 2 亿美元，跨境电子商务实现每日 1 万件邮件处理能力。

四　先行先试成效初现

先行先试是《中国图们江区域合作开发规划纲要——以长吉图为开发开放先导区》的核心内容。规划实施 6 年以来，在多个方面进行了先行先试。在区域发展中，以长吉产业创新发展示范区全面提升长吉腹地支撑能力，积极推进长吉电子商务示范城市建设；在通道建设中，积极筹划新型融资路径；在科技发展中，积极打造长东北创新中心，积极推进东北亚技术转移联盟；在品牌方面，积极提升东博会、汽博会、农博会品牌效应；在项目方面，积极推动企业化手段推动项目发展的运营模式；在行政审批方面，积极超前落实国家相关精神，大幅削减行政审批事项。先行先试有力地保障了区域竞争力的巩固和发展，《中国城市竞争力报告（2015）》显示，长春、吉林两市的城市竞争力分别居第 33 位和 96 位，分别较上一年度提升了 1 个位次和 11 个位次。

五　机遇挑战稍纵即逝

国内战略催生新机遇。党的十八大尤其是 2014 年以来，中国经济进入全面深化改革的新常态，国家级大战略密集出台，"一带一路"、"中国制造 2025"、"大众创业，万众创新"、哈长城市群、组建亚投行、强力反腐等战略举措，正在逐步影响着全社会的发展理念和发展模式，并为长吉图发展带来新的机遇："一带一路"有望推动长吉图开放发展，"中国制造 2025"有望强化长吉图制造业中心地位，"大众创业，万众创新"有望推动长吉图创新发展和产生新的增长点，哈长城市群有望推动统筹发展和系统发展，组建亚投行有望给长吉图带来新的融资渠道，强力反腐有望优化长吉图区域发展环境。

国际形势演化新格局。近年来，美国"重返亚洲"战略及美日同盟加大了对中国的遏制力度，俄罗斯东进战略虽带来机遇却任重道远，朝鲜经济改革进程曙光初现却坎坷重重，长吉图区域发展利益难以影响韩国、蒙古决策，欧美日"再制造业化"挤压中国产品在全球市场份额，国际格局渐渐呈现出博弈大于合作的趋势。这一新格局对长吉图先导区来说挑战大于机遇，能否实现突破取决于能否发现各利益攸关方的利益结合点。

未来挑战不容忽视。一是先导区周边国际环境复杂，建设开发开放先导区不确定因素多，建设国际大通道畅通工程、国际产业合作园区建设等涉外规划目标建设难度大。长吉图周边涉及朝、韩、日、俄等国家，朝鲜政策多变，东北亚地区国际局势不确定因素较多，涉及国际合作共建、共管的事项问题错综复杂，客观上为长吉图战略实施增加了难度和阻力。二是区域合作机制不完善，区域联动力度不够。对外合作路径不通畅，口岸通关基础设施落后，进出口货物总量小，运营成本高、境外资源深加工程度不够、航运成本高、运输费用高、过境及签证费用高及通关效率低。区域与周边省份以及长吉图区域内各地区之间的发展联动程度不够。长春、吉林市的产业发展规模较大，相关产业基地、产业园区成熟，但对延边朝鲜族自治州产业的支撑带动作用不强，没有形成差异竞争、错位发展的格局以及协调融合发展的有效机制。三是产业结构布局不尽合理，经济转型任重道远。除汽车、化工产业外，高新技术产业虽然有较快发展，但是发展规模小，第三产业仍落后于第二产业，以现代服务业为代表的第三产业发展缓慢；区域内产业布局合理性欠佳，部分工业园区、产业园区虽然定位明晰，但在引进企业时很难做到根据园区性质筛选企业，部分产业园区中的产业仍属于劳动密集型、低附加值的初级加工制造业，与国家级园区要求的发展战略符合程度不高。四是"先行先试"探索深度不够，政策优势发挥不足。在政府职能转变、财税制度改革、金融创新、人才政策和企业综合服务等方面还需要进一步挖掘政策红利。五是先导区受到国内尤其是区域发展环境影响。2014年以来，东北经济增速大幅滑落，东北地区呈现人口净流出态势，生产能力、市场规模有持续萎缩的可能。这些趋势势必影响先导区"十三五"乃至将来一段时间的发展。

第二节　长吉图区域发展战略思路与空间格局重构

长吉图区域发展，应牢牢抓住"一带一路"倡议、"中国制造 2025"、"大众创业，万众创新"、沿边地区开发开放等重大历史机遇，以全面深化改革为指导，以全面扩大开放为宗旨，以创新驱动开发为基础，以重构区域布局为依托，以法律制度建设为保障，突出区域特色产业体系引领作用，加快完善通道网络支撑系统，加大先行先试力度和深度，大幅提高开放合作水平，构筑起新型城镇化、新型信息化、新型工业化三足支撑，绿色低碳、科技创新、全面开放"三位一体"的发展新格局，把实施长吉图战略打造成为吉林省改革开放的平台、产业集聚的平台、新型城镇化建设的平台、科技创新的平台和争取国家政策支持的平台，推动产业优化升级、对外开放合作、体制机制创新、对外通道建设、区域协调发展等取得更大突破，带动全省振兴发展，努力实现富民强省新跨越。

一　四个重要原则

系统推进，重点突破。整合区域资源优势，集中社会各界力量，形成区域网络系统，促进全区联动发展。抓住重点关键环节，集中投入有限资源，力争做到率先突破，形成全区新兴增长极，逐步辐射和带动全区发展。

先行先试，勇于创新。充分利用国家赋予长吉图沿边开放先行与示范的政策机遇，把改革创新作为长吉图战略实施的强大推动力，贯穿长吉图战略实施的始终。以体制机制创新为突破口，积极探索重点领域和关键环节的改革创新，大胆实践，不断丰富先行先试内涵。

开放带动，加快发展。充分发挥区位优势，利用两种资源、两个市场，不断扩大开放领域，提升沿边对外开放的功能与层次。以沿边开放为动力，促进边境与腹地联动发展，开拓腹地开放的广度和深度，提升区域对外开放整体水平，推进长吉图先导区一体化进程。

法制保障，市场运作。遵循市场经济规律要求，发挥政府的宏观引导和调节作用，制定扶持政策和具体行动计划，形成依法治理的良好环境，做好顶层设计，搭建服务平台，引导和吸引企业参与推动长吉图战略实施。充分发挥市场配置资源的基础性作用，促进生产力要素合理流动，不断提升长吉图先导区的经济增长活力。

二 主要目标预测

到 2020 年，区域旅游、物流、生态等特色产业发展壮大，支柱产业、战略性新兴产业带动能力进一步增强；对俄、朝通道进一步通畅，陆海联运、内贸外运实现稳定运营，中蒙大通道铁路建设取得实质进展；对外经贸合作更加广泛和深入，对外开放与产业合作平台建设取得明显成效，跨境经济合作区建设取得积极进展；重点领域体制机制创新和综合配套改革等先行先试取得突破；生态环境质量进一步提高；长吉腹地支撑能力显著增强，珲春及延龙图对外开放功能得到明显提升，形成窗口、前沿、腹地协调互动，基本融入"一带一路"倡议的空间发展格局。

到 2020 年，长吉图地区生产总值超过 1.1 万亿元，占全省比重达到 60% 左右；人均地区生产总值超过 10 万元；地方财政收入超过 900 亿元左右；服务业增加值比重达到 42%；城镇化率达到 66% 左右；进出口总额达到 400 亿美元左右。

表 3 - 1 "十三五"长吉图区域主要发展指标预测

序号	主要指标	单位	指标值	长春市	吉林市	延边朝鲜族自治州
1	GDP	亿元	11200	7000	2800	1400
2	GDP 增速	%	6.3	5.9	6.5	7.9
3	第一产业	亿元	500	270	140	90
4	第二产业	亿元	6000	3850	1400	750
5	第三产业	亿元	4700	2880	1260	560
6	地方财政收入	亿元	930	600	190	140
7	固定资产投资	亿元	7800	4550	2200	1050
8	进出口总额	亿美元	400	330	30	40
9	进口	亿美元	320	290	15	15
10	出口	亿美元	80	40	15	25

序号	主要指标	单位	指标值	长春市	吉林市	延边朝鲜族自治州
11	城市居民人均可支配收入	元	35400	38800	27800	27700
12	农村居民人均可支配收入	元	15000	18000	12000	16500
13	森林覆盖率	%	60	30	57	80
14	人口	万人	1140	640	280	220
15	城镇化率	%	66	65	65	70

三 空间布局重塑

在"两区""三带""四个功能平台"空间布局基础上，结合通道建设进展情况和东部绿色转型发展区建设需要，长吉图区域发展应着力打造"一核"、"两轴"、"三区"和"四个功能平台"。

（一）"一核"

"一核"，即长吉产业创新发展示范区。整合长吉两地优势资源，促进长吉一体化进程，增强区域集聚辐射能力，打造长吉大都市区核心区域，为先导区的发展提供强有力的腹地支撑。以服务业的创新发展、跨越式发展推动产业转型升级，积极打造绿色低碳循环的工业发展新模式。用新思路、新体制、新机制和新载体，积极搭建外交、交通、经贸、文化、科技等各种合作平台，多方位切实推进东北亚区域合作，打造东北亚区域开放合作的战略高地。

（二）"两轴"

"两轴"，即珲乌通道产城融合发展轴和边境地区开放合作共赢轴。

珲乌通道产城融合发展轴。促进以长吉图交通轴线卫星城镇为载体的特色城镇带，以东北亚物流大通道为依托的现代物流产业带，以长吉图自然风光、地域文化和跨境旅游为主题的精品旅游带融合发展，兼顾城镇建设与产业发展，因地制宜发展高新技术产业、特色资源产业和绿色生态产业，培育区域发展中心轴。

边境地区开放合作共赢轴。促进沿图们江、沿中俄边境各城市（镇）加强合作，增强特色产品生产和集散能力，积极与区外、境外城市加强合作，共谋利益结合点，打造跨境经济区，谋划沿边合作带，打造开放合作轴，以合作共赢为核心理念，推动区域开发开放的利益最大化，使参与各方获得显著利益。

（三）"三区"

"三区"，是指长吉大都市区、沿边对外开放合作区和长白山地生态资源保障区。

长吉大都市区。以建设长春、吉林两个特大型城市为依托，增强辐射带动功能，加快重要节点城市建设，促进长吉一体化发展，努力形成我国东北地区新的大都市区。聚集大图们江区域资源要素，把长吉大都市区建设成为具有国际影响力的重要制造业基地、现代服务业基地、开放合作基地、科技创新基地和国际物流大通道的重要枢纽。

沿边对外开放合作区。以建设珲春窗口为核心，带动延龙图一体化发展，打造沿边对外开放合作区，提高区域整体对外开放合作水平。通过全方位、多层次对外深度合作，充分利用周边国家和地区资源，大力发展区域优势特色产业，畅通国际物流通道，把沿边对外开放合作区打造成为吉林省新的经济增长极、我国与东北亚各国合作交流的桥头堡，使其成为撬动东北亚区域合作发展的重要力量。

长白山地生态资源保障区。以长白山生态资源保护和生态旅游开发为目的，以蛟河、敦化、安图、和龙等市（县）为主要区域，打造长白山地生态资源保障区，建设长吉图先导区生态高地，为长吉大都市区和沿边开放合作区的持续发展提供水源、生态资源和矿产资源等多重保障，为长吉图先导区打造宜居宜业生态区域奠定良好基础。

（四）"四个功能平台"

"四个功能平台"是指珲春国际合作示范区、长春兴隆综合保税区、中新吉林食品区和延吉（长白）开发开放实验区。

珲春国际合作示范区。加快建设珲春国际合作示范区，将其打造成为国际贸易大宗货物交易中心和东北亚物流通道的重要枢纽，成为吸引东北亚发达国家和地区乃至世界其他国家投资合作的国际产业合作区，成为对俄对朝边境合作的前沿阵地。

长春兴隆综合保税区。加快建设长春兴隆综合保税区，提高通关效率和服务功能，打造东北亚重要的加工制造和商贸流通基地，不断增强长春内陆口岸的竞争实力。强化与吉林省各级各类开放平台的有机联动，带动辐射全省港口、口岸快速发展，提升长吉图开发开放先导区的国际竞争力和影响力。

中新吉林食品区。依托中新两国农业和食品领域的技术标准、科研成果、销售市场，大力开展农产品加工产业国际合作，探索园区发展新的管理模式，聚集国内外大型农产品加工龙头企业，打造国际级安全健康食品生产加工示范基地，为长吉图区域现代农业的发展提供经验和示范，形成吉林省农产品加工产业新的增长点。

延吉（长白）开发开放实验区。整合延吉（长白）开发开放资源，加强与俄、朝、日、韩等国的全方位合作，提升烟草工业园、科技创新园、医药工业园、人参产业园等特色园区核心竞争力，推动产业集群发展，打造产业集群发展和开发开放实验紧密结合的特色平台。

第三节　长吉图区域发展的产业体系重塑

长吉图区域发展必须适应"四新经济"的需要，在传统产业体系中强化新兴产业、服务业因素，促使整个区域产业体系迸发出新的活力。

一　物流产业

借助新型信息手段，提升物流园区设施，壮大物流企业规模，培育跨境物流路线，促进物流产业加快发展。

构建"互联网＋"高效物流体系。加快落实《国务院关于积极推进"互联网＋"行动的指导意见》（国发〔2015〕40 号），着力构建"互联网＋"高效物流体系，争取成为国家"互联网＋"创新政策试点。加快在兴隆综合保税区、珲春国家合作示范区等平台针对重点产业建设一批"互联网＋"的专业物流园区试点和示范企业，建设长吉图物流产业信息平台。鼓励拥有"一流三网"的跨国物流企业加快发展。鼓励以物流企业和信息企业为主体，吉林省计算中心、吉林大学等科教机构积极参与设计和建设智能仓储体系，推进云计算、物联网等技术的应用，提升物流仓储的自动化、智能化水平和运转效率，降低物流成本。

壮大物流产业规模。继续引进国内知名物流企业和培育区域内物流企业相结合，支持物流企业拓展吉林省和东北地区的物流市场，支持优势物流企业通过参股、控股、兼并、联合、合资、合作等多种形式改革重组，整合资源，壮大企业规模和实力。鼓励一汽国际物流、吉林安中危化品物流、吉林中冷物流、长春海吉星等做大做强。重点扶持一汽物流、江山物流、亚奇物流等国家级甩挂运输试点企业发展。加快一汽大众汽车物流园区、吉林市东北亚农产品物流园区、长春电商快递产业园等专业物流园区建设。

国内物流通道建设。增强珲乌高速、长吉珲铁路承载能力，提升珲乌物流主通道功能。谋划建设长春至延吉空中物流通道；壮大长春、延吉与国内主要城市之间的空中物流通道。强化哈大、沈吉哈传统纵向物流通道功能，提升鹤大高速物流通道水平，谋划建设珲春至东宁、绥芬河的沿边纵向物流新通道。积极推进长春、吉林铁路货场建设。重点推进长春市城市物流共同配送试点工作。

培育跨境物流路线。依托朝鲜罗津港、俄罗斯扎鲁比诺港，鼓励对外海运航线开辟建设，发展多式联运，促进内贸外运。培育长吉图先导区至俄罗斯符拉迪沃斯托克、韩国首尔、韩国济州岛、韩国束草、韩国釜山、日本东京和跨境物流路线，降低通关成本，加快通关速度，把长吉图先导区提升为东北亚区域的物流中心。

二 旅游产业

深入落实《吉林省人民政府办公厅关于促进旅游业改革发展的实施意见》（吉政办发〔2015〕35号），依托长吉图多样旅游资源，强化长吉图区域旅游精品线路带动作用，打造一批具有区域特色、国际知名的旅游目的地，强化旅游产业支撑作用。

建设十大旅游目的地，即长白山、长春净月潭、长春莲花山、吉林北大壶、吉林松花湖、蛟河拉法山、延吉海兰湖—帽儿山、延边安图、珲春防川、敦化六顶山十大旅游目的地。完善重点景区配套服务设施建设，加快通信等领域新技术的应用，推进重点景区的旅游电信系统建设，逐步实现景区智能化。

长吉图区域旅游线路。提升长吉图区域生态旅游、冰雪旅游、边境跨国游、文化精品旅游四大线路品牌认知度。强化与区外旅游线路对接，以长吉图先导区为中心，构建以"鸭绿江—长白山—镜泊湖"为主体的东北东部纵向旅游带和以"西部草原风光—长吉都市风景—延珲民族风俗—朝俄跨国风情"为主体的东北中部横向旅游带。

旅游基础设施及配套服务。完善主要景区间交通基础设施建设，加强旅游专线公路建设，扩大旅游包机、旅游专列服务规模，提升延吉机场、长白山机场航空运输服务保障能力。重点建设长春旅游服务综合体、吉林旅游服务综合体、长白山旅游服务中心、珲春旅游服务中心及敦化、安图旅游服务站。加快旅游公共服务体系建设，建立旅游综合信息数据库，构建旅游数字综合服务平台。优化旅游消费环境，提升消费服务质量。

三 生态产业

全面整合生态产业资源，稳步扩大绿色农产品产量，显著扩大农林产品深加工规模，着力打造四大国家级生态产品生产基地。

绿色粮食产品。加强九台、德惠、农安、永吉等区（县、市）粮食生产，依托中新吉林食品区建设，提高科技支撑，逐步扩大有机粮食产品、绿色粮食产品在粮食总产量中的比重。加快设施农业、避灾农业建设，加强粮食产前、产中、产后的配套服务，突出良种良法研发与推广，努力提高土地产出率、投入产出率。

生态畜牧业。依托长白山区资源和优势，重点发展生猪、肉牛和家禽生产，加快梅花鹿、狐、貉、蜂等特色养殖业发展，深入开展畜禽养殖标准化示范创建活动，建设好永吉县国家级生猪养殖标准化示范区、国家级延边黄牛标准化示范区，打造延边黄牛、长白山蜂产品、双阳梅花鹿等一批生态畜牧业品牌产品。

绿色生态有机食品。继续建设长春玉米产业园、皓月高新现代牧业产业园等特色园区，推动玉米加工产业健康发展。全面发挥中新吉林食品区功能，开发生产一系列绿色生态有机食品。利用好林下生态资源，建设梅花鹿、林蛙等良种繁育、养殖、加工基地，扩大人参、梅花鹿、林蛙等生态资源精深加工规模，开发一批地理标志产品。

建设四大生态产业基地。利用长白山天然矿泉水资源，提升长白山矿泉水品质，发展高端水产品，打造生态矿泉水生产基地。依托中新吉林食品区，扩大产业规模，提升创新能力，打造绿色农牧产品加工生产基地。依托中国图们江区域（珲春）国际合作示范区，拓展水产品加工规模和市场规模，提高科技含量和品牌效益，建设生态海产品加工生产基地。依托吉林市、延边朝鲜族自治州林下资源开发基础，扩大人参、林蛙等产业深加工规模，加强与白山、通化等地合作，共同建设林下生态产品加工生产基地。

四 现代制造业

依托长吉产业创新发展示范区和其他各级开发区，促进生物产业、精细化工和新材料产业、光电子、高端装备制造、新能源汽车等产业发展，打造现代制造业产业集群。

高端装备制造业。重点建设长春轨道客车产业园，提升牵引制动控制系统、转向架及新型城轨核心部件的自主研发能力，打造国际一流轨道交通装备制造基地。推进智能制造装备、卫星制造及应用、航空装备、光电装备、医疗仪器设备和环保装备等产业发展。

生物技术产业。重点推进以生物质化工产品替代化学基添加剂、生物基新材料替代化学基材料、生物基医药保健品替代化学基药品、生物基化妆品替代化学基化妆品，构建技术领先、结构优化的生物化工产业基地。依托长春生物所、吉林农业大学等科教机构，加大生物技术、基因技术研发力度，加快成果转化，突出生物技术对食品、保健品、化妆品、医药、新材料等产业的支撑作用，促进生物新材料、生物药、功能食品等产业的发展。

精细化工和新材料产业。依托长春应化所、吉林大学、吉化公司等，重点发展催化剂类、助剂类、溶剂类、医药中间体及农药制剂类和颜料、涂料类的附加值高、无毒、无害、无污染精细化工产品和碳纤维、聚乳酸、稀土镁合金、铝基和镍基复合材料等。

光电子产业。依托光机所、长春理工大学等机构，加大技术投入，推动成果转化，在激光、光电分析检测仪器设备、半导体照明与显示、光伏与光通信、卫星及应用等领域，壮大一批企业，引进一批企业，形成光电子产业集群。

新能源汽车产业。积极推进自主品牌新能源汽车发展，构建整车研发制造体系，突破电池、电机、电控技术，构建新能源汽车零部件配套体系。积极打造新能源整车、电控、动力电池生产研发基地和电池材料、驱动电机生产基地。

五 其他服务业

落实《吉林省人民政府关于加快发展生产性服务业促进产业结构调整升级的实施意见》（吉政发〔2015〕23 号），发挥科研人才优势，推动长吉图先导区信息技术服务和电子商务、节能环保服务、服务外包、研发设计、融资租赁五大服务业产业发展。

信息技术服务及电子商务。积极培育物联网、云计算、"北斗"卫星应用等新兴业态。提升信息技术服务能力，重点围绕汽车、石化、农产品加工、医药健康、装备制造等支柱和优势产业，开发实用型软件，以现有软件基地为载体，打造软件园区和产业集群。突出吉林中讯软件园、吉林软件外包大厦、延吉高新区集聚区外包基地等项目建设。积极落实"互联网＋"电子商务行动，优先发展跨境电商，推进跨境电子商务通关、检验检疫、结汇等关键环节单一窗口综合服务体系建设，创新跨境电子商务管理，促进信息网络畅通、跨境物流便捷、支付及结汇无障碍、税收规范便利、市场及贸易规则互认互通，建设快件处理中心和集散中心，完善"吉林电子口岸"功能，推进长春兴隆综保区跨境电子商务平台建设，打通跨境电子商务国际航空通道。引进菜鸟物流等跨境贸易企业，加强与顺丰速递、冬晨公司、飞虎集团、玛瑞公司等合作。推进长吉等国家电子商务示范城市、示范基地、示范企业建设。积极发展移动电子商务，鼓励企业开通阿里巴巴诚信通和出口通业务、加入百度公司"翔计划"网络营销体系。

节能环保服务。加快推动碳排放权交易，探索节能量交易。积极推行能效领跑者制度，定期公布能效领跑者名单。加快节能新技术、新产品的研发应用。加强电力、冶金、石化等领域节能减排关键技术和风能、太阳能、生物质能等新能源开发利用的科技攻关和成果转化。加快实施节能技术改造、建筑节能等节能工程和重大示范项目。推进长春串湖、吉林新北等污水处理厂建设。积极发展循环经济，开展吉林市"国家循环经济示范城市"试点建设，推进回收体系、资源再生利用产业化、再生资源交易服务平台建设。开展国家餐厨废弃物资源化利用和无害化处理示范城市、循环经济示范园区循环化改造示范建设。

服务外包。推进电力设计、金融、电子商务、移动互联、医药、汽车电子等领域的信息技术外包（ITO）、业务流程外包（BPO）、技术性知识流程外包（KPO）加快发展。鼓励长春径点科技有限公司、长春博立电子科技有限公司、长春海和信息技术有限公司、延边扬溢科技有限公司等企业开展对美、对日、对韩软件服务外包业务。以长春市、吉林市、延边朝鲜族自治州为重点区域，打造服务外包产业三大集聚区。加快服务外包产业园区建设，推动长春服务外包大厦、吉林省东北亚文化创意科技园、吉林动漫游戏原创产业园、长春软件与动漫服务外包产业园、吉林软件服务外包产业基地、吉林高新技术创业服务中心、延吉科技创新园等服务外包产业园区加快建设。

研发设计。围绕遥感卫星及应用、医药健康、智能制造等战略性新兴产业领域，加快重大科技创新基地、中试平台、公共技术服务平台、工程实验室、工程研究中心、企业技术中心建设。培育和推进工业设计企业发展。推进以东北亚技术转移战略联盟为核心的技术市场服务体系建设。加强吉林省光电子产业孵化器公司的"创业苗圃—孵化器—加速器"链条示范建设，推进吉林市新北投资有限公司科技创业孵化中心、长春朝阳智慧城市高科技园等项目建设。

融资租赁。支持吉林长春产权交易中心定期组织全省银企对接、市场推介及专业培训等活动，协助有需求的中小微企业同融资租赁公司进行有效对接。加强与省内外金融机构已建立的战略合作关系，选择中国融资租赁有限公司吉林分公司、汇京融资租赁有限公司吉林分公司、长城国兴金融租赁有限公司、华融金融租赁有限公司等部分实力强、信誉度高的融资租赁公司拓展业务合作范围，为区域产业发展提供全方位、专业化、多元化的金融服务。

六　传统产业

鼓励汽车、石化、冶金建材、纺织等传统产业加入科技研发和改造升级力度，强化产品市场定位，谨慎扩张生产规模，及时优化管理团队，提高产业效益水平，增强外向发展能力。

汽车产业。提升长春汽车经济技术开发区、吉林汽车产业园区等产业园区综合配套能力，推动汽车整车企业、零部件企业并购重组，建设东北亚区域汽车产业基地和国家级汽车及零部件出口基地。

化工产业。依托吉林化工循环经济产业示范园建设，提高吉化等大型龙头企业产能，依托化工优势，积极培育炼油乙烯、精细化工、生物化工等循环经济产业链条，建设千亿元化工产业基地和千亿元国家级石化产业园区。

冶金建材产业。促进钼、镍产业向合金材料、添加剂、催化剂和新型材料等领域延展，重点研发生产新型电池材料、轨道客车及航空航天专用钼合金材料、大型电极材料、半导体材料、核反应堆结构材料等，建设国内有重要影响力的有色金属研发生产基地。

第四节　长吉图区域发展的任务体系重塑

长吉图区域发展，不仅要重构其产业体系，还要根据国家重大战略实施和国际经济格局的变化重塑任务体系。

一　提高开放合作水平

（一）国际合作

图们江区域合作。与俄罗斯、蒙古国等国家的合作。争取亚投行和丝路基金支持，加快两山铁路建设步伐，改善三国经贸合作的基础设施，建设"中俄蒙经济走廊"新通道。突出珲春市与俄罗斯合作前沿窗口作用，加强与海参崴自由港在产业、经贸、交通、通信、政策等方面的全面对接，拓展与俄罗斯其他地方政府的合作途径。加强以长春市、吉林市为主导的优势产业与俄罗斯相关产业技术部门的合作，加强与蒙古国有关矿产、农牧资源的合作开发，谋划建立与俄罗斯、蒙古国的跨境经济合作区。推动长吉图先导区与俄罗斯、蒙古国等国家腹地区域的政府合作和经贸合作。与韩、日等国家的合作。利用好中韩工业园区、浦项产业园区、中韩自贸园区等平台，谋划与日本合作的开放平台，在旅游、钢铁、食品、化妆品、健康等领域加强与韩、日等国家合作。与朝鲜的经贸合作。加快罗先园区建设和中朝软件信息产业园建设，加强与朝鲜的港口合作，改善口岸设施，在图们、龙井、和龙等地建设中朝开放合作平台。有序推动铁矿石进口、粮食出口等经贸工作。

与"一带一路"沿线国家合作。与独联体国家的合作。利用吉林省与哈萨克斯坦、白俄罗斯等国家合作的传统优势，进一步发挥长吉图地区国际合作基地和平台优势，在农业、光电子、先进制造、新能源、新材料等领域加强合作。与东盟国家及大洋洲国家的合作。加强与新加坡在中新吉林食品区的合作力度，扩大中新吉林食品区规模，提升中新吉林食品区的国际影响力。拓展与印度尼西亚、马来西亚、澳大利亚等海上丝绸之路沿线国家在航线开拓、教育培训、金融融资等领域的合作。与欧盟国家的合作。完善相应合作机制，全面拓宽合作领域，与德国、荷兰等国家在汽车、先进农业、海产品加工、风电等领域加强合作。加强与北欧国家在森工资源开发、高新技术产业等领域的合作。拓展与英、法、意等国在现代制造业和现代服务业等领域的合作。与南亚、西亚和阿拉伯国家的合作。与印度、尼泊尔等南亚国家加强在旅游、电影、软件、文化、农业等领域的合作。与伊朗、土耳其、埃及等国家在轨道客车等先进装备制造行业、石化加工行业的合作。与阿拉伯国家加强在清真食品加工、石化加工等产业领域的合作。

与其他国家的合作。一是与北美地区的合作。依托在美国、加拿大等国华人团体，加强人参、长白山旅游资源等长吉图区域特色产品在北美地区的宣传力度。加强对美国、加拿大等国招商引资力度，在汽车产业、创意产业、金融产业、教育培训等领域加强合作，谋划中美、中加相关产业合作园区落户长吉图先导区。提升与北美地区相关国家在教育、科研、文化等领域的合作水平。联合探索从珲春出海至北美洲西海岸的新航线。二是与拉美地区的合作。加强与巴西、阿根廷、墨西哥、智利等国家在轨道客车等装备制造业、矿产勘探开采、农牧业等领域的合作。探索和推动与巴西、阿根廷等国家在体育、农业科技等领域的合作。三是与非洲国家的合作。加强与赞比亚、马达加斯加等国在农业领域的合作，推动汽车、石化、装备制造等产业和农业深加工产品向非洲国家的出口力度。

（二）国内合作

与省内及东北地区的合作。加强与延边朝鲜族自治州的合作。向南加强与通化、白山、丹东等地的合作，向北加强与东宁、绥芬河等地的合作，突出相关铁路、公路通道的支撑作用，大力改善基础设施，着力构建以延吉—珲春为中轴的、以对俄朝开放合作为核心任务的东北东部开放经济带。突出长白山品牌，构建北联镜泊湖和兴凯湖、南通鸭绿江和黄海的东北东部生态旅游经济区。长吉腹地。借助现有各类通道资源，提升中心城区承载能力，大力集聚人力、物力资源，建设哈长城市群核心区域，增强对吉林省中西部区域以及兴安盟、通辽市的带动作用，增强与哈大齐及辽中南城市群的联动作用。

与国内其他地区合作。一是与西北、西南等地沿边开发开放地区合作。牵头或联合牵头建立沿边开发开放平台战略联盟，组织沿边地区开发开放论坛，交流开发开放经验，推动全国沿边开发开放区域实质合作。二是与珠三角、长三角、京津冀等经济发达区域合作。加大招商引资、引智力度，依托长吉产业创新发展示范区，建设长吉图—珠三角、长吉图—长三角、长吉图—京津冀高端产业园区，提升产业转移承接能力。与武汉、成都、长株潭等城市圈合作。促进轨道客车、光电子、汽车、生物制药等领域的国内合作。

（三）边腹联动

腹地开发开放。一是突出建设长吉产业创新发展示范区。鼓励示范区改革创新，提升金融保障能力，促进产业结构优化升级，扩大示范区对外开放合作，发挥示范区先导区域带动作用，依托龙嘉机场、长德新区、长东北创新产业园区、吉林市高新北区等已有平台，加快基础设施建设，推动先进制造业和现代服务业集聚发展，重点发展高端装备制造业、新材料产业、医药及医疗器械制造业、资源深加工业、电子信息产业的先进制造业、金融业、科技服务业、商贸物流业、旅游休闲产业、文化创意产业、职业教育产业、养老健康服务业等现代服务业。二是打造长春大都市区。加快形成先进制造业和服务业并举的产业结构，着力打造汽车、农产品加工和轨道客车三个世界级产业基地，大力发展光电信息、生物、新能源汽车、新材料和先进装备制造等战略性新兴产业，加快发展现代金融、现代物流、现代商贸、文化创意、旅游服务和总部经济等现代服务业，强化长春市核心交通枢纽和经济、金融、科教等综合服务功能，构建组团式大城市。重点建设中德制造业产业园、中韩软件信息产业园、中泰合作食品产业园。三是构建吉林大都市区。充分发挥制造业中心和旅游资源优势，着力打造石化、新材料两大国家级产业基地，做大做强化工、汽车、冶金等支柱产业，大力培育碳纤维、先进装备制造、新一代信息技术、生物技术等战略性新兴产业。重点建设吉林保税物流中心、中新食品区国际物流园等项目。

壮大前沿窗口。构建以延龙图组合城市为核心，以珲春市为窗口，以敦化、和龙、安图、汪清为支点的图们江区域国际化城镇组团，打造中蒙俄经济走廊东向开放窗口和门户。提升珲春城市层次和规模。加快建设珲春国际合作示范区，促进中俄、中朝边境经济合作，构建面向韩国和日本的陆海联运航线，大力发展特色旅游和国际物流产业，打造图们江区域城镇组团重点城市和吉林省面向东北亚开放窗口城市。推进延龙图一体化。加快延吉重点开发开放试验区和延吉空港经济区建设，发展壮大加工制造、健康食品、现代物流、高新技术、特色旅游等产业，全力打造图们江区域国际化中心城市和吉林省东部地区核心城市。

联动协调发展。一是节点城市发展。完善蛟河、敦化、和龙、安图、汪清城镇功能，因地制宜地发展边境贸易、长白山旅游、新能源开发等特色产业，打造西接腹地、东联窗口的重要节点，促进珲春窗口、延龙图前沿和长吉腹地联动发展。二是联动协调模式。建立以企业为主体、以资本为纽带的实体经济联动发展模式；建立以园区为依托，以飞地经济为表现的联动组织模式。支持沿边地区特色产品、特色景点在腹地区域扩大市场份额和品牌认知程度；支持腹地区域企业、人员和资本到沿边地区投资兴业。三是联动协调手段。积极推动"互联网＋"行动，提升网络化协同制造水平，鼓励骨干企业通过互联网与区域内产业链各环节紧密协同，促进生产、质量控制和运营管理系统全面互联，推行网络化制造等新模式。加快互联网与各级政府公共服务体系的深度融合，提高区域内各级政府之间的联动协调能力。

二 加强互联互通

（一）完善公路网络

构建"一横五纵十一联"的公路网络，即提升长珲高速公路、哈大高速公路承载能力，推动哈吉沈、鹤大、延蒲、珲绥等高速公路建设并形成一定规模。推动长吉图先导区形成连接俄罗斯符拉迪沃斯托克，蒙古国霍特，朝鲜罗津港，内蒙古通辽，辽宁沈阳、丹东，黑龙江绥芬河、牡丹江、哈尔滨、大庆、齐齐哈尔等 11 个城市的高速公路网络。

（二）打造铁路通道

推进中蒙阿尔山—霍特铁路和珲春甩湾子至朝鲜训戎、龙井开山屯至朝鲜三峰里、和龙南坪至朝鲜茂山、图们至朝鲜罗津清津、珲春至俄罗斯扎鲁比诺港和马哈林诺等铁路项目建设，推动珲春至海参崴国际货运线路和客货两用高铁项目。提升长吉图珲客运专线运输能力，谋划珲春至东宁铁路，改造扩能珲春至长春货运和东边道铁路。推进长春、吉林至珲春和延吉至长白山等地的旅游专列工作。

（三）推进海运通道

推进中、朝、俄三方签署图们江下游航道航行协定，加快图们江出海勘测工作。加强与俄罗斯、朝鲜相关港口的合作，推进俄罗斯扎鲁比诺港、朝鲜清津港基础设施项目建设，积极开发并推动形成从珲春出发经俄朝港口覆盖日本海沿岸各主要港口的航线网络，探索联入北冰洋航线和北美航线。进一步扩大内贸外运和陆海联运规模，推动内贸外运目的地辐射华南、东南沿海主要港口，鼓励进口日、韩商品的企业通过陆海联运进行运输，争取蒙、日主要贸易商品通过经珲春市的陆海联运通道完成。积极争取中、日、韩、俄对日本海相关航线的补贴力度。

（四）强化航空支撑

推动长春龙嘉机场二期扩建、吉林二台子机场改扩建、延吉机场迁建等项目。开发长春、延吉机场至俄、朝、韩、日、蒙等国更多城市的国际航线，实现对东北亚区域的密集覆盖，拓展长春、延吉机场至东南亚相关地区（曼谷、新加坡、巴厘岛、清迈等）、欧洲和中亚相关地区（法兰克福、莫斯科、叶卡捷琳堡、阿斯塔纳等）航线。开发长春、延吉机场至国内更多大中城市（含港台等地）的航线，提高国内经济发展对区域的支撑能力。开发长春、延吉机场至东北地区满洲里、黑河、牡丹江、丹东、鸡西、佳木斯、伊春等沿边城市的航线，把长吉图开发开放与东北地区开发开放融为一体。依托上述航线，打造长吉图区域小件商品的国内外空运邮路网络，提升长春至延吉空中货物运输能力，打造小件商品的空运通道。

（五）加强口岸建设

增强口岸支撑能力，推进珲春圈河至元汀口岸跨境江桥相关工作，推进图们、珲春口岸成为中药材进口口岸。推动安图双目峰口岸升级为国家级口岸，适时启动珲春甩湾子、龙井开山屯、和龙南坪、珲春春化分水岭公路口岸等口岸和龙井白金临时过货通道的设立工作。改善通关条件，加大口岸基础设施建设投入力度，建设电子口岸，建立全程运输协调机制，实现国际物流便利化。积极谋划图们江出海口岸，选择合适位置建成国家一类通关口岸。提升区内各主要口岸与县城及区域节点城镇之间的公路等级。

三　加大先行先试力度

（一）全面争取国家支持

抓住国家自贸区试点扩面和支持东北老工业基地振兴的有利条件，依托长春兴隆综合保税区、珲春国际合作示范区等优势，争取国家批准设立中国（吉林）自由贸易园区。推广复制中国（上海）自贸区经验，在转变政府职能，促进投资贸易便利化等方面开展先行先试。争取国家批准，加快建设延吉（长白）国家重点开发开放试验区。争取国家批准，鼓励地方积极开展离岸金融业务，大力推行人民币跨境结算。争取亚洲基础设施投资银行、丝路基金支持，拓宽投融资渠道，降低和分散投资风险。

（二）积极争取各类试点

积极跟踪国家层面全面深化改革各项工作，谋划设计具有战略性、前瞻性重大事项，支持地方政府开展各类综合配套改革试点，加快推进政府管理体制、市场体系建设、土地征收使用、财税金融等重点领域和关键环节体制机制创新。吉林省有关专项引导资金要对综合配套改革试点和专项试点示范工作给予一定投资补助或"事后奖补"支持。对有关体制机制创新方面的前期研究、重大规划、方案编制等所需经费给予一定补助。鼓励和引导外资和民间资本，以及各类社会资本，以参股、控股、独资等方式和购买地方政府债券、投资基金等方式，直接或间接地参与长吉图区域发展建设。

（三）完善先行先试机制

推动中国图们江合作机制由副部长级上升为国家总理级别。推动部省合作机制向宽领域、高层次、务实合作方向发展。强化省长吉图办总体设计、统筹协调、整体推进、督促检查职能，加强跟踪研判，推动重点工作落实。建立高位统筹、运转高效的重大事项决策机制、重点项目协调调度机制等工作推进机制，着力解决长吉图战略实施中的重大问题。建立绩效考核评价机制，落实地方政府战略实施的主体责任，调动省直各职能部门工作主动性、创造性，加强综合协调、指导服务，密切配合，形成工作合力。加强监督监察力度，确保工作任务和各项政策措施落到实处。创新财政支持方式，省级财政要逐步增加投入，与国家补助资金形成合力，通过资本金注入、股权投资、贷款贴息、投资补助、事后奖补等方式，重点支持长吉图战略实施中的重点领域和关键环节项目建设。

（四）推动区域升级发展

推动长吉图先导区紧密跟随国家战略，积极建设成为我国沿边开发开放中的民族稳定示范区、生态发展示范区、科技支撑示范区、陆海联运示范区、装备制造业国际合作示范区，全力打造长吉图先导区2.0版。积极开展长吉图先导区向西延伸的可行性研究，争取将松原、白城和兴安盟等地相关市县纳入长吉图先导区或参照长吉图先导区加快先行先试，使长吉图先导区成为横跨东北中部的东西贯通的经济带。强化长吉图先导区与哈长城市群、西部生态经济区、东部绿色转型发展区、沿边开发开放经济带的融合、协调发展。

四 提升综合发展水平

（一）提升城镇化水平

按照《吉林省新型城镇化规划（2014—2020年）》的总体要求，全力提升区域城镇化水平，建设好"一区一组团"，提升人口承载能力和公共服务水平，力争在东北地区人口净流出的大环境中成为人口不流失区域。

打造长吉大都市区。率先打造长春大都市区，加快建设南部、西部、北部城区和长东北开发开放先导区、西南工业区，加快形成先进制造业和服务业并举的产业结构，着力打造汽车、农产品加工和轨道客车三个世界级产业基地，大力发展光电信息、生物、新能源汽车、新材料和先进装备制造等战略性新兴产业，加快发展现代金融、现代物流、现代商贸、文化创意、旅游服务和总部经济等现代服务业。强化长春市核心交通枢纽和经济、金融、科教等综合服务功能，构建组团式大城市，率先完善基础设施互联互通，引导城市功能和产业向周边卫星镇转移。加快构建吉林大都市区，推进形成沿江布局多中心、内外连接多组团的城市空间格局，加快建设南部新城和高新南区、高新北区、经济技术开发区等重点产业功能区。充分发挥制造业中心和旅游资源优势，着力打造石化、新材料两大国家级产业基地，做大做强化工、汽车、冶金等支柱产业，大力培育碳纤维、先进装备制造、新一代信息技术、生物技术等战略性新兴产业，加快发展物流、金融和创意文化等现代服务业，加快完善卫星镇功能，推进形成吉林市半小时经济圈。扎实推进长吉一体化，突出建设长吉产业创新发展示范区，构建长吉北线城市经济产业带、长吉南线绿色休闲和现代农业产业带、长吉南部生态旅游产业带，加快发展双阳、岔路河、口前等节点区（镇），提升龙嘉机场功能和等级，发挥长春兴隆综合保税区的带动作用，建设中新吉林食品区等十大功能区，加快构建互惠共赢的城市发展合作机制，推进基础设施共建共享、产业发展融合互动、生产要素无障碍转移、生态环保同防共治，构建特色鲜明的田园式现代化长吉大都市区。

建设图们江区域城镇组团。构建以延龙图组合城市为核心，以珲春市为窗口，以敦化、和龙、安图、汪清为支点的图们江区域国际化城镇组团。实施延龙图一体化，加快延吉空港经济区和城际公路建设，发展壮大加工制造、健康食品、现代物流、高新技术、特色旅游等产业，打造图们江区域国际化中心城市和吉林省东部地区核心城市。提升珲春窗口城市功能，加快建设国际合作示范区，进一步畅通对外通道。完善敦化、和龙、安图、汪清城镇功能，因地制宜地发展边境贸易、长白山旅游、新能源开发等特色产业。促进珲春窗口、延龙图前沿、支点城市和长吉腹地联动发展，推动以长吉为核心的中部城市群协同图们江区域城镇组团融入哈长城市群。

加快敦化、珲春、九台三个节点城市（区）发展。推进九台老城、空港新城和卡伦新城组团式发展，加快发展绿色食品、建材、商贸服务产业，培育高端商务、生物医药和现代物流产业，打造长吉大都市区和长春半小时经济圈重要节点城市（区）。推进敦化城市功能完善提升，大力发展文化旅游、木材加工、医药产业和矿产开发，培育壮大商贸物流产业，构建东西向连接中部城市群和图们江区域城镇组团、南北向连接牡丹江和长白山景区的重要节点城市。构建珲春生态新城，加快建设珲春国际合作示范区，促进中俄、中朝边境经济合作，构建面向韩国和日本的陆海联运航线，大力发展特色旅游和国际物流产业，打造图们江区域城镇组团重点城市和吉林省面向东北亚开放窗口城市。

支持一批小城镇加快发展。加快区域内一批县城镇发展，推动农安镇、汪清镇、口前镇、明月镇发展壮大为小城市的步伐，推动兰家镇、合心镇、奢岭镇、卡伦镇、合隆镇、米沙子镇、兴隆山镇、孤店子镇、金珠镇、朝阳川镇、桦皮厂镇等卫星城镇承接中心城市相关职能，推动岔路河镇、黄泥河镇、石岘镇、天岗镇、菜园子镇等城镇壮大工业规模，推动劝农山镇、北大壶镇、二道白河镇、江南镇、搜登站镇、英安镇、庆岭镇、东盛涌镇、乌拉街镇、左家镇等城镇特色旅游发展，加快孤家子镇、伏龙泉镇、龙嘉镇、波泥河镇、黄松甸镇、鹿乡镇等地商贸产业发展，壮大敬信镇、春化镇、崇善镇、南坪镇、三合镇、开山屯镇、月晴镇、凉水镇等城镇边贸规模和水平。

提升城市（镇）基础设施和公共服务水平。加快水源、能源、通信等基础设施建设。重点建设中部城市引松供水工程、老龙口等大型水源配套工程，满足长春、九台、德惠、农安、双阳、珲春等城市（镇）用水需求。改建和龙市龙月水库，满足和龙县及所属镇的用水需求。新建续建蛟河团山子水库、延吉明朗水库等水源工程，满足蛟河、图们等城市和所属镇的用水需求。优化电网和燃气管网布局。重点建设德惠等 500 千伏输变电工程，建设长春贺家、吉林城西、吉林永吉等 220 千伏输变电工程；重点建设双阳储气库，建设沈阳—哈尔滨燃气干线和吉林—延吉、延吉—珲春、长春高压外环等燃气支线工程。加快建设基础通信网、无线宽带网、应急指挥通信网、数字电视网等通信设施，加快推进新一代互联网、新一代移动通信网和数字广播电视网"三网融合"。推动城市视频监控网络互联互通，搭建高性能的信息网络传输平台、电子政务与公共信息网络平台、企业信息管理平台和电子商务平台，推进物联网、远程教育、远程医疗、电子社区、应急指挥等领域信息系统开发，加快创建长吉国家电子商务示范城市。

（二）加强生态环境保护

加强生态系统保育。加快恢复提升森林、水体、湿地生态系统功能，增强生态承载能力。推进长白山林区生态保护和经济转型，实施生态系统修复工程，加大"三江源"生态保护治理力度，逐步对国有林区实行全面停止砍伐，积极开展珍贵树种培育、森林抚育和城乡绿化美化。加快构建和保护长春和吉林城市之间"绿心"，打造中部地区大黑山生态屏障带和双阳—松花湖低山丘陵生态屏障带，依托交通轴带，形成绿色生态廊道。统筹保护湖泊、河流，构建松花江、图们江重点流域综合防治体系，加强城市水库水质保护和中小河流治理，强化跨界水体的联合保护和整治恢复。强制性保护区域生态绿核，严禁从事破坏自然资源的生产建设活动。

强化环境污染防治。着力解决流域水污染、大气污染和农村面源污染等突出环境问题，增强生态环境容量。实施水源地保护工程，加快石头口门水库、新立城水库等重大水源地保护工程建设，加强中部城市引松供水等重点工程调水水源的保护，控制入河污染物排放。加快实施大气污染防治行动计划，努力改善城市空气环境质量。落实国家节能行动计划，重点实施节能技术改造、建筑节能、节能产品惠民、节能技术产业化、合同能源管理、资源综合利用等六大工程。实施黑土地保护综合治理工程，强化面源污染治理，搞好土壤改良、农田排灌、土地平整、农田林网等生态建设，全面开展建设占用耕地耕作层土壤剥离。

加强城市清洁能源供应设施建设。强化城镇污水处理设施建设，推进雨污分流改造、排水防涝设施建设和污泥无害化处理，加快污水再生利用设施建设。提高生活垃圾无害化处理能力，建设垃圾分类和生活垃圾存量治理项目，提高城市生活垃圾处理减量化、资源化和无害化水平。鼓励打破相邻区域行政区划限制，共同规划、共建共享城镇污水处理设施和生活垃圾处理设施，加强环境监管建设。

分类推进资源型城市转型发展。高效开发吉林市、延边朝鲜族自治州等成熟型资源城市资源，提高资源型产业技术水平，延伸产业链条，培育一批资源深加工龙头企业和产业集群。化解九台市、敦化市、汪清县等衰退型资源城市历史遗留问题，加快改善民生，加强地质灾害综合治理，支持发展接续替代产业，对资源濒临枯竭、不适于人居的独立工矿区、独立林场、林业棚户区开展异地搬迁，推进恢复自然生态环境。

加强生态环境保护领域国际合作。加强长白山、松花江、图们江流域生态环境保护的国际合作，与俄、日、韩等国环保研发机构和公益组织密切合作，谋划图们江区域生态环境保护基金，共同推进跨国自然保护区、湿地、图们江区域生态环境综合治理等生态环保国际合作项目建设。支持区域内企业、高校、科研机构面向俄、韩、日等国引进生态环保领域高端人才和先进技术。争取与俄、朝、韩、日等环日本海国家组建环日本海生态环境保护联盟，组织图们江区域及环日本海生态保护论坛，推动环日本海生态圈的形成并纳入联合国"人与生物圈"计划中。

（三）提高科教支撑能力

提升科技支撑和成果转化能力。深入落实《吉林省人民政府关于建立健全技术创新市场导向机制加快科技成果产业化的实施意见》，强化创新发展对长吉图区域发展的支撑作用，进一步强化企业技术创新主体地位，大力推进科研难题向科技攻关成果转化、科技攻关成果向中试成果转化、中试成果向产业化转化，打造长吉研发高地和延吉、珲春国际科技合作高地，促进区域创新资源和国外创新资源紧密结合，支撑特色高新技术产业发展。到2020年，力争区内科技创新投入、科技创新主体、科技创新成果在全省的比例不低于70%。

加大科技合作力度。深化先导区与美、欧、日、韩、俄及独联体等国家和我国港澳台地区的科技交流与合作，突出建设东北亚技术转移战略联盟，加强中俄科技园等国际科技合作基地建设，强化科技合作交流对产业发展和贸易资本往来的支撑能力。加强与中国科学院、中国工程院、清华大学、北京大学等机构、学校的全面合作。加大省级、长春市、吉林市和延边朝鲜族自治州科技计划开放合作力度，支持国际学术机构、跨国公司等在区内设立研发机构，支持企业、高等院校、科研院所在产业技术创新重点领域和关键环节建设国际科技合作基地，搭建国际科技合作平台。

培养实用型开放人才和创新人才。强化高端人才的培养和引进，实施科技拔尖创新人才、现代服务业人才和新型企业家人才工程，加快建设留学归国人员创业园，发挥高端人才的领军作用。推进高等教育优化布局，支持新建、迁建高校和优质高校分校在区内相关城镇办学，在土地、财税政策等方面给予适度倾斜，调整高校学科专业结构，支持省属普通高校转型发展。建立健全支柱优势产业人才培养体系、选拔机制和激励机制，建立一批科技孵化器和大学科技园，打造复合型、专业型、技能型、实用型技术人才队伍，提升人才支撑能力。

第五节　结论及建议

　　尽管近年来东北经济处在换挡期，但是长吉图区域仍是吉林省经济的重要引擎，也是东北地区中部区域再振兴的重要突破口。借助于国家级长春新区的建设和若干新发展战略的实施，长吉图区域在产业转型、新增长点谋划等方面已经呈现出积极发展的态势。长吉图区域发展仍然需要在发展环境、转换观念、结构调整、改革开放等加大力度，促进区域经济体系的形成和内生发展能力的壮大。从近期看，要强化以下三个方面的措施。

　　一是加强组织领导。要进一步加强对长吉图战略实施工作的领导，发挥好长吉图办等部门的积极作用，实行领导干部联系重点项目制度，积极发挥专家和智库咨询作用，集成多渠道人才，共同推进长吉图战略实施工作。

　　二是加强政策研究。根据各项工作推进中的实际情况，及时调整相应政策措施。加强对自由贸易、土地政策、特色产业、政府协调等方面的政策研究工作，形成政策创新支撑区域发展的新机制。

　　三是强化求真务实。建立工作协调推进机制，分解任务，明确责任。各部门、各地方要强化经济发展的务实性，强调挤水分、捞干货，扎扎实实地推进经济发展。各区域、各部门推进长吉图战略的评估指标体系，要引入大数据、居民满意度调查等指标，使发展战略的落实更加符合群众需要。

第四章

关于综合运输系统发展战略的探讨[*]

综合运输系统事关生产要素的流动、事关产品服务的流动，是区域经济战略研究中不可或缺的内容。近年来，在全国综合运输系统发展的大趋势下，吉林省在高速公路、高速铁路、民航机场等领域加大投入，谋划了一批重大项目，对全省投资、消费产生了重大影响。本章以吉林省为例，通过对综合运输系统的协调性、适应性的评价，对综合运输系统存在的问题和未来发展方向进行了探讨。

第一节　综合运输系统发展概述

通过与吉林省历史发展情况和全国主要省区进行比较，吉林省综合运输系统发展具有如下特点。

一　运输能力大幅提高

以吉林省公路里程发展变化情况看，新中国成立以来吉林省交通运输业发展经历了如下几个阶段。第一阶段是公路里程达到 10000 公里水平（1949～1957 年），年均增速为 14.1%。第二阶段是公路里程达到 20000 公里水平（1957～1976 年），年均增速为 3.67%。第三阶段是公路里程达到 30000 公里水平（1976～1995 年），年均增速为 2.30%。第四阶段是公路

＊　本章内容是在 2012 年吉林省交通运输科技计划项目"吉林省综合运输系统评价和优化研究"成果基础上经修改形成的。项目负责人为赵光远。

里程达到40000公里水平（1995～2002年），年均增速为4.00%。第五阶段是公路里程达到50000公里水平（2002～2005年），年均增速为7.00%。第六阶段是公路里程从50000公里水平增长到93208公里水平（2005～2012年），年均增速为9.21%。吉林省交通运输业增长经历了先高后低又快速增长的态势。从客货运量的变化上也能体现出这一特征。1949～1976年，吉林省客运量首次突破亿人大关，年均增速为11.10%；1976～1987年，吉林省客运量突破2亿人，年均增速为7.05%；1987～2007年，吉林省客运量突破3亿人，年均增速为1.89%；2007～2012年，吉林省客运量达到7亿人以上，年均增速为18.09%。货运量上，1949～1978年，吉林省首次突破亿吨，年均增速为10.27%；1978～1987年，吉林省突破2亿吨，年均增速为7.92%；1987～1999年，吉林省突破3亿吨，年均增速为3.62%；1999～2007年，吉林省突破4亿吨，年均增速为3.15%；2007～2012年，吉林省货运量达到59768万吨，年均增速为7.54%。

由此可见，新中国成立以来吉林省交通运输能力不仅实现了快速增长，而且与东北老工业基地振兴战略、长吉图开发开放战略等重大战略实施和区域城镇化步伐加快等情况相结合，吉林省交通运输业发展刚刚进入一个快速发展期。

二 公路运输占主导地位

从各种运输方式发挥作用看，随着经济市场化进程的发展，吉林省经历了由铁路运输主导向公路运输主导转换的过程，目前公路运输的主导地位已经形成。1949年，吉林省铁路运输在客运量和货运量中的比重分别是94.34%和98.25%；到1978年，这两个比重分别降至65.60%和47.33%；到1986年，这两个比重分别降至47.39%和31.37%；到2000年，这两个比重分别降至24.02%和17.30%；到2012年，这两个比重仅为8.61%和12.31%。相反，从公路运输来看，1986年在客货运量上占比已过半，到2000年时均占70%以上，到2012年已经分别达到91.05%和78.85%。主导地位已经完全形成。近年来，吉林省针对高速公路里程少、比重低、欠账多的实际，以加快出海入关和沟通省际通道建设，加快省会到市（州）政府所在地、长白山高速公路建设步伐为目标，不断调整和完善高速公路发展规划，调增项目，加大投资，实现高速公路建设科学发展。珲春至乌兰浩特、大庆至广州、北京至哈尔滨等 3 条国家高速公路大通道吉林省境内段全部建成，中蒙公路运输大通道吉林省境内段全线贯通，打通了向东通边达海、向南出海入关、向西向北辐射黑龙江和内蒙古的出省通道。

三 长吉图成为交通运输的快速增长带

从交通运输发展的区域布局看，一方面初步形成了以长春为中心，放射连接省内其他市（州）、重要经济区，便捷通达周边国家和省份的高速公路骨架网络；另一方面依托长吉珲高速公路、高速铁路建设，长吉图先导区已经成为吉林省交通运输业的一个增长极。2012 年长吉图地区客货运量分别占全省的 51.91% 和 59.32%，客货运周转量占全省的比重分别为48.61% 和 58.46%。从增幅看，2006～2012 年，除旅客周转量增速略低于全省水平外，客运量、货运量年均增速均高于全省 0.3 个百分点，货物周转量增速高于全省 0.8 个百分点。另外，交通运输发展与经济社会发展密切相关。长吉图地区作为吉林省经济最为发达、政策最为优先的地区，发展交通运输业具有其他地区无法比拟的优势。从民用汽车万人拥有量看，长春、吉林、延边三市州分别居第 1、第 3 和第 4 位，也为该地区交通运输业的发展奠定了坚实的基础。同时，三市州城市居民人均可支配收入也是全省最高的三个地区。按照经济支撑交通运输业发展的理论，长吉图成为交通运输快速增长带具有必然性。

四 强化服务成为交通发展主旋律

一是建养并重，规范引领，公路建设与养护齐头并进。坚持"畅通主导、安全至上、服务为本、创新引领"方针，在加快干线公路建设的同时，不断完善养护管理体制机制，强化养护管理的各项措施，提升公路管养水平。着力推进服务于县域经济、粮食主产区、旅游资源开发等干线公路建设，着力推进加大通行政村、农业示范区、百镇及少边穷地区农村公路建设。现在，全省公路总里程已达 9 万多公里，公路密度达到 48.96 公里/百平方公里；全省国省干线普通公路中二级及以上公路所占比重已达到 70.9%。近年来，全省每年新改建农村公路里程都在 7000 公里以上，目前全省农村公路总里程已达到 74297 公里，全省乡（镇）通畅率达到100%，行政村通畅率达到 97.3%。

二是强化枢纽，合理衔接，积极服务综合运输体系的形成。面对出租车、城市公交职能划归交通运输部门的新形势，积极加快国际、城际、城市、城乡、镇村5级客运网络建设；强化与铁路、水路、民航等运输方式规划的合理衔接，加强以长春、吉林两市为代表的中心城市综合交通运输枢纽建设，重点发展城市公共客运。截至2012年，吉林省在全国率先实现行政村通客车率达到100%。

三是创新理念，转变方式，服务全社会和谐发展。积极贯彻生态、景观、环保、安全、文化高速公路理念，吉林省紧紧抓住资源节约、环境友好这一主题，坚持全寿命周期理念，贯彻长寿耐久原则，坚持地域特色理念，贯彻文化景观原则，使高速公路建设走上了科学发展的崭新道路。倡导"公交优先"，只为市民出行更为便捷。将"公交优先"作为城市公交发展战略，详细编制城市客运专项规划，在中心城市采取投放新能源公交车、加大停车场站设施建设力度、改善乘车环境和条件、调整延长公交线路、提高公交从业者待遇等措施，让市民出行更加舒心、更加满意。

五 总体规模尚小，效益水平不高

对吉林省交通运输业发展进行省际比较表明，吉林省交通运输业总体规模尚小，效益水平不高。2012年，吉林省运输线路总长度为9.9万公里，居全国各省第24位。客货运量指标分别居第19位和第23位，民用汽车总量居第22位，机动车驾驶员数量居第21位，财政支持交通运输业支出居第25位，交通运输业（含邮政仓储等）增加值居第24位。可见，吉林省交通运输业总体规模较小（如表4-1所示）。

根据表4-1中的指标，我们对交通运输业的效益水平进行了分析。一是单位运输线路长度的客、货运量指标，吉林省分别为全国平均水平的86.02%和60.20%，居全国第19位和第23位。二是货客运量比。吉林省该指标是0.7541，是全国平均水平的69.98%，居第23位。三是单位运输线路长度的财政支出指标，吉林省为全国平均水平的78.69%，居第25位。四是单位民用汽车实现的交通运输业增加值，吉林省为2.2万元左右，仅为全国平均水平的87.53%，居全国第21位。五是单位财政交通运输支出实现的增加值，吉林省为3.61元，为全国平均水平的95.95%，居全国第16位。这些指标表明，吉林省交通运输业发展综合效益水平仍有待提高。

表 4 - 1　2012 年吉林省交通运输业发展情况比较

地区	运输线路长度（公里）	客运量（万人）	货运量（万吨）	民用汽车拥有量（万辆）	机动车驾驶员（万人）	财政交通运输支出（亿元）	交通运输业增加值（亿元）
全国	4460128	3804034.9	4099400.3	10933.09	25250.83	7332.57	27555.10
北京	22768	142731.0	26161.9	493.56	748.05	243.76	816.31
天津	16347	27529.2	46015.2	221.12	315.09	87.21	683.56
河北	168675	105064.0	219130.3	728.51	1357.88	287.04	2212.93
山西	142013	39987.1	144607.9	329.95	588.77	194.82	847.44
内蒙古	175640	27630.3	189942.2	266.08	512.63	301.24	1185.30
辽宁	110981	103283.4	206788.7	414.88	851.04	256.10	1297.18
吉林	99063	72679.5	54808.1	209.49	514.70	128.16	462.13
黑龙江	170182	52404.2	65230.7	259.87	545.11	226.51	598.78
上海	15287	10859.1	94038.3	212.66	558.96	115.41	895.31
江苏	180743	267710.3	220007.5	802.20	1880.71	436.58	2352.40
浙江	125064	233115.2	191817.3	773.56	1318.66	287.64	1278.91
安徽	174040	213432.3	312436.8	303.13	852.28	237.17	650.21
福建	100161	82040.9	84345.1	283.92	818.16	272.08	1090.07
江西	159067	84239.5	127195.5	201.64	875.23	192.78	630.56
山东	250018	265631.8	333602.6	1027.16	1938.58	322.93	2516.19
河南	255806	207246.5	272114.9	581.95	1529.09	300.43	1151.91
湖北	230236	127078.7	122945.3	293.64	946.39	212.68	934.96
湖南	249364	184336.1	191051.7	308.14	908.77	273.82	1077.65
广东	209886	574265.9	256076.7	1037.42	2339.40	503.57	2367.46
广西	116579	90228.7	161356.0	227.44	995.64	242.74	625.57
海南	25302	47116.9	26880.4	55.46	163.53	67.51	133.40
重庆	126511	156545.4	86474.1	159.36	473.29	207.47	515.15
四川	307753	277611.3	174349.3	493.22	1375.30	435.49	707.19
贵州	170042	83526.9	52654.9	164.36	415.77	288.56	687.45
云南	224829	48456.3	68734.9	328.53	845.48	309.57	247.53
西藏	65730	3848.8	1126.6	22.77	22.50	94.26	26.23
陕西	166570	111773.3	136726.8	284.64	680.15	248.24	617.39

地区	运输线路长度（公里）	客运量（万人）	货运量（万吨）	民用汽车拥有量（万辆）	机动车驾驶员（万人）	财政交通运输支出（亿元）	交通运输业增加值（亿元）
甘肃	134602	64361.2	45831.7	129.14	280.05	126.43	319.66
青海	68267	12692.1	13483.9	49.13	100.19	154.85	71.87
宁夏	27941	16343.5	41113.3	66.35	117.71	51.02	196.49
新疆	170659	38331.4	58793.5	203.82	381.72	226.47	357.90
吉林省位次	24	19	23	22	21	25	24

第二节 交通运输与区域经济互动作用研究

一 相关研究回顾

交通与经济相互关系的理论研究最早可以追溯到亚当·斯密的《国富论》。斯密在该书中已经就交通运输对城市和地区经济发展的重要作用进行了论述。亚当·斯密认为，劳动分工受市场大小和交换能力的限制，交通运输能够提高产品的交换能力，从而强化分工，扩大市场，促进产业和经济的发展。之后弗里德里希·李斯特在《政治经济学的国民经济体系》一书中指出交通运输的发展既是工业发展的结果又是工业的原因，交通运输的发展应与经济发展相协调。1850年，D. 拉德那在《铁路运输经济》一书中对运输的历史及其影响、铁路的运营管理、成本运费和利润等问题进行了研究，奠定了近代铁路经济学的基础。马克思在《资本论》中对交通运输业的产业性质进行了明确的界定，运输过程是劳动过程和价值增值过程的统一，是第四个物质生产领域；运输是连接社会生产各个环节的纽带以及社会物质生产和其他经济活动的一般条件；对运输费用的性质进行了界定，运输费用是一种生产性的流通费用。运输业一方面形成了生产资本的一个特殊投资领域，另一方面它表现为生产过程在流通过程中的继续，并且为了流通过程而继续。1878年，E. 萨克斯在《国民经济中的运输工具》一书中对国家的宏观运输政策和个别运输方式的经营活动进行了研究，确立了交通运输政策和交通运输经营这两个交通运输经济理论研究的发展主线。1935年，美国经济学家劳克林在《运输经济学》中对运输供求、运输价格、运输管理、运输政策进行了较为系统的论述，证明了交通运输业在国民经济中不可或缺的作用，揭示了运输业经济效益与社会效益的内涵。1940 年，美国的约翰逊等人在《运输学：经济原理与实践》中较为全面地讨论了铁路、公路、水运、航空、管道各种运输方式的运输经济问题以及它们之间的竞争协作关系。20 世纪 60 年代后，由于交通运输结构和发展环境产生了深刻的变革，交通运输规划的可行性和环境效应的研究以及交通运输的投资效益分析等成为新的热点。1960 年，罗斯托在《经济成长的阶段》中指出交通运输，尤其是铁路运输，是经济发展各个时期的前提条件和基本特征，铁路的发展是形成新的出口部门和促进工业发展的重要条件。20 世纪 70 年代后，交通运输经济综合性研究得到加强。罗伊·桑普森等所著的《运输经济——实践理论与政策》中建立了较为完整的现代西方运输经济理论体系，着重讨论了交通运输在国民经济中的重要性，交通运输对环境、能源和社会的影响，尤其是交通运输发展的"负效应"，以及交通运输对区域发展的影响。

我国对交通运输经济问题的系统研究开始于 20 世纪 80 年代。80 年代，王德荣在《中国运输布局》中对我国运输布局的实践进行了初步总结，对旅客和货物运输及各种运输方式的布局发展进行了概括，对运输布局的理论和方法进行了探讨，并对我国运输布局的发展进行了预测。张风波在《中国交通经济分析》中较早的运用数学计量方法对货物运输和旅客运输与国民经济之间的关系进行了分析，提出了中国交通体系计量统计模型。刘统畏在《交通通讯与国民经济》中认为交通运输是国民经济的重要职能部门，也是我国国民经济的薄弱环节，交通现代化的一般要求就是要发挥各种运输方式的优势，实现运输与生产的合理配置。90 年代，张熏华《交通经济学》中将马克思政治经济学的理论、方法应用于交通运输领域的研究，对交通与生产力布局、交通生产率、各种运输方式的发展和城市交通进行了较为深入的研究。荣朝和在《论运输化》中对运输化理论进行了详细论证，从长期变化的角度刻画出交通运输与社会经济发展之间的关系，认为运输化是工业化的重要特征之一，也是伴随着工业化而发生的一种经济过程，国民经济的运输化表现为交通运输工具、货运对象、运输总量、运输占社会资源的数量等都发生了根本性的变化，交通运输业在国民经济中成为最庞大、最重要的基础产业群。陈贻龙等在《运输经济学》中对运输与社会经济、运输市场、运输企业、宏观调控等问题进行了全面系统的研究，突出论述了运输在经济发展中的基础和动力作用以及运输与经济发展的动态过程。21世纪以来，韩彪在《交通经济论》中对交通运输业与社会经济发展之间的关系进行了探索，提出了交通运输的阶段发展理论和交通运输业与国民经济的交替推拉理论。胡思继在《交通运输学》中对各种运输方式及综合运输的发展历程以及经营管理的理论方法进行了论述，对如何发挥各种运输方式的优势、实现各种运输方式的协调发展等进行了深入研究。张文尝等在《交通经济带》中从交通运输对于区域发展的作用以及交通运输与社会经济空间结构形成的关系进行了深入阐述，论证了交通运输是导致社会经济及其空间结构产生巨大变化的关键性因素之一，交通运输对经济发展具有先行功能、从属功能、引导和调节功能，提出了交通运输带的概念和发展模式。王庆云在《交通发展观》中围绕交通运输与经济发展、交通规划、综合运输体系的发展等问题，提出了中国交通问题研究的理论框架，对研究我国的交通运输系统工程管理，综合运输规划的理论和实践问题有重要的指导作用。徐海成在2007年《中国公路交通与经济发展关系的实证研究》中利用协整理论和 Granger 因果检验方法对公路交通与经济发展的关系进行了实证研究，研究表明自1992年起，我国的公路运输与经济之间存在协整关系和双向因果关系。荣朝和等在《综合交通运输的体制与研究方法》中对综合交通运输的体制与研究方法进行了探索，认为综合运输是交通运输系统内各组成部分之间，以及交通运输系统与外部环境之间形成一体化协调发展的状态，在我国目前运输业发展阶段，以多式联运为代表的衔接性是构建综合运输体系的核心问题。张国强在《交通运输发展的经济分析——比较优势与制度的观点》中从比较优势与制度效率的角度进行切入，提出了基于制度效率实现比较优势是交通运输发展效率的源泉的观点，并界定了交通运输发展效率及其效率结构和微观机制。

二 相关作用机理探析

区域经济发展的目标是要实现区域资源的优化配置，有效解决区域经济运行中生产力地区布局与产业结构之间的矛盾，以期获得最佳的综合效益。区域经济包括区域生产、流通、分配和消费等主要领域。区域经济系统与其他系统一样，具有明显的群体性、关联性、层次性、整体性、开放性和动态性特征。根据这些特征，区域经济系统可以被划分为区域经济发展条件、区域生产、区域生活和区域基础设施4个子系统。综合运输系统作为交通运输系统的高级化表现形式，与区域经济的关系是复杂而密切的，两者在多方位和多层次上相互作用。一方面，交通运输对区域经济发展有明显的推动作用。交通运输基础设施是国民经济的重要组成部分，也是区域经济发展的基本条件。"如果经济发展的关键因素只有一个，那么它不是文化，也不是制度和心理特征，而是交通环境"（朱利安·西蒙）。交通运输基础设施是区域经济活动生产、流通、分配、消费诸环节及各部门和各地区间实现有效联系的纽带，是区域经济机体的循环系统，交通运输系统功能的提高可以增强区域经济系统的开放程度、改善区域投资环境、改变区位条件、提高区域物流效率和质量、促进经济空间合理化。作为国民经济中的物质生产部门，交通运输业的发展不仅是区域经济收入的重要来源，而且通过前项、后项联系产业的发展带动区域经济的发展。另一方面，区域经济对交通运输的发展存在显著的拉动作用。区域经济发展会产生促进交通运输快速、高质发展的交通需求，区域发展战略会直接影响交通运输规划的目标和方向，区域产业结构的升级会导致运输结构的高级化和运输布局的调整，区域资金投入和技术供给为交通运输的发展提供了动力和保障。

综合运输系统推动区域经济发展的作用机理。综合运输系统推动区域经济发展主要表现在两个途径、三个方面。两个途径是：第一个途径为综合运输系统通过优化交通运输内部结构、提高交通运输总体效率、改善交通运输发展水平，借助交通运输对区域经济发展的带动作用而实现的；第二个途径是综合运输系统改善了交通运输与外部环境之间的关系，是交通运输与外部环境的协调性、适应性全面增强，从而推动了区域经济发展。

综合运输系统推动区域经济发展的三个方面如下所述。

一是综合运输系统推动区域经济增长。区域经济增长是指一个国家和地区生产的产品和劳务总量不断增加，即以货币形式表示的国内生产总值不断增加的过程。综合运输系统推动区域经济增长主要表现为交通运输业对区域增长的贡献水平的提升，包括交通运输业直接创造和间接创造的增加值和就业。2011年，吉林省交通运输业对GDP的贡献率仅2.47%，2006~2011年的贡献率达2.93%，贵州省这两个指标分别为10.06%和

13.34%。交通运输业间接的贡献率更大，其作为开展经济活动的必要条件，经济活动的各个领域，无论资源开发、产品加工还是商品流通，都要以客货运输作为中间投入。交通运输业可以通过为下游行业提供优质、低价、高效的运输产品，减少下游行业的运输费用，缩短流通时间，降低投入成本，促进下游企业的发展，为更大范围的经济活动提供可能，同时还可以对交通运输进行直接或间接投入的各行业产生巨大的带动效应，如交通基础设施建设直接带动钢材、水泥、沥青等建材行业发展以及运载工具、消耗能源产品等交通运输设备制造、机械工业、电子设备制造和石油加工、橡胶制品业等产业的发展。根据《中国统计年鉴（2011）》中提供的"2007年全国的投入产出完全消耗系数表"，1单位交通运输业（运输仓储邮政、信息传输、计算机服务和软件业）产出，需要0.30个单位机械设备制造业投入，0.20个单位的炼焦、燃气及石油加工业投入，0.18个单位的采矿业投入，0.13个单位的金属产品制造业投入，0.11个单位的化学工业投入；而1单位交通运输业（运输仓储邮政、信息传输、计算机服务和软件业）的投入，能够支撑18.2个单位的农业产出或者15.44个单位的房地产业、租赁和商务服务业产出，或者采矿业，食品、饮料制造及烟草制品业，纺织、服装及皮革产品制造业，电力、热力及水的生产和供应业，金融业等行业10个单位以上的产出。交通运输业服务性的产业特征决定了交通运输业的发展需要投入大量的人力资本，成为吸纳社会劳动力的重要部门。京沪高铁2009年建设年度直接和间接提供的就业岗位就达到60万个。

二是综合运输系统推动区域经济均衡发展。首先，综合运输系统的发展可以提高区域可达性，改善区位条件可达性是指利用一种特定的交通系统从某一给定的区位到达活动地点的便利程度。吉林省地形地貌复杂，交通线路的建设和运营可以改变区域交通地理位置，提高沿线地区的可达性，区域可达性的提高往往意味着该区域对外联系的运输条件转好，运输距离缩短，运输费用降低，产品成本下降，从而使区域的区位条件得到改善，区域的比较优势和竞争优势得到提高。其次，综合运输系统的发展可以加强区域间的交流与合作。随着区域经济合作不断向纵深推进，区域间各种经济要素的流动日益频繁，区域联系更加密切、迅速，其联系正在以前所未有的方式、结构、速度、规模向前发展，区域间人员、物资等要素流和空间联系的主要载体则是交通运输，交通运输业的跃升可以加强各地区、中心城市与边缘地区、增长极与辐射地区的联系，促进地区分工与协作，充分发挥各地区特有优势，实现优势互补、资源整合，促进市场一体化建设，实现区域经济均衡发展的关键因素。最后，综合运输系统能够促进城乡协调发展，强化以城带乡、城乡联动、整体发展。综合运输系统能够促进农民增收，改变沿线农产品的产销状况，保证农产品的鲜活度和品质，扩大农产品的销售范围，促进农产品市场的建立和繁荣，加快农村商品经济的发展和农业产业化的步伐，使农产品能够更快、更好地转化为商品，使农民获得稳定的收入，还会带动沿线农村地区旅游业、商业、服务业等特色产业的发展；综合运输系统能够促进城镇化建设，交通运输是小城镇产生、发展的重要条件，也是推动城镇化建设的物质要素，综合运输系统的发展将大大缩小城镇与其辐射区域和区域中心城市的空间距离，加速要素在相互间的交流以及产业在城镇的发育和聚集，有利于小城镇的形成和发展；综合运输系统的发展还能够促进新农村的乡风文明建设，有利于农村地区信息的传播、文化的交流、法治的普及和文明的创建；有利于提高竞争意识和创新精神，有利于传统生产生活方式和思想观念的改变，有利于农村卫生、教育、文化事业的发展。

三是综合运输系统推动产业结构优化和区域竞争力提升。一个地区交通运输条件的优劣决定了它与其他区域进行物质和人员交流的便利程度，交通运输可以通过改变产业与原料地、消费市场的空间距离和时间距离，直接对产业布局产生影响。依据区域自然的可能性和经济的可行性选择交通便利、条件优越的区位，有利于扩大企业生产和商业贸易活动发展的空间，推动规模化经营，促成区际的广泛交往，使本来受制于地域和区位条件难以均衡分布的产业，借助于交通运输条件，相对合理地分布于各相关区域。综合运输系统对区域产业优化的影响主要体现在可以激活所在区域的劳动力、土地、矿产、资金等各种资源，充分发挥地区的要素禀赋优势，形成具有比较优势的产业结构。交通运输的发展可以带动消费水平的提升，提高其他区域和国际市场的需求结构与该地区产业结构的关联与影响程度，从而带动产业结构的优化，旺盛和高层次的消费需求也为区域产业的优化提供了市场保证。对产业结构优化的推动作用有助于区域竞争力的提升。一方面交通运输已经成为国内外评价机构在评价竞争力时的重要评价指标之一，另一方面交通运输作为基础设施的一个重要因素，与影响竞争力的各个方面密切相关，其发展和完善将会直接和间接带动、促进其他相关因素和方面的发展，如经济增长、开放程度、政策实施运行、改善金融环境、推动科技传播、提高国民素质等。

区域经济发展对交通运输发展乃至综合运输系统的反作用。第一，区域经济发展的总体水平决定交通运输乃至综合运输系统的发展水平。区域经济发展水平变化会导致交通运输需求产生相应变化，并通过交通运输市场反馈到交通运输业，引起交通运输业乃至综合运输系统的变动和调整。一方面，区域经济发展影响交通运输规模，经济发展的需要是产生运输需求的源泉。交通运输业的存在和发展就是为了满足区域经济的发展增加的各种需求，包括对能源、矿产、原材料等产品的需求，市场上产品的总量，加快产品流通和扩大商品市场范围的需求，人员要素流动的需求，等等。因此，交通运输需求也会随着区域经济的发展而增加，交通运输业的规模和水平必须与经济发展相协调，交通运输设施的不足和交通运输供给的短缺，会阻碍和延缓经济发展的步伐。区域经济发展成为拉动交通运输业发展的引擎和影响交通运输规模的根本点，区域经济发展推动交通运输业由简单运输向复杂运输、由线性运输向综合运输方向发展。另一方面，区域经济发展影响交通运输的质量。现代经济社会更加强调时间成本和效率，对快捷、便利运输的需求迅速上升，运输需求更加多样化，质量型需求日趋旺盛，客运由"走得了"向"走得好"转变，货运更加强调准时性和便捷性。这些都要求交通运输必须消除各种运输方式间的壁垒，加强相互间的协调、配合，推进综合运输体系和多式联运进程，使交通运输向快速、便捷、无缝衔接和一体化的方向发展。第二，区域发展战略政策决定交通运输乃至综合运输系统的重点方向和未来趋势。区域发展战略是对特定地区内经济、社会等长远发展具有全局性和根本性的筹划与决策，是区域规划工作的最高层次，指导着其他各个方面的发展和建设。区域交通运输发展战略是区域发展战略的组成部分之一，体现区域提出的战略部署和已制定的各项子战略的战略思想，同时又要对区域交通运输发展具有较强的指导作用，是交通发展战略目标确定、交通运输项目规划、交通运输政策制定的基本依据。区域发展战略中的产业布局、城镇形态、人口数量和分布从宏观上对交通运输规模、交通运输结构和交通网络规划起着决定和制约作用，区域交通运输战略的实施必须依托区域发展战略并实现协调发展，才能实现效率最优。进一步，作为区域发展战略具体化的区域政策，是政府对空间经济活动进行干预以实现区域发展战略的必要手段。这些战略政策，决定了交通运输乃至综合运输系统的线路规划、枢纽布局、资金来源和效益实现。最为显著的例子是国家导向性的西部大开发战略对西部地区交通运输业发展的影响，不论是在路网建设还是在运输能力上，都有了极大的提高。第三，区域投融资能力是交通运输乃至综合运输系统的重要保障。在各种生产要素中，资本具有关键作用和先导作用。要发展交通运输业，就必须加大对交通运输业的资本投入，基础设施的建设、改造以及运输工具的更新和添置，都需要大量的资金。随着经济体制改革的深入，地方政府成为地区交通运输发展资金的筹措主体，区域经济体的经济实力和融资能力的强弱对交通运输发展的速度、规模和质量有着至关重要的影响。一方面，地区经济发展水平是决定地方政府投资能力和投资方向的重要因素。经济发展水平高的地区，财政收入丰裕，依靠自身力量对交通运输投资的能力普遍较强，东部发达地区不论是在交通设施的规模，还是在质量上，都明显优于其他地区，而欠发达地区，财政的蛋糕就那么大，农业、教育、卫生、水利、文化等各个方面都需要投入，交通运输的投入自然就不可能太高，不可能成为政府投资的重点。另一方面，民营资本和外资的投融资能力影响交通运输业的发展。交通运输投资主体已经呈现出多元化和民营化的趋势，民营资本和外资实力雄厚，同时交通建设项目直接经济效益高而稳定，两者的结合具有必然性。尽管目前民营资本的发展受到各种制约，但是这种趋势必须加以重点关注。第四，区域产业结构对交通运输乃至综合运输系统具有重要影响。交通产业作为社会经济的一个子产业，其发展受到区域产业结构发展和演变的影响，区域经济发展处于不同阶段，产业发展的重点不同，决定了不同的交通运输需求结构。研究表明，第二产业的比重迅速上升时期，货物运输中煤炭、矿石、钢铁产品等批量大、附加值低的大宗散货所占比重急剧增加，特别需要增加铁路和水运的运力；区域经济进入工业化发展的中期后，第二产业的比重开始下降，第三产业的比重迅速上升，对原材料的依赖开始缩小，小批量多批次、高附加值产品的运输需求趋于上升，客运需求规模和质量均有所上升，对航空运输、公路运输的需求大大增加。而进入后工业化时代，产业结构转向以高技术产业和第三产业为主，产品结构以高附加值化和轻型化为主，交通运输主要满足以消费者为导向的小批量乃至个性化灵活多变的生产方式，货物运输更加强调可靠、快速和便捷，旅客运输要满足舒适性、安全性和高时效性等要求，高速公路、高速铁路、航空运输乃至综合运输体系成为后工业化时代区域交通运输发展的重点和方向。吉林省不同市州之间、不同区位之间，产业结构发展迥异，工业化水平差异较大，在交通运输业发展和综合运输系统构建中必须关注区域产业结构的影响。第五，区域技术供给是交通运输乃至综合运输系统的重要支撑。"科学技术是第一生产力"，其对交通运输发展所起的支撑作用主要体现在硬件和软件两个方面。首先，科技进步促进了交通运输设备的更新与技术改造。随着科学技术的发展，各种特种车辆、船舶、专用车辆、现代化装卸机械和检测保修设备不断涌现，新技术进入交通运输生产领域的速度已经大大加快，高速铁路、巨型喷气式飞机、新能源汽车、高技术超级班轮已经开始被应用于交通运输领域。交通运输的规模、能力和效率得到了极大的提升。其次，科技进步还促进了运输结构的改进，促进了各种运输方式间的竞争，打破原有的竞争格局，形成更高层次的运输结构。高速铁路、磁悬浮技术使铁路恢复了生机，水上喷气技术为水运发展开辟了新的前景。最后，新技术促进了交通管理效能的提高。现代计算机技术、信息技术、通信技术和模拟技术被广泛地应用于交通运输管理，使人、交通工具、交通线路密切结合，并大范围内发挥作用，实时、准确、安全、高效的交通运输体系，实现对交通网络的现代化、智能化的管理，为物流运输提供更为经济有效的服务，为交通安全提供更为有力的保障。

三　互动作用机理的实证分析[①]

综合运输系统推动区域经济发展的实证分析。图 4-1 展示了吉林省综合运输系统与区域经济发展水平之间的关系。随着交通运输业总量的增长，经济发展水平呈现出加速上涨的态势。从 2000 年到 2011 年，每增加 1 亿元交通运输业总量，推动人均 GDP 分别增加 49.22 元、52.75 元、56.26 元、61.00 元、70.92 元、80.83 元、91.03 元、104.86 元、120.16 元、128.31 元、

---

① 本部分依据国家权威部门统计数据对吉林省进行实证分析。

139.73 元和 156.44 元。图 4-2 展示了吉林省综合运输系统与区域经济协调发展的关系。总体看，随着交通运输业总量的增长，区域差距（上方曲线）和城乡差距（下方曲线）均表现出先扩大后缩小的趋势。从 2000 年到 2011 年，区域差距从 3.8 下降到 3.3 左右，后上升到 5.2 后又下降到 4.2 左右，城乡差距从 2.4 左右上升到 2.8 左右后又下降到 2.4 以下。图 4-3 展示了吉林省综合运输系统与产业结构变化之间的关系。总体看，随着交通运输业总量的增长，第二产业比重（上方曲线）上升，三次产业结构（下方曲线）先升后降。从 2000 年到 2011 年，每增加 1 亿元交通运输业总量，推动第二产业比重上升 1.38 个、1.43 个、1.49 个、1.56 个、1.69 个、1.76 个、1.78 个、1.70 个、1.42 个、1.19 个、0.74 个和 -0.26 个百分点，总体表现为推动第二产业比重上升态势，但对第三产业比重上升的推动作用不明显。结合前面的分析，吉林省交通运输发展处于工业化中期水平。

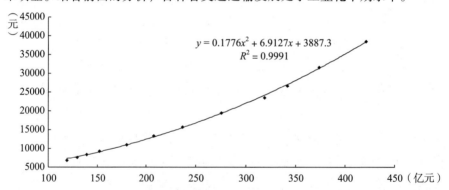

图 4-1　吉林省综合运输系统与区域经济发展水平之间的关系（横轴为交通运输业增加值、纵轴为人均 GDP 水平）

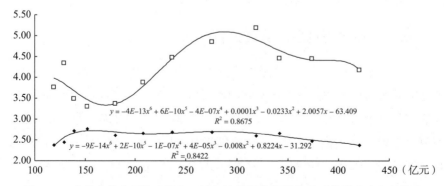

图 4-2　吉林省综合运输系统与区域经济协调发展的关系 [横轴为交通运输业增加值、纵轴为区域差距（上）和城乡差距（下）水平]

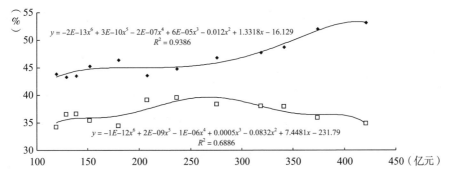

图4-3 吉林省综合运输系统与产业结构变化之间的关系［横轴为交通运输业增加值、纵轴为第二产业（上）和第三产业（下）比重］

区域经济发展对交通运输发展乃至综合运输系统作用机理的实证分析。选取交通运输业增加值（COM）为因变量，人均GDP（PGDP）、固定资产投资总量（INV）、第二产业比重（CON2）、第三产业比重（CON3）、R&D经费内部支出（RD）分别代表区域经济发展水平、投融资能力、产业结构、技术供给水平并作为自变量进行多元回归分析，得到式（4-1）：

$$COM = -789.2763 + 0.0058 \times PGDP + 0.0007 \times INV + 10.8480 \times CON2 +$$

$$11.1709 \times CON3 + 0.2228 \times RD$$

$$R^2 = 0.9949 \qquad\qquad F = 236.0457 \qquad\qquad (4-1)$$

根据式（4-1）得到交通运输业增加值预测值，如表4-2所示。总体说明，人均GDP、固定资产投资总量、第二产业比重、第三产业比重、R&D经费内部支出的增长能够推动交通运输业增加值的增长。

表4-2 交通运输业增加值与预测值比较

年份	COM	预测COM	残差
2000	119.10	112.1860488	6.913951198
2001	129.06	136.7375123	-7.677512296
2002	138.92	146.3578591	-7.437859104
2003	152.27	158.7172685	-6.447268486
2004	180.21	170.5993276	9.610672355
2005	208.10	208.0130227	0.086977322
2006	236.82	240.2434204	-3.423420358
2007	275.76	272.7793998	2.980600243

年份	COM	预测 COM	残差
2008	318.84	304.6106762	14.22932383
2009	341.76	339.5655182	2.194481809
2010	373.93	381.8862177	-7.956217706
2011	420.98	424.0537288	-3.073728808

在上述分析基础上，对选取的总量指标取对数后进行多元回归，得到公式（4-2）：

$$COM' = 0.2355 + 0.7253 \times PGDP' + 0.1152 \times INV' - 0.0416 \times CON2 - 0.0272 \times CON3$$
$$+ 0.0639 \times RD'$$

$$R^2 = 0.9982 \qquad\qquad F = 678.6040 \qquad (4-2)$$

根据公式（4-2）得到交通运输业增加值对数值预测值，如表4-3。总体说明，人均GDP、固定资产投资总量、R&D经费内部支出的增速对交通运输业增加值的增速有推动作用，二产比重、三产比重的增长未能有效推动交通运输业增加值增速的增长。

表4-3 交通运输业增加值对数值与预测值比较

年份	COM'	预测 COM'	残差
2000	4.7800	4.789120524	-0.009157048
2001	4.8603	4.861623301	-0.001345888
2002	4.9339	4.963654605	-0.029756377
2003	5.0257	5.024533071	0.001122189
2004	5.1941	5.157606696	0.036516142
2005	5.3380	5.343281782	-0.005263049
2006	5.4673	5.449689653	0.017610706
2007	5.6195	5.604435471	0.015095451
2008	5.7647	5.754858284	0.009831125
2009	5.8341	5.860670506	-0.02656177
2010	5.9241	5.922071342	0.001997272
2011	6.0426	6.052674081	-0.010088755

总体看来，吉林省综合运输系统（交通运输业）与经济发展之间的作

用机理符合发展规律。但由于产业结构、发展水平、经济体制等方面的特殊性和综合运输系统发展的不完备，综合运输系统在推进第三产业发展方面的作用并不明显，同时二、三产业结构变化对综合运输系统的加快形成也未能发挥有效的推动作用。这与吉林省重化工业的产业结构、国有经济为主的所有制结构、大中型企业为主体的企业结构等因素密不可分，也与吉林省经济发展水平处于工业化中期、国企改革启动较晚、民营经济不发达、经济活力不强等因素有关。

第三节　综合运输系统发展水平评价研究

一　吉林省综合运输系统发展协调性评价

（一）协调性评价方法与评价内容

评价方法选择。发展协调性的评价方法众多，国内外有数百种评价方法，主要可以分为专家评价法、经济分析法、运筹学及其他数学方法、组合评价方法四大类。其中运筹学及其他数学方法又包括层次分析法、灰色关联度分析法等。本研究根据交通运输部综合规划司统计处处长陈钟在其博士学位论文《我国综合运输一体化发展研究》中所采用的灰色系统 GM（1，N）模型进行评价。该模型是一种基于一系列相互关联的系统因素的模型，它不但可以了解整个系统的变化，还能够了解系统中各个环节的发展变化，是全方位描述系统特征的理想方法。灰色系统理论着重研究概率统计、模糊数学所难以解决的小样本、贫信息等不确定性问题，并根据信息覆盖，通过序列算子的作用探索事物运动的现实规律，其特点是少数据建模。按照灰色系统理论，综合运输体系内部各子系统之间存在着灰色性、不确定性、模糊性、信息不完全性和随机性，部分信息已知，部分信息未知，是一个灰色系统，可以运用灰色系统的理论和方法来分析其中各运输方式的协调发展问题。

灰色系统 GM（1，N）模型是一个一阶 N 个变量的灰色差分方程。该模型是一种分析系统行为因子变量对系统主行为变量发展变化以及协调的影响，运用灰色系统 GM（1，N）模型来求解其中的两个系数，并在此基础上分析综合运输复合系统协调发展情况。灰色系统模型中，$-a$ 称为系统发展系数，b_i 称为驱动系数，可以据此研究综合运输体系的整体功能以及各子系统之间的关联关系：发展系数 $-a$ 越大，序列蕴含的内在发展态势就越强，发展系数所表示的是系统内在、本质的信息，驱动系数 b_i 是相关因素对主行为系统的驱动情况的定量描述参数，当驱动系数为负时，说明相关因素对主行为变量的发展起到负向的阻碍作用；为正时，则起到正向的推动作用。

$$A = [\,a\,,b_1\,,b_2\,,\cdots,b_{(N-1)}\,]\,T = (BTB) - 1BT_y N$$
$$yN = [\,x_{10}(2:n)\,]\,T$$
$$B = [\,-z_{11}(2:n)'\,,x_{21}(2:n)'\,,x_{31}(2:n)'\,]$$
$$z_{11}(2:n) = 0.5 \times [\,x_{11}(2:n) + x_{11}(1:n-1)\,]$$
$$x_{11}(1:n) = cumsum[\,x_{10}(1:n)\,]$$

评价内容。一般而言，综合运输系统发展协调性评价主要是对系统内不同运输方式之间的协调性的评价。本研究认为，综合运输系统内子系统的划分，不应局限于运输方式之间，还应结合我国交通运输按行政区域进行管理的实际，按行政区域划分子系统。同时也应把区域综合运输系统作为更大的区域的子系统进行区域协调性研究。为此，本项研究对综合运输系统发展协调性评价主要包括三方面内容：运输方式间的协调性评价、省际协调性评价和市州间发展协调性评价。通过这些评价，促进吉林省综合运输系统向运输方式衔接良好、市州之间协同配合、促进省际要素流动等方向良性发展。

（二）货运运输方式间的协调性评价

原始数据见表 4 - 4。

表 4 - 4　1998 ~ 2011 年吉林省货运指标原始数据

年份	货物周转量（百万吨公里）	铁路	公路	水运	其他运输方式
1998	59094.0	38543.0	7872.2	69.1	12609.69
1999	61781.0	40971.0	8127.7	70.7	12611.63
2000	61204.0	40621.0	8564.4	26.6	11992.08
2001	61394.0	41372.0	8601.0	35.8	11385.19

续表

年份	货物周转量 （百万吨公里）	铁路	公路	水运	其他 运输方式
2002	61552.0	40916.0	9293.5	30.0	11312.48
2003	62017.0	42255.0	9056.6	21.3	10684.12
2004	69917.0	49986.0	9592.9	13.0	10325.09
2005	70825.0	50668.0	9875.0	43.0	10239.00
2006	72212.0	50464.0	10625.3	48.9	11073.73
2007	76403.0	52988.0	12400.1	57.1	10957.82
2008	126425.0	59227.0	56360.0	123.0	10715.00
2009	128300.0	56969.0	59621.2	141.9	11567.98
2010	139194.0	59590.0	68314.0	126.9	11163.06
2011	158169.0	63525.0	81600.0	120.8	12923.25

计算结果如表4-5、表4-6、表4-7、表4-8所示。

（1）以铁路为主体

表4-5　货运运输方式间的协调性评价值（以铁路为主体）

B				yN
1.0e + 005 *				
-0.5903	0.1600	0.0014	0.2522	40971
-0.9982	0.2456	0.0017	0.3721	40621
-1.4082	0.3317	0.0020	0.4860	41372
-1.8197	0.4246	0.0023	0.5991	40916
-2.2355	0.5152	0.0025	0.7060	42255
-2.6967	0.6111	0.0027	0.8092	49986
-3.2000	0.7098	0.0031	0.9116	50668
-3.7056	0.8161	0.0036	1.0223	50464
-4.2229	0.9401	0.0042	1.1319	52988
-4.7840	1.5037	0.0054	1.2391	59227
-5.3650	2.0999	0.0068	1.3547	56969
-5.9478	2.7830	0.0081	1.4664	59590
-6.5633	3.5990	0.0093	1.5956	63525

$A = (0.3856, -0.1757, 146.3481, 1.5137)$

发展系数 $-a = -0.3856$，表明铁路不具备自我发展能力。驱动系数 $b_1 = -0.1757$ 表明铁路发展对公路起到阻碍作用；$b_2 = 146.3481$ 和 $b_3 = 1.5137$ 表明铁路货运对水路货运和其他方式货运起到正向的推动作用。

（2）以公路为主体

表 4 - 6　货运运输方式间的协调性评价值（以公路为主体）

B				yN
$1.0e+005$ *				$1.0e+004$ *
−0.1194	0.7951	0.0014	0.2522	0.8128
−0.2028	1.2013	0.0017	0.3721	0.8564
−0.2887	1.6151	0.0020	0.4860	0.8601
−0.3782	2.0242	0.0023	0.5991	0.9294
−0.4699	2.4468	0.0025	0.7060	0.9057
−0.5631	2.9466	0.0027	0.8092	0.9593
−0.6605	3.4533	0.0031	0.9116	0.9875
−0.7630	3.9580	0.0036	1.0223	1.0625
−0.8781	4.4878	0.0042	1.1319	1.2400
−1.2219	5.0801	0.0054	1.2391	5.6360
−1.8018	5.6498	0.0068	1.3547	5.9621
−2.4415	6.2457	0.0081	1.4664	6.8314
−3.1910	6.8810	0.0093	1.5956	8.1600

$A = (0.2211, 0.2443, 226.6785, -1.4275)$

发展系数 $-a = -0.2211$，表明公路货运不具备自我发展能力。驱动系数 $b_1 = 0.2443$ 和 $b_2 = 226.6785$ 表明公路发展对铁路货运和水路货运起到正向的推动作用；$b_3 = -1.4275$ 表明公路运输对其他运输方式起到阻碍作用。

（3）以水运为主体

发展系数 $-a = 1.1577$，表明水路货运具备自我发展能力。驱动系数 $b_1 = 0.0012$ 表明水路发展对铁路起到正向推动作用；$b_2 = -0.0019$ 和 $b_3 = -0.0065$ 表明水路运输对公路货运和其他运输方式起到阻碍作用。系数大小也表明水路运输对其他各类运输方式作用的大小。

表4-7　货运运输方式间的协调性评价值（以水运为主体）

B				yN
$1.0e+005$ *				
-0.0010	0.7951	0.1600	0.2522	70.7000
-0.0015	1.2013	0.2456	0.3721	26.6000
-0.0018	1.6151	0.3317	0.4860	35.8000
-0.0022	2.0242	0.4246	0.5991	30.0000
-0.0024	2.4468	0.5152	0.7060	21.3000
-0.0026	2.9466	0.6111	0.8092	13.0000
-0.0029	3.4533	0.7098	0.9116	43.0000
-0.0033	3.9580	0.8161	1.0223	48.9000
-0.0039	4.4878	0.9401	1.1319	57.1000
-0.0048	5.0801	1.5037	1.2391	123.0000
-0.0061	5.6498	2.0999	1.3547	141.9000
-0.0074	6.2457	2.7830	1.4664	126.9000
-0.0087	6.8810	3.5990	1.5956	120.8000

$A = (-1.1577, 0.0012, -0.0019, -0.0065)$

（4）以其他运输方式为主体

表4-8　货运运输方式间的协调性评价值（以其他运输方式为主体）

B				yN
$1.0e+005$ *				$1.0e+004$ *
-0.1892	0.7951	0.1600	0.0014	1.2612
-0.3122	1.2013	0.2456	0.0017	1.1992
-0.4291	1.6151	0.3317	0.0020	1.1385
-0.5425	2.0242	0.4246	0.0023	1.1312
-0.6525	2.4468	0.5152	0.0025	1.0684
-0.7576	2.9466	0.6111	0.0027	1.0325
-0.8604	3.4533	0.7098	0.0031	1.0239
-0.9670	3.9580	0.8161	0.0036	1.1074
-1.0771	4.4878	0.9401	0.0042	1.0958
-1.1855	5.0801	1.5037	0.0054	1.0715
-1.2969	5.6498	2.0999	0.0068	1.1568
-1.4106	6.2457	2.7830	0.0081	1.1163
-1.5310	6.8810	3.5990	0.0093	1.2923

$A = (-0.5218, -0.1725, -0.1494, 110.6132)$

发展系数 $-a = 0.5218$，表明其他货运方式具备自我发展能力。驱动系数 $b_1 = -0.1725$ 和 $b_2 = -0.1494$ 表明其他货运方式对铁路货运和公路货运起到阻碍作用；$b_3 = 110.6132$ 表明其他货运方式对水运方式起到很强的推动作用。

（三）客运运输方式间的协调性评价

原始数据如表 4 - 9 所示。

表 4 - 9　2002 ~ 2011 年吉林省客运指标原始数据

年份	旅客周转量（百万人公里）	铁路	公路	水运	其他运输方式
2002	23232.0	13274.0	8416.5	7.0	1534.46
2003	21649.0	11505.0	8841.8	8.1	1294.07
2004	25615.0	14680.0	9002.1	11.8	1921.11
2005	26602.0	15185.0	9279.0	9.0	2129.00
2006	28063.0	16262.0	10024.0	9.1	1767.94
2007	32247.0	18184.0	11249.0	13.5	2800.48
2008	43232.0	19120.0	21290.0	43.0	2779.00
2009	45600.0	19771.0	22858.5	26.6	2943.94
2010	51131.0	20593.0	26958.0	20.1	3559.94
2011	55188.0	22894.0	28653.0	28.2	3612.82

计算结果如表 4 - 10、表 4 - 11、表 4 - 12、表 4 - 13 所示。

（1）以铁路为主体

表 4 - 10　客运运输方式间的协调性评价值（以铁路为主体）

B				yN
$1.0e + 005$ *				
-0.1903	0.1726	0.0002	0.0283	11505
-0.3212	0.2626	0.0003	0.0475	14680
-0.4705	0.3554	0.0004	0.0688	15185
-0.6278	0.4556	0.0004	0.0865	16262
-0.8000	0.5681	0.0006	0.1145	18184
-0.9865	0.7810	0.0010	0.1423	19120
-1.1810	1.0096	0.0013	0.1717	19771
-1.3828	1.2792	0.0015	0.2073	20593
-1.6002	1.5657	0.0018	0.2434	22894

$A = (-0.2459, \ -0.1585, \ -304.5211, \ 2.5870)$

发展系数 $-a = 0.2459$，表明铁路客运具备自我发展能力。驱动系数 $b_1 = -0.1585$ 和 $b_2 = -304.5211$ 表明铁路发展对公路客运和水路客运起到阻碍作用；$b_3 = 2.5870$ 表明铁路客运对其他方式客运起到正向的推动作用。

（2）以公路为主体

表4-11 客运运输方式间的协调性评价值（以公路为主体）

B				yN
1.0e + 005 *				1.0e + 004 *
- 0.1284	0.2478	0.0002	0.0283	0.8842
- 0.2176	0.3946	0.0003	0.0475	0.9002
- 0.3090	0.5464	0.0004	0.0688	0.9279
- 0.4055	0.7091	0.0004	0.0865	1.0024
- 0.5119	0.8909	0.0006	0.1145	1.1249
- 0.6746	1.0821	0.0010	0.1423	2.1290
- 0.8953	1.2798	0.0013	0.1717	2.2858
- 1.1444	1.4857	0.0015	0.2073	2.6958
- 1.4225	1.7147	0.0018	0.2434	2.8653

$A = (-0.1490, 0.7642, 236.2271, -6.7740)$

发展系数 $-a = 0.1490$，表明公路客运具备自我发展能力。驱动系数 $b_1 = 0.7642$ 和 $b_2 = 236.2271$ 表明公路发展对铁路客运和水路客运起到正向的推动作用；$b_3 = -6.7740$ 表明公路客运对其他客运方式起到阻碍作用。

（3）以水运为主体

表4-12 客运运输方式间的协调性评价值（以水运为主体）

B				yN
1.0e + 005 *				
- 0.0001	0.2478	0.1726	0.0283	8.1000
- 0.0002	0.3946	0.2626	0.0475	11.8000
- 0.0003	0.5464	0.3554	0.0688	9.0000
- 0.0004	0.7091	0.4556	0.0865	9.1000
- 0.0005	0.8909	0.5681	0.1145	13.5000
- 0.0008	1.0821	0.7810	0.1423	43.0000
- 0.0011	1.2798	1.0096	0.1717	26.6000
- 0.0014	1.4857	1.2792	0.2073	20.1000
- 0.0016	1.7147	1.5657	0.2434	28.2000

$A = (-0.2928, 0.0008, -0.0005, -0.0034)$

发展系数 $-a = 0.2928$，表明水路客运具备自我发展能力。驱动系数 $b_1 = 0.0008$ 表明水路发展对铁路客运起到正向的推动作用；$b_2 = -0.0005$ 和 $b_3 = -0.0034$ 表明水路客运对公路客运和其他客运方式起到阻碍作用。系数大小也表明水路运输对其他各类运输方式作用的大小。

（4）以其他运输方式为主体

表 4 - 13   客运运输方式间的协调性评价值（以其他运输方式为主体）

B				yN
1.0e + 005 *				1.0e + 003 *
− 0.0218	0.2478	0.1726	0.0002	1.2941
− 0.0379	0.3946	0.2626	0.0003	1.9211
− 0.0581	0.5464	0.3554	0.0004	2.1290
− 0.0776	0.7091	0.4556	0.0004	1.7679
− 0.1005	0.8909	0.5681	0.0006	2.8005
− 0.1284	1.0821	0.7810	0.0010	2.7790
− 0.1570	1.2798	1.0096	0.0013	2.9439
− 0.1895	1.4857	1.2792	0.0015	3.5599
− 0.2254	1.7147	1.5657	0.0018	3.6128

$A = (0.9386, 0.1094, 0.0454, -5.9458)$

发展系数 $-a = -0.9386$，表明其他客运方式不具备自我发展能力。驱动系数 $b_1 = 0.1094$ 和 $b_2 = 0.0454$ 表明其他客运方式对铁路客运和公路客运起到推动作用；$b_3 = -5.9458$ 表明其他客运方式对水运方式起到很强的制约作用。

（四）省际协调性评价

原始数据如表 4 - 14 所示。

表 4 - 14   省际协调性评价原始数据

	2000	2001	2002	2003	2004	2005
吉林	119.10	129.06	138.92	152.27	180.21	208.10
黑龙江	203.13	239.10	264.89	278.32	306.23	318.39
辽宁	350.46	394.50	425.41	495.67	613.03	509.37
内蒙古	142.59	162.79	188.08	216.76	242.96	360.19
	2006	2007	2008	2009	2010	2011
吉林	236.82	275.76	318.84	341.76	373.93	420.98

续表

	2006	2007	2008	2009	2010	2011
黑龙江	325.08	364.63	386.79	433.55	469.31	543.81
辽宁	565.67	642.83	715.17	790.56	926.81	1143.17
内蒙古	426.16	510.42	640.50	773.29	875.61	1040.03

计算结果如表 4 – 15、表 4 – 16、表 4 – 17、表 4 – 18 所示。

（1）以吉林为主体

表 4 – 15　省际协调性评价值（以吉林为主体）

B				yN
$1.0e + 003$ *				
– 0.1836	0.4422	0.7450	0.3054	129.0600
– 0.3176	0.7071	1.1704	0.4935	138.9200
– 0.4632	0.9854	1.6660	0.7102	152.2700
– 0.6295	1.2917	2.2791	0.9532	180.2100
– 0.8236	1.6101	2.7884	1.3134	208.1000
– 1.0461	1.9351	3.3541	1.7395	236.8200
– 1.3024	2.2998	3.9969	2.2500	275.7600
– 1.5997	2.6866	4.7121	2.8905	318.8400
– 1.9300	3.1201	5.5027	3.6637	341.7600
– 2.2878	3.5894	6.4295	4.5394	373.9300
– 2.6853	4.1332	7.5726	5.5794	420.9800

$A = (1.1175, 1.0533, – 0.3339, 0.2866)$

发展系数 $– a = – 1.1175$，表明吉林省交通运输不具备自我发展能力。驱动系数 $b_1 = 1.0533$ 和 $b_3 = 0.2866$ 表明吉林省对黑龙江省和内蒙古自治区交通运输有推动作用；$b_2 = – 0.3339$ 表明吉林省对辽宁省交通运输有一定制约作用。

（2）以黑龙江为主体

发展系数 $– a = – 2.0884$，表明黑龙江省交通运输不具备自我发展能力。驱动系数 $b_1 = 2.0500$ 和 $b_2 = 0.8029$ 表明黑龙江省对吉林省和辽宁省交通运输有推动作用；$b_3 = – 0.6104$ 表明黑龙江省对内蒙古自治区的交通运输有一定制约作用。

表 4 - 16 省际协调性评价值 （以黑龙江为主体）

B				yN
$1.0e+003$ *				
-0.3227	0.2482	0.7450	0.3054	239.1000
-0.5747	0.3871	1.1704	0.4935	264.8900
-0.8463	0.5394	1.6660	0.7102	278.3200
-1.1386	0.7196	2.2791	0.9532	306.2300
-1.4509	0.9277	2.7884	1.3134	318.3900
-1.7726	1.1645	3.3541	1.7395	325.0800
-2.1175	1.4402	3.9969	2.2500	364.6300
-2.4932	1.7591	4.7121	2.8905	386.7900
-2.9033	2.1008	5.5027	3.6637	433.5500
-3.3548	2.4748	6.4295	4.5394	469.3100
-3.8613	2.8958	7.5726	5.5794	543.8100

$A = (2.0884,\ 2.0500,\ 0.8029,\ -0.6104)$

（3）以辽宁为主体

表 4 - 17 省际协调性评价值 （以辽宁为主体）

B				yN
$1.0e+003$ *				$1.0e+003$ *
-0.5477	0.2482	0.4422	0.3054	0.3945
-0.9577	0.3871	0.7071	0.4935	0.4254
-1.4182	0.5394	0.9854	0.7102	0.4957
-1.9726	0.7196	1.2917	0.9532	0.6130
-2.5338	0.9277	1.6101	1.3134	0.5094
-3.0713	1.1645	1.9351	1.7395	0.5657
-3.6755	1.4402	2.2998	2.2500	0.6428
-4.3545	1.7591	2.6866	2.8905	0.7152
-5.1074	2.1008	3.1201	3.6637	0.7906
-5.9661	2.4748	3.5894	4.5394	0.9268
-7.0011	2.8958	4.1332	5.5794	1.1432

$A = (1.5282,\ -4.0379,\ 4.1199,\ 1.1615)$

发展系数 $-a = -1.5282$，表明辽宁省交通运输不具备自我发展能力。驱动系数 $b_2 = 4.1199$ 和 $b_3 = 1.1615$ 表明辽宁省对黑龙江省和内蒙古自治区交通运输有推动作用；$b_1 = -4.0379$ 表明辽宁省对吉林省交通运输有一定制约作用。

（4）以内蒙古为主体

表 4 - 18　省际协调性评价值（以内蒙古为主体）

B				yN
$1.0_e + 003^*$				$1.0e + 003^*$
-0.2240	0.2482	0.4422	0.7450	0.1628
-0.3994	0.3871	0.7071	1.1704	0.1881
-0.6018	0.5394	0.9854	1.6660	0.2168
-0.8317	0.7196	1.2917	2.2791	0.2430
-1.1333	0.9277	1.6101	2.7884	0.3602
-1.5265	1.1645	1.9351	3.3541	0.4262
-1.9947	1.4402	2.2998	3.9969	0.5104
-2.5702	1.7591	2.6866	4.7121	0.6405
-3.2771	2.1008	3.1201	5.5027	0.7733
-4.1015	2.4748	3.5894	6.4295	0.8756
-5.0594	2.8958	4.1332	7.5726	1.0400

$A = (-0.0327, 0.2355, 0.3367, -0.1609)$

发展系数 $-a = 0.0327$，表明内蒙古交通运输具备一定的自我发展能力。驱动系数 $b_1 = 0.2355$ 和 $b_2 = 0.3367$ 表明内蒙古对吉林省和黑龙江省交通运输有推动作用；$b_3 = -0.1609$ 表明内蒙古对辽宁省交通运输有一定制约作用。

（五）市州间发展协调性评价

原始数据如表 4 - 19 所示。

表 4 - 19　市州间发展协调性评价原始数据

	2000	2001	2002	2003	2004	2005
长春	50.27	57.31	64.87	70.26	81.36	90.64
吉林	26.45	28.96	32.27	38.27	41.06	43.40
四平	4.91	5.19	5.72	6.20	6.94	8.43
辽源	2.99	3.29	3.56	3.58	4.61	5.30
通化	10.69	11.85	13.31	13.82	15.17	16.63
白山	6.72	7.49	8.24	9.25	9.67	11.37
松原	5.85	6.44	7.09	8.36	9.43	10.84

续表

	2000	2001	2002	2003	2004	2005
白城	4.99	5.66	6.41	7.35	8.71	9.50
延边	7.45	8.03	8.69	9.49	10.71	11.47

	2006	2007	2008	2009	2010	2011
长春	99.88	109.62	126.01	141.23	167.19	201.68
吉林	50.91	74.63	94.67	109.55	138.48	166.94
四平	9.96	13.36	23.46	32.00	34.13	38.12
辽源	5.61	6.32	7.45	14.28	17.13	18.12
通化	19.29	22.83	26.21	35.31	42.11	52.27
白山	12.26	15.17	20.08	15.32	15.98	19.03
松原	13.05	22.91	32.39	44.94	59.59	84.23
白城	10.96	12.60	18.01	18.70	21.16	23.55
延边	11.57	12.80	14.50	17.87	25.67	29.97

计算结果如下。

（1）以长春为主体

表 4-20　市州间发展协调性评价值（以长春为主体）

B

$1.0e+003$ *

$-0.0789, 0.0554, 0.0101, 0.0063, 0.0225, 0.0142, 0.0123, 0.0107, 0.0155$

$-0.1400, 0.0877, 0.0158, 0.0098, 0.0359, 0.0225, 0.0194, 0.0171, 0.0242$

$-0.2076, 0.1260, 0.0220, 0.0134, 0.0497, 0.0317, 0.0277, 0.0244, 0.0337$

$-0.2834, 0.1670, 0.0290, 0.0180, 0.0648, 0.0414, 0.0372, 0.0331, 0.0444$

$-0.3694, 0.2104, 0.0374, 0.0233, 0.0815, 0.0527, 0.0480, 0.0426, 0.0558$

$-0.4647, 0.2613, 0.0474, 0.0289, 0.1008, 0.0650, 0.0611, 0.0536, 0.0674$

$-0.5694, 0.3360, 0.0607, 0.0353, 0.1236, 0.0802, 0.0840, 0.0662, 0.0802$

$-0.6872, 0.4306, 0.0842, 0.0427, 0.1498, 0.1003, 0.1164, 0.0842, 0.0947$

$-0.8208, 0.5402, 0.1162, 0.0570, 0.1851, 0.1156, 0.1613, 0.1029, 0.1126$

$-0.9750, 0.6787, 0.1503, 0.0741, 0.2272, 0.1315, 0.2209, 0.1241, 0.1383$

$-1.1595, 0.8456, 0.1884, 0.0922, 0.2795, 0.1506, 0.3051, 0.1476, 0.1682$

$yN = [57.3100, 64.8700, 70.2600, 81.3600, 90.6400, 99.8800, 109.6200, 126.0100, 141.2300, 167.1900, 201.6800] \ T$

$A = (1.7830, -0.9909, -4.8053, 6.6307, 4.1093, 4.3190, 1.0850, 8.4637, 0.1279)$

发展系数 $-a = -1.7830$，表明长春市交通运输不具备一定的自我发展能力。驱动系数 $b_1 \sim b_8$ 表明，长春市的交通运输业对辽源、通化、白山、松原、白城、延边具有带动作用，对于吉林、四平两市呈现制约作用。

（2）以吉林为主体

经计算，吉林市 $A = （1.2737，-3.3855，-9.8413，13.8105，7.5514，8.4698，1.7787，15.1117，-1.0355）$。其中，发展系数 $-a = -1.2737$，表明吉林市交通运输不具备一定的自我发展能力。驱动系数 $b_1 \sim b_8$ 表明，吉林市的交通运输业对辽源、通化、白山、松原、白城具有带动作用，对于长春、四平、延边三地呈现制约作用。

（3）以四平为主体

经计算，四平市 $A = （1.4192，-0.5804，-0.3564，2.0257，1.3892，1.4951，0.3629，2.9219，-0.1840）$。其中，发展系数 $-a = -1.4192$，表明四平市交通运输不具备一定的自我发展能力。驱动系数 $b_1 \sim b_8$ 表明，四平市的交通运输业对辽源、通化、白山、松原、白城具有带动作用，对于长春、吉林、延边三地呈现制约作用。

（4）以辽源为主体

辽源市 $A = （1.8333，0.4243，0.2185，1.4024，-0.8728，-0.9310，-0.3007，-2.4370，0.1341）$。其中，发展系数 $-a = -1.8333$，表明其交通运输不具备一定的自我发展能力。驱动系数 $b_1 \sim b_8$ 表明，辽源市的交通运输业对长春、吉林、四平、延边具有带动作用，对于通化、白山、松原、白城四地呈现制约作用。

（5）以通化为主体

通化市 $A = （2.4221，0.9145，0.5044，2.5166，-3.2683，-1.9566，-0.5111，-4.6239，0.2805）$。其中，发展系数 $-a = -2.4221$，表明其交通运输不具备一定的自我发展能力。驱动系数 $b_1 \sim b_8$ 表明，通化市的交通运输业对长春、吉林、四平、延边具有带动作用，对于辽源、白山、白城、松原四地呈现制约作用。

（6）以白山为主体

白山市 $A = （2.7663，0.9589，0.4946，2.7890，-3.8481，-1.8188，-0.7091，-4.3396，-0.1355）$。其中，发展系数 $-a = -2.7663$，表明其

交通运输不具备一定的自我发展能力。驱动系数 $b_1 \sim b_8$ 表明，白山市的交通运输业对长春、吉林、四平具有带动作用，对于辽源、通化、白城、松原、延边五地呈现制约作用。

（7）以松原为主体

松原市 A =（ - 0.7235， - 0.5140，0.0319， - 1.5549，3.9815，1.2125，3.5809， - 1.5133， - 1.2744）。其中，发展系数 - a = 0.7235，表明具备一定的自我发展能力。驱动系数 $b_1 \sim b_8$ 表明，松原市的交通运输业对吉林、辽源、通化、白山具有带动作用，对于长春、四平、白城、延边四地呈现制约作用。

（8）以白城为主体

白城市 A =（2.4809，0.4771，0.2450，1.2489， - 1.4780， - 1.0726，- 1.0207， - 0.2650， - 0.0751）。其中，发展系数 - a = - 2.4809，表明其交通运输不具备一定的自我发展能力。驱动系数 $b_1 \sim b_8$ 表明，白城市的交通运输业对长春、吉林、四平具有带动作用，对于辽源、通化、白山、松原、延边五地呈现制约作用。

（9）以延边为主体

延边朝鲜族自治州 A =（ - 0.4858， - 2.6125， - 1.1326， - 6.8277，10.8036，5.3943，6.4821，1.2580，11.0314）。其中，发展系数 - a = 0.4858，表明其交通运输具备一定的自我发展能力。驱动系数 $b_1 \sim b_8$ 表明，延边朝鲜族自治州的交通运输业对辽源、通化、白山、松原、白城具有带动作用，对于长春、吉林、四平三地呈现制约作用。

（10）以长吉图为主体

发展系数 - a = - 1.5636，表明长吉图区域交通运输不具备一定的自我发展能力。驱动系数 $b_1 \sim b_3$ 表明，长吉图地区交通运输业的发展对东南部地区（通化、白山）和西部地区（松原、白城）具有带动作用，对于南部地区（四平、辽源）呈现制约作用。

（11）以东南地区（通化、白山）为主体

发展系数 - a = - 2.1120，表明东南地区交通运输不具备一定的自我发展能力。驱动系数 $b_1 \sim b_3$ 表明，东南部交通运输业发展对长吉图地区和南部地区具有带动作用，对于西部地区呈现制约作用。

表 4 – 21　市州间发展协调性评价值（以长吉图为主体）

B				yN
1. 0e + 003 *				
– 0. 1313	0. 0367	0. 0164	0. 0229	94. 3000
– 0. 2314	0. 0583	0. 0257	0. 0364	105. 8300
– 0. 3433	0. 0814	0. 0354	0. 0522	118. 0200
– 0. 4689	0. 1062	0. 0470	0. 0703	133. 1300
– 0. 6082	0. 1342	0. 0607	0. 0906	145. 5100
– 0. 7621	0. 1658	0. 0763	0. 1146	162. 3600
– 0. 9418	0. 2038	0. 0960	0. 1502	197. 0500
– 1. 1580	0. 2500	0. 1269	0. 2006	235. 1800
– 1. 4099	0. 3007	0. 1732	0. 2642	268. 6500
– 1. 7099	0. 3588	0. 2244	0. 3449	331. 3400
– 2. 0748	0. 4301	0. 2807	0. 4527	398. 5900

$A = (1.5636, 7.5440, -0.8635, 1.4063)$

表 4 – 22　市州间发展协调性评价值（以东南地区为主体）

B				yN
1. 0e + 003 *				
– 0. 0271	0. 1785	0. 0164	0. 0229	19. 3400
– 0. 0475	0. 2843	0. 0257	0. 0364	21. 5500
– 0. 0698	0. 4023	0. 0354	0. 0522	23. 0700
– 0. 0938	0. 5355	0. 0470	0. 0703	24. 8400
– 0. 1202	0. 6810	0. 0607	0. 0906	28. 0000
– 0. 1500	0. 8433	0. 0763	0. 1146	31. 5500
– 0. 1848	1. 0404	0. 0960	0. 1502	38. 0000
– 0. 2269	1. 2756	0. 1269	0. 2006	46. 2900
– 0. 2754	1. 5442	0. 1732	0. 2642	50. 6300
– 0. 3297	1. 8755	0. 2244	0. 3449	58. 0900
– 0. 3944	2. 2741	0. 2807	0. 4527	71. 3000

$A = (2.1120, 0.4507, 0.3136, -0.4600)$

（12）以南部地区（四平、辽源）为主体

发展系数 $-a = 0.9055$，表明南部地区交通运输具备一定的自我发展能力。驱动系数 $b_1 \sim b_3$ 表明，南部地区的交通运输业对东南部地区和西部地区具有带动作用，对于长吉图地区呈现制约作用。

表 4 - 23　市州间发展协调性评价值（南部地区主体）

B				yN
1. 0e + 003 *				
− 0. 0121	0. 1785	0. 0367	0. 0229	8. 4800
− 0. 0210	0. 2843	0. 0583	0. 0364	9. 2800
− 0. 0306	0. 4023	0. 0814	0. 0522	9. 7800
− 0. 0412	0. 5355	0. 1062	0. 0703	11. 5500
− 0. 0539	0. 6810	0. 1342	0. 0906	13. 7300
− 0. 0685	0. 8433	0. 1658	0. 1146	15. 5700
− 0. 0861	1. 0404	0. 2038	0. 1502	19. 6800
− 0. 1114	1. 2756	0. 2500	0. 2006	30. 9100
− 0. 1500	1. 5442	0. 3007	0. 2642	46. 2800
− 0. 1988	1. 8755	0. 3588	0. 3449	51. 2600
− 0. 2525	2. 2741	0. 4301	0. 4527	56. 2400

$A = (-0.9055, -0.6561, 3.0479, 0.0221)$

（13）以西部地区（松原、白城）为主体

表 4 - 24　市州间发展协调性评价值（西部地区主体）

B				yN
1. 0e + 003 *				
− 0. 0169	0. 1785	0. 0367	0. 0164	12. 1000
− 0. 0297	0. 2843	0. 0583	0. 0257	13. 5000
− 0. 0443	0. 4023	0. 0814	0. 0354	15. 7100
− 0. 0612	0. 5355	0. 1062	0. 0470	18. 1400
− 0. 0805	0. 6810	0. 1342	0. 0607	20. 3400
− 0. 1026	0. 8433	0. 1658	0. 0763	24. 0100
− 0. 1324	1. 0404	0. 2038	0. 0960	35. 5100
− 0. 1754	1. 2756	0. 2500	0. 1269	50. 4000
− 0. 2324	1. 5442	0. 3007	0. 1732	63. 6400
− 0. 3046	1. 8755	0. 3588	0. 2244	80. 7500
− 0. 3988	2. 2741	0. 4301	0. 2807	107. 7800

$A = (-0.6199, -0.4560, 2.1271, -0.0685)$

发展系数 $-a = 0.6199$，表明西部地区交通运输具备一定的自我发展能力。驱动系数 $b_1 \sim b_3$ 表明，西部地区的交通运输业对长吉图地区具有带动作用，对于东南地区和南部地区呈现制约作用。

综合而言，吉林省综合运输系统建设具有如下几个特点。运输方式方面，由于气候、地理等因素，公路、铁路、水路等传统运输方式发展比较稳定，但这些运输方式与航空、管道等新兴运输方式（即其他方式）之间缺乏协调性，这一特点在货运方面表现尤为突出。省际运输方面，由于地理位置、省内需求等因素，吉林省过境运输较大，对邻省的带动作用不足，又因为产业结构相似的原因，邻近地区对吉林省交通需求的带动作用也不足。省内运输方面，从被带动方面看，长春、白城、通化的协调性欠佳；从带动作用看，吉林、辽源、长春的带动作用不平衡。从省内四个主要区域看，东南部（通化、白山）的交通运输协调性差异较大。

二 吉林省综合运输与经济发展适应性评价

1. 评价方法

区域经济与交通运输体系之间存在相互作用、相互促进的机制，但是两者在发展过程中又存在一定的相异性。交通运输体系只有实现与区域经济协调发展才能为区域经济稳步、健康发展提供良好的支撑条件。这是进行适应性评价的前提。以此为基础，课题组采用徐阳博士以陕西省为对象进行适应性评价的模型，即通过主成分分析法确定综合运输发展指数和区域经济发展指数，通过这两个指数应用弹性分析方法计算出弹性系数。当弹性系数 >1 时，表示交通运输体系的发展速度高于区域经济的增长速度；当弹性系数 <1 时，表示交通运输体系的发展速度低于区域经济的增长速度；当弹性系数 =1 时，表示交通运输体系的发展速度等于区域经济的增长速度；当弹性系数出现负值时，表示交通运输与区域经济在增长方面呈现出逆向变动。根据徐阳博士的标准，当弹性系数位于 0.8 ~ 1.2 时，交通运输体系与区域经济之间的关系表现为适应度高；当弹性系数位于 0.6 ~ 0.8 与 1.2 ~ 1.4 时，两者之间的关系表现为适应度较好；当弹性系数位于 0.5 ~ 0.6 与 1.4 ~ 1.5 时，两者之间的关系表现为适应度一般；当弹性系数小于 0.5 或大于 1.5 时，两者之间的关系表现为不适应。在按此标准的基础上，对 2000 ~ 2011 年吉林省综合运输体系与区域经济发展的适应程度进行了具体划分。

2. 评价内容

尽管采用的是徐阳博士的评价模型，但是为了突出区域经济和区域交通之间发展的需要以及区域综合运输和经济效益的特点，课题组采用吉林省九

市州的交通运输业 GDP、公路客货运水平和地区生产总值等指标进行主成分
分析，从投资和经济总量增长两个方面对其与综合运输的适应性进行评价。

表 4 - 25　九市州交通运输业 GDP

单位：亿元

	长春	吉林	四平	辽源	通化	白山	松原	白城	延边
2000	50. 27	26. 45	4. 91	2. 99	10. 69	6. 72	5. 85	4. 99	7. 45
2001	57. 31	28. 96	5. 19	3. 29	11. 85	7. 49	6. 44	5. 66	8. 03
2002	64. 87	32. 27	5. 72	3. 56	13. 31	8. 24	7. 09	6. 41	8. 69
2003	70. 26	38. 27	6. 20	3. 58	13. 82	9. 25	8. 36	7. 35	9. 49
2004	81. 36	41. 06	6. 94	4. 61	15. 17	9. 67	9. 43	8. 71	10. 71
2005	90. 64	43. 40	8. 43	5. 30	16. 63	11. 37	10. 84	9. 50	11. 47
2006	99. 88	50. 91	9. 96	5. 61	19. 29	12. 26	13. 05	10. 96	11. 57
2007	109. 62	74. 63	13. 36	6. 32	22. 83	15. 17	22. 91	12. 60	12. 80
2008	126. 01	94. 67	23. 46	7. 45	26. 21	20. 08	32. 39	18. 01	14. 50
2009	141. 23	109. 55	32. 00	14. 28	35. 31	15. 32	44. 94	18. 70	17. 87
2010	167. 19	138. 48	34. 13	17. 13	42. 11	15. 98	59. 59	21. 16	25. 67
2011	201. 68	166. 94	38. 12	18. 12	52. 27	19. 03	84. 23	23. 55	29. 97

表 4 - 26　九市州地区生产总值

单位：亿元

	长春	吉林	四平	辽源	通化	白山	松原	白城	延边
2000	861. 00	401. 29	156. 63	67. 11	142. 27	85. 01	155. 78	73. 26	127. 36
2001	1003. 01	446. 44	179. 43	63. 70	158. 05	93. 61	178. 01	83. 29	142. 51
2002	1139. 18	505. 08	199. 99	69. 71	174. 13	100. 32	195. 25	102. 02	154. 97
2003	1229. 56	511. 24	242. 39	85. 89	195. 69	112. 14	240. 88	121. 02	176. 55
2004	1395. 55	577. 70	277. 54	100. 06	217. 80	128. 63	284. 72	137. 00	194. 20
2005	1508. 59	629. 69	330. 71	137. 08	233. 63	160. 48	365. 55	152. 19	212. 15
2006	1741. 19	728. 83	380. 17	171. 61	284. 74	191. 90	473. 68	190. 04	245. 23
2007	2089. 09	1008. 01	475. 25	216. 50	353. 63	237. 45	607. 35	228. 61	307. 36
2008	2561. 90	1300. 09	596. 55	271. 19	447. 33	300. 35	806. 72	290. 72	379. 78
2009	2848. 56	1500. 48	658. 59	336. 18	518. 00	356. 63	900. 83	353. 36	450. 34
2010	3329. 03	1800. 64	779. 55	410. 14	627. 08	433. 17	1102. 85	445. 18	534. 11
2011	4003. 08	2208. 05	984. 60	500. 49	780. 23	531. 43	1360. 97	554. 58	652. 17

表 4 – 27　九市州公路客运周转量

单位：万人

	长春	吉林	四平	辽源	通化	白山	松原	白城	延边
2000	24.0	8.4	8.3	4.4	7.1	3.1	8.1	2.6	10.6
2001	24.1	9.4	8.6	4.4	7.3	3.6	8.5	2.7	10.9
2002	25.7	10.6	9.2	4.5	7.6	4.0	8.6	2.9	11.0
2003	24.2	11.8	9.0	4.2	7.8	4.9	8.6	3.1	10.8
2004	25.2	13.4	9.8	4.6	8.1	4.9	9.0	3.2	11.7
2005	26.0	13.7	10.0	4.6	8.7	5.1	9.0	3.5	12.2
2006	27.3	15.4	10.4	4.9	9.2	5.2	10.8	4.2	12.9
2007	29.0	17.1	11.4	5.2	10.3	7.1	14.5	4.5	13.4
2008	39.5	33.6	15.5	6.9	37.0	24.2	19.4	8.7	28.0
2009	42.8	35.2	18.6	7.9	34.5	28.3	23.9	9.0	28.5
2010	45.0	44.0	20.5	8.1	35.7	30.5	34.1	10.4	41.2
2011	47.6	46.1	21.8	8.6	37.2	31.5	36.9	10.7	46.3

表 4 – 28　九市州公路货运周转量

单位：万吨

	长春	吉林	四平	辽源	通化	白山	松原	白城	延边
2000	32.8	5.6	8.7	2.9	9.1	8.7	3.7	1.9	12.4
2001	31.8	5.7	8.9	2.9	9.4	9.7	3.7	2.1	11.7
2002	33.6	5.9	9.3	2.9	9.7	11.8	5.6	2.3	11.8
2003	33.2	6.5	9.3	2.9	9.6	9.9	5.6	2.7	11.0
2004	34.8	8.0	9.8	3.2	10.1	9.7	5.7	3.1	11.5
2005	35.7	8.3	10.0	3.2	11.1	9.5	5.9	3.3	11.8
2006	37.1	10.5	10.6	3.4	11.7	9.6	7.1	3.8	12.6
2007	39.0	14.2	11.5	4.1	12.2	15.5	9.7	4.1	13.6
2008	159.8	89.8	119.6	20.0	27.3	25.2	82.7	13.9	25.3
2009	183.9	115.5	105.3	24.0	33.0	32.3	58.2	15.5	28.4
2010	203.0	136.3	114.9	22.9	33.7	34.4	79.9	17.1	41.1
2011	254.7	163.7	135.0	23.7	40.5	35.8	95.9	18.2	48.6

3. 主成分分析结果

（1）交通运输业 GDP

利用 matlab 中主成分分析函数：[coeff，score，latent] = princomp（X）

对九市州交通运输业 GDP 进行分析得到如下结果：

$$
\begin{aligned}
\text{Coeff} = [&0.6292 \quad 0.7134 \quad -0.2287 \quad 0.0939 \quad -0.0724 \quad 0.0145 \quad -0.0052 \quad -0.1198 \quad 0.1193; \\
&0.6354 \quad -0.3650 \quad 0.4269 \quad -0.3042 \quad 0.4090 \quad 0.1133 \quad 0.0213 \quad -0.0601 \quad 0.0644; \\
&0.1675 \quad -0.1830 \quad 0.4157 \quad 0.6842 \quad -0.3466 \quad -0.1679 \quad -0.0095 \quad 0.0948 \quad 0.3744; \\
&0.0730 \quad -0.0889 \quad -0.0710 \quad 0.4641 \quad 0.2818 \quad 0.0447 \quad -0.5870 \quad -0.2905 \quad -0.5059; \\
&0.1801 \quad -0.1006 \quad -0.2017 \quad 0.2388 \quad 0.0110 \quad 0.5162 \quad 0.1854 \quad 0.6962 \quad -0.2721; \\
&0.0533 \quad 0.1905 \quad 0.3862 \quad -0.3550 \quad -0.4156 \quad -0.1362 \quad -0.5208 \quad 0.3888 \quad -0.2683; \\
&0.3396 \quad -0.5102 \quad -0.5067 \quad -0.1484 \quad -0.5388 \quad -0.1285 \quad -0.0496 \quad -0.1723 \quad -0.0815; \\
&0.0861 \quad 0.0801 \quad 0.2566 \quad 0.0886 \quad -0.1212 \quad -0.3259 \quad 0.5864 \quad -0.1354 \quad -0.6553; \\
&0.0949 \quad -0.0576 \quad -0.2742 \quad 0.0467 \quad 0.3874 \quad -0.7410 \quad -0.0545 \quad 0.4525 \quad 0.0589];
\end{aligned}
$$

$$
\text{Latent} = 1000 \times [5.4260 \quad 0.0412 \quad 0.0156 \quad 0.0059 \quad 0.0021 \quad 0.0005 \quad 0.0000 \quad 0.0000 \quad 0.0000]'
$$

其中，第一主成分能够解释九市州交通运输业生产总值 98.8% 的变化。为此，可以确定九市州交通运输业 GDP 的第一主成分函数为：

$$
X = 0.6292X_1 + 0.7134X_2 - 0.2287X_3 + 0.0939X_4 - 0.0724X_5 + \\
0.0145X_6 - 0.0052X_7 - 0.1198X_8 + 0.1193X_9
$$

（2）地区生产总值

同样方法对九市州地区生产总值进行分析得到如下结果：

$$
\begin{aligned}
\text{Coeff} = [&0.7620 \quad 0.4989 \quad -0.3538 \quad 0.1013 \quad -0.1759 \quad -0.0176 \quad -0.0212 \quad -0.0150 \quad 0.0558; \\
&0.4543 \quad -0.8207 \quad -0.1338 \quad 0.2666 \quad 0.0724 \quad -0.0889 \quad -0.1049 \quad 0.0814 \quad -0.0180; \\
&0.2007 \quad 0.1709 \quad 0.2283 \quad -0.1083 \quad 0.8618 \quad -0.3277 \quad -0.0869 \quad 0.0926 \quad -0.0196; \\
&0.1116 \quad -0.0541 \quad 0.3392 \quad -0.3219 \quad -0.3733 \quad -0.5407 \quad 0.0474 \quad 0.3475 \quad 0.4596; \\
&0.1564 \quad -0.1490 \quad -0.0213 \quad -0.4003 \quad 0.2040 \quad 0.4877 \quad 0.2576 \quad -0.2820 \quad 0.6061; \\
&0.1119 \quad -0.0647 \quad 0.1941 \quad -0.2720 \quad -0.1535 \quad -0.2399 \quad -0.4216 \quad -0.7681 \quad -0.1512; \\
&0.3048 \quad 0.0553 \quad 0.8014 \quad 0.2251 \quad -0.1169 \quad 0.3922 \quad 0.0921 \quad 0.0485 \quad -0.1810; \\
&0.1165 \quad -0.0725 \quad -0.0841 \quad -0.6474 \quad -0.0421 \quad 0.3188 \quad -0.3776 \quad 0.4191 \quad -0.3652; \\
&0.1293 \quad -0.1039 \quad -0.0471 \quad -0.3153 \quad -0.0339 \quad -0.2030 \quad 0.7639 \quad -0.1277 \quad -0.4781];
\end{aligned}
$$

$$
\text{Latent} = 10^{\wedge}6 \times [1.7390 \quad 0.0024 \quad 0.0005 \quad 0.0002 \quad 0.0001 \quad 0.0000 \quad 0.0000 \quad 0.0000 \quad 0.0000]'
$$

其中，第一主成分能够解释九市州地区生产总值 99.8% 的变化。为此，可以确定九市州 GDP 的第一主成分函数为：

$$
Y = 0.7620Y_1 + 0.4989Y_2 - 0.3538Y_3 + 0.1013Y_4 - 0.1759Y_5 \\
- 0.0176Y_6 - 0.0212Y_7 - 0.0150Y_8 + 0.0558Y_9
$$

（3）公路客运周转量

同样方法对九市州公路客运周转量进行分析得到如下结果：

Coeff = [0.3042　0.0466　−0.3462　0.1653　−0.5022　−0.5839　−0.2003　0.3247　0.1393；

0.4653　−0.0757　−0.2589　−0.7825　0.2324　0.0460　0.0666　0.1127　0.1585；

0.1640　−0.0783　−0.2949　0.0850　0.1357　−0.3381　0.4679　−0.3353　−0.6393；

0.0553　0.0035　−0.0905　0.0881　−0.0741　−0.1343　0.2419　−0.6829　0.6577；

0.4472　0.6697　0.3414　−0.0151　−0.3377　0.2302　0.2175　−0.0625　−0.1282；

0.3946　0.2463　−0.2237　0.5023　0.6374　0.1018　−0.1997　0.0914　0.1284；

0.3380　−0.5271　−0.2205　0.2607　−0.3467　0.5995　0.1025　0.0110　−0.0337；

0.1069　0.0345　−0.0858　−0.1404　−0.1116　0.0586　−0.7580　−0.5383　−0.2830；

0.4239　−0.4447　0.7039　0.0720　0.1300　−0.3135　−0.0762　−0.0299　0.0015]；

Latent = [902.0000　18.4748　2.4957　1.1708　0.4568　0.3068　0.0116　0.0085　0.0008]′

其中，第一主成分能够解释九市州公路客运周转量 97.5% 的变化。为此，可以确定九市州客运周转量的第一主成分函数为：

$$Z = 0.3042Z_1 + 0.0466Z_2 - 0.3462Z_3 + 0.1653Z_4 - 0.5022Z_5 - 0.5839\,Z_6$$
$$- 0.2003\,Z_7 + 0.3247\,Z_8 + 0.1393\,Z_9$$

（4）公路货运周转量

同样方法对九市州货运周转量进行分析得到如下结果：

Coeff = [0.6770　−0.2972　−0.0166　−0.5699　0.2876　0.0725　−0.0658　−0.1886　0.0212；

0.4852　−0.4179　−0.0230　0.5025　−0.4036　−0.1336　−0.2501　0.2947　−0.0823；

0.4300　0.6644　−0.3819　−0.0044　−0.2537　0.2178　0.2040　0.1909　0.1947；

0.0763　0.0498　−0.3358　0.1944　−0.1353　−0.0228　0.1080　−0.6812　−0.5888；

0.0948　−0.0577　−0.1186　0.0233　0.2590　−0.6207　0.6420　0.2852　−0.1650；

0.0864　−0.0670　−0.2008　0.5445　0.7047　0.3742　0.0277　0.0097　0.1173；

0.2933　0.4953　0.6706　0.1934　0.2119　−0.2165　−0.1921　−0.0882　−0.2122；

0.0530　0.0131　−0.0856　0.1810　−0.0314　−0.4627　−0.0635　−0.4946　0.7023；

0.1017　−0.1993　0.4787　0.1328　−0.2494　0.3777　0.6527　−0.2081　0.1703]；

Latent = 10000 × [1.5451　0.0134　0.0021　0.0008　0.0002　0.0001　0.0000　0.0000　0.0000]′

其中，第一主成分能够解释九市州货运周转量 98.9% 的变化。为此，可以确定九市州货运周转量的第一主成分函数为：

$$A = 0.6770A_1 - 0.2972A_2 - 0.0166A_3 - 0.5699A_4 + 0.2876A_5 +$$

$$0.0725\ A_6\ -0.0658\ A_7\ -0.1886\ A_8\ +\ 0.0212\ A_9$$

（5）X、Y、Z、A 的第一主成分值

根据前面四个指标的第一主成分函数，确定各年度四个指标的第一主成分值如下（见表 4 - 29）。

表 4 - 29 主成分分析结果

	X	Y	Z	A
2000	49.241205	783.85191	12.58	21.62058
2001	55.338582	903.47338	12.38	21.06639
2002	62.251509	1026.9274	13.16	22.21854
2003	69.769344	1081.4567	12.02	21.62419
2004	78.556733	1225.7358	12.00	22.11543
2005	85.696733	1318.4655	12.60	22.81815
2006	96.193224	1520.6113	12.77	22.99409
2007	118.217463	1883.0325	13.28	23.18559
2008	139.954703	2332.9541	22.65	70.27051
2009	158.361017	2623.5752	23.02	80.4362
2010	195.191097	3082.6203	21.56	86.60958
2011	235.783198	3706.9136	22.82	113.5496

4. 弹性分析

利用弹性分析公式：

$$E = [\ (Y_2 - Y_1)/(X_2 - X_1)\ ] \times [\ (X_2 + X_1)/(Y_2 + Y_1)\ ]$$

计算 X、Z、A 三个指标与区域经济发展的弹性系数如表 4 - 30 所示。

表 4 - 30 弹性分析结果一

	EX	EZ	EA	$E\ (Z + A)$
2001	1.22	-9.00	-5.46	-6.39
2002	1.09	2.10	2.40	2.28
2003	0.45	-0.57	-1.91	-1.02
2004	1.06	-114.82	5.57	8.86
2005	0.84	1.49	2.33	1.94

续表

	EX	EZ	EA	E（Z + A）
2006	1.23	11.15	18.54	15.00
2007	1.04	5.34	25.68	10.82
2008	1.27	0.41	0.21	0.24
2009	0.95	7.30	0.87	1.09
2010	0.77	-2.46	2.18	3.61
2011	0.98	3.24	0.68	0.80

进一步计算 Z、A 两个指标与区域交通经济发展的弹性系数如表 4-31 所示。

表 4-31 弹性分析结果二

	TZ	TA	T（Z + A）
2001	-7.40	-4.49	-5.25
2002	1.93	2.21	2.09
2003	-1.25	-4.20	-2.26
2004	-108.78	5.28	8.40
2005	1.78	2.78	2.32
2006	9.03	15.03	12.15
2007	5.15	24.77	10.44
2008	0.32	0.17	0.19
2009	7.68	0.91	1.15
2010	-3.19	2.82	4.67
2011	3.32	0.70	0.82

结论。（1）交通经济与区域经济之间具有较强的适应性。2001~2011 的 11 年间，弹性系数位于 0.8~1.2 的有 6 个年度；位于 0.6~0.8 与 1.2~1.4 的有 4 个年度；只有 1 个年度位于 0.5 以下，表现为不适应的状态。（2）公路经济与区域经济之间适应性欠缺，但欠缺程度有所减缓。2001~2011 的 11 年间，不论是公路货运还是客运，抑或两者合计，弹性系数位于 0.6~1.4 期间的屈指可数，仅有 4 个指标。但是，也可以看出公路经济与区域经济之间的适应性欠缺程度有所减缓，弹性系数指标正逐渐

向 1 这一平衡点趋近。公路经济与运输经济之间的适应性也表现出同一趋势。

第四节　综合运输系统发展存在的问题及战略思路

一　存在的问题

综上分析表明，吉林省综合运输系统建设在运输行业发展本身、运输系统内部协调、运输系统与经济系统适应性等方面存在着如下几个方面的不足。

（一）交通运输行业存在的共性问题

一是交通运输服务水平难以满足运输需求结构和消费结构升级的需要。加快转变发展方式必将加速产业结构、产品结构的优化升级，高附加值货物运量进一步增加，要求提供安全、快速和可靠的货运服务，构建低成本、高效率的现代物流体系，以满足对运输速度、质量、服务品质的新要求。民用汽车保有量的快速增加，人均乘用交通工具次数明显增加，对运输服务的安全性、舒适性、快捷性等都提出了更高要求，尤其是东部山区、边境地区群众出行需求将进一步增加，提高基本公共运输服务均等化水平将成为交通运输发展的重要任务。现有的交通运输服务水平往往局限在解决已有需求上，在满足经济社会未来发展方面缺乏前瞻性和战略性部署，无疑将导致交通运输服务水平难以满足运输需求结构和消费结构升级的需要并制约经济社会发展，在交通运输和经济发展之间形成恶性循环。

二是科学技术对交通运输行业的支撑引领作用不足。科技进步和信息化发展势头迅猛，物联网、云计算等新一代信息技术的出现，将极大地增强交通运输的协调发展能力，同时由于新技术带来的新产品，也对交通运输的快捷性、安全性等方面提出了更高的要求。交通运输基础设施、交通运输设备、交通运输信息化管理等各个环节都亟待新兴科技技术的融合和支撑。但是我们也必须看到，交通运输行业的科技创新及科技创新体系建设，不是孤立的系统，是开放的、是和其他创新系统伴生的，是需要基础研究、应用研究、成果转化等多个环节共同支撑的。在全国科技创新系统亟待深化改革之际，如何强化科技系统与交通系统的衔接、融合也是当务之急。

三是能耗和生态问题亟须破解。加快构建绿色交通运输体系，是建设资源节约型、环境友好型社会中的一项重要任务。交通运输行业是能源资源消费和温室气体排放的重点领域之一，根据国家对节能减排的总要求，交通运输业节能减排的任务非常艰巨；交通运输发展面临的土地、岸线等资源紧缺的刚性约束将进一步强化，环境和生态保护任务更加繁重，推进资源节约和环境保护，促进经济发展模式向高能效、低能耗、低排放模式转型，对交通运输绿色发展提出了更加迫切的要求。

四是交通安全日益受到重视。经济社会快速发展和人民生活水平提高，机动化水平迅速提升，交通流量进一步增大，营运车船及从业人员数量增长，对交通运输安全保障提出了更高的要求。全球气候变暖、极端恶劣天气不断增多，由此引发重特大自然灾害，势必对交通基础设施及运输安全构成严重威胁。社会结构深刻变动、利益格局深刻调整，社会矛盾和突发事件明显增多，公共安全和应急管理工作面临的形势更加严峻，对交通运输安全应急保障和反应能力提出了更高要求。因此，要建立健全应急管理组织体系，完善应急预案，加强应急队伍建设，切实强化交通运输安全和应急保障能力建设。

五是行业发展的质量和效益不高等其他问题。如交通基础设施建设与养护资金不足的双重压力进一步凸显区域运输发展不够平衡，交通运输服务均等化仍需努力，运输能力和服务品质亟待提高，体制机制障碍较多，综合运输体系建设任重道远，行业管理能力还不适应新形势新任务，交通执法中还存在着不规范现象和腐败现象等。

（二）综合运输系统内部协调性不足

在内部协调性不足方面，一方面如前面分析所指出的方式不协调、区域不协调等问题，包括公路、铁路、水路等传统运输方式发展比较稳定，但这些运输方式与航空、管道等新兴运输方式（即其他方式）之间缺乏协调性，这一特点在货运方面表现尤为突出。省际运输方面，由于地理位置、省内需求等因素，吉林省过境运输较大，对邻省的带动作用不足，又因为产业结构相似的原因，邻近地区对吉林省交通需求的带动作用也不足。省内运输方面，从被带动方面看，长春、白城、通化的协调性欠佳，从带动作用看，吉林、辽源、长春的带动作用不平衡。从省内四个主要区域看，东南部（通化、白山）的交通运输协调性差异较大。此外，供需不协调、主体建设不协调和制度设计不协调等问题亦十分突出。首先，运输系统内部供需之间的不协调主要表现在投资与消费之间的不协调，2012 年交通运输业 430 亿元增加值中，根据城乡居民消费中交通消费的比重进行估计，交通运输业的居民消费只有 210 亿元左右，如考虑政府消费情况，交通运输业的最终消费将达到 300 亿元左右，相比之下资本形成总额仅为 130 亿元左右。而从全省目前看，最终消费与资本形成额之间的比例是 1∶2 左右。可见交通运输业的投资消费与全省发展不相适应，投资水平远远不足，没有发挥出投资拉动效应。其次，运输系统内部主体建设方面的不协调，也就是政府和企业发挥的作用不协调。有关研究表明，政府身兼"裁判员"和"运动员"双重角色，作为交通运输服务的主要供给者直接参与到交通运输生产活动中，极大地削弱了企业主体在综合运输系统中的地位，造成综合运输系统结构优化内生动力的"先天缺陷"。特别是交通运输硬件设施发展到一定规模后，这一问题更为凸显。相应地，政府"越位"行为还导致基础设施建设依赖性强、投资监管更为困难等问题。这些问题在吉林省这样的相对欠发达地区表现得更为严重而且有越发严重的趋势。还有，运输系统内部制度设计的不协调。铁路部门、航空部门从上到下垂直管理，吉林省铁建办设在发改委而不是交通部门，交通运输管理部门主要负责公路、水路管理，在铁路建设方面省交通厅负责的是协调推进铁路项目穿跨越国省干线公路、内河的方案审查、审批工作，这样的制度设计不可避免地使综合运输系统建设遇到协调性不足的问题。

（三）综合运输系统与经济、社会系统适应性不强

综合运输系统建设属于供给范畴，其目的是最大限度地满足由于经济社会快速发展带来的日益增长的运输需求。从现实看，运输系统的完备程度与经济发展程度总是相对应的。但从另一角度看，运输系统的发展由于其自身的准公共属性，依赖于政府的规划引导和投资建设，而经济发展程度则主要取决于市场配置资源的水平。这一现象与当前政府部门自身建设水平和市场化意识不足相结合，就产生了第一个问题——运输系统与市场经济体制发展不相适应。进而产生了第二个问题，由于政府考核制度等的局限和政绩的需要，运输系统重"交"不重"运"，运输线路长度不断增长、优化，但是运输总体水平上升不快，货运量的增长速度明显低于公路

长度的增长速度。再者，在规划构建综合运输系统的过程中，尽管也积极地考虑了经济、社会的发展需要，但是经济社会发展一方面具有不确定性，很难进行准确预测，另一方面不同区域之间经济社会发展的联系程度不同，作为跨区域的综合运输系统不可能全面满足不同地区的运输偏好和需求。最后，行政化的运输管理服务和市场化的运输行为本身之间也存在着不适应的问题，如行政化的运输管理服务可能导致"寻租"的存在，而市场化的运输行为可能导致非正常的逐利行为，这些可能存在的现象都将制约综合运输系统建设。

二 战略思路

（一）总体背景

党的十八届三中全会通过的《中共中央关于全面深化改革若干重大问题的决定》指出，"全面深化改革的总目标是完善和发展中国特色社会主义制度，推进国家治理体系和治理能力现代化。必须更加注重改革的系统性、整体性、协同性，加快发展社会主义市场经济、民主政治、先进文化、和谐社会、生态文明，让一切劳动、知识、技术、管理、资本的活力竞相迸发，让一切创造社会财富的源泉充分涌流，让发展成果更多更公平惠及全体人民。""紧紧围绕使市场在资源配置中起决定性作用深化经济体制改革，坚持和完善基本经济制度，加快完善现代市场体系、宏观调控体系、开放型经济体系，加快转变经济发展方式，加快建设创新型国家，推动经济更有效率、更加公平、更可持续发展"。上述内容指出了完善吉林省综合运输系统的两大背景因素，一是必须全面改革交通运输体制；二是必须强化市场机制作用。这是解决吉林省综合运输系统存在问题的前提。

2014 年全国交通运输工作会议提出的"集中力量加快推进'四个交通'发展"是大趋势。综合交通是核心，全面提升运输能力；智慧交通是关键，增强交通通畅和统筹水平；绿色交通是引领，保障交通运输的经济社会效益；平安交通是基础，支撑可持续发展和和谐社会建设。"四个交通"相互关联，相辅相成，共同构成了推进交通运输现代化发展的有机体系。从运输系统角度看，"四个交通"又都是综合运输系统建设的重要内容，在突出综合运输的目的性的同时，指出了信息技术、低碳技术、安全技术对于综合运输系统的重要性，只有将这些关键技术手段融入交通运输系统建设中，使之一体化发展，才能构建起满足未来一段时间需要的综合交通系统，当然也就完成了加快推进"四个交通"的重要任务。

与吉林省实际相结合，在上述基础上，还要考虑协同交通、民生交通、文明交通的重要性。协同交通是基于智慧交通的衍生产品，依托信息技术，在不同区域、不同运输方式之间实现无缝连接，最大化的协同交通运输资源以满足交通运输需求。民生交通是积极服务群众需求，按照便民出行、便民生活等原则，在与人民生活密切相关的生活物资运输、客运需求、公交需求等方面加大资金政策投入，适度超前的满足民生发展需要。文明交通是指积极倡导符合社会主义价值观的交通通行方式，把车让人、公交优先、秩序通行等现代文明理念纳入交通治理体系，逐步构建交通运输的行为规范，从而支撑综合运输系统的健全发展。

(二) 主要思路

基于上述背景分析，笔者认为吉林省综合运输系统优化应遵循如下48字的思路：制度创新引领，市场配置资源；培育企业主体，营造公平环境；"七个交通"并举，推进系统支撑；强化需求导向，质量绩效优先。

制度创新引领，市场配置资源。深化交通运输体制综合改革，推进解决深层次矛盾和体制性问题。要坚持社会主义市场经济的改革方向，增强交通运输改革的系统性、整体性、协同性。要深入研究全面深化交通运输体制改革的顶层设计和总体规划，处理好改革、发展和稳定的关系，处理好政府和市场的关系，处理好当前和长远、局部和全局的关系。要进一步深化重点领域改革，加快构建交通运输的大部门体制框架，稳妥推进有利于综合运输体系建设的改革，充分发挥各种运输方式的比较优势，形成高效运行、相互衔接、协调发展的新格局。要完善交通建设可持续发展的资金保障机制，拓展融资渠道，吸引社会资本参与交通建设。

培育企业主体，营造公平环境。企业是市场的主体，是发挥市场机制作用的基础平台。从长期看，交通运输业发展要依靠龙头企业引领，要依靠民营企业、中小企业支撑，交通运输的各种服务要依靠企业走专精化之路，智慧交通、绿色交通、民生交通都有赖于发挥企业的主体作用。发挥企业主体作用，还有赖于营造公平竞争的市场环境，需要建设依法行政、廉洁高效的政府交通运输部门，按照完善开放型经济体系要求，提高服务质量和办事效率，营造公平公正公开的市场环境。

"七个交通"并举，推进系统支撑。构建以综合交通为核心，智慧交通、绿色交通、平安交通、协同交通、民生交通、文明交通为支撑框架的综合运输系统框架（如图4-4），实现综合运输系统从硬件到软件、从物质到意识、从供给到需求、从单一到综合的系统支撑和全面发展。

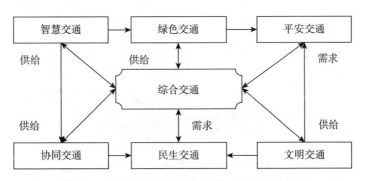

图4-4 基于"七个交通"的综合运输系统框架

强化需求导向，质量绩效优先。推动经济社会发展和改善民生的需要，是发展综合运输系统的根本目的。要紧密关注生产生活重大事件和重大项目的进展，及时配置运输资源，满足运输需求。要进一步抓好安全交通，提高交通运输安全监管和应急保障能力。要统筹城乡区域交通运输协调发展，不断提高农村、边远地区交通运输基本公共服务水平。要切实提高行业管理科学化水平，按照全面建成小康社会的需要，建立服务质量和经济效益导向兼顾的考核制度，切实提高综合运输系统建设水平。要加大力度研究交通运输业发展趋势和交通运输需求的未来变化，科技引领、适度超前、稳中求进，提高基础设施的耐久性和可靠性，尽力满足未来交通运输需求。

三 规划构想

按照上述思路，依据区域增长极理论、一体化理论和区域综合运输广义网络规划理论等，在综合运输系统的目标框架、管理运营、支撑体系和区域布局方面提出如下规划构想。

（1）综合运输系统的目标框架（详见图4-5）。

（2）综合运输系统的管理运营（详见图4-6）。

（3）综合运输系统的支撑体系（详见图4-7）。

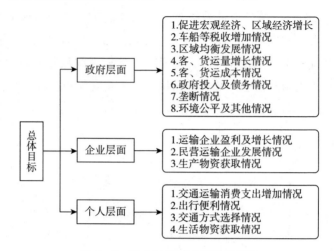

图4-5 综合运输系统的目标框架

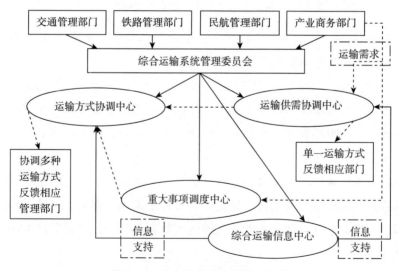

图4-6 综合运输系统的管理运营

（4）综合运输系统的区域布局。区域布局要强调交通枢纽、交通节点和交通带建设。具体包括：一个特大交通枢纽（长春），一个大型交通枢纽（吉林），五个中型交通枢纽（白城、松原、四平、通化、延吉），谋划打造若干重要交通节点（大安、太平川、双辽、扶余、梅河口、敦化、长

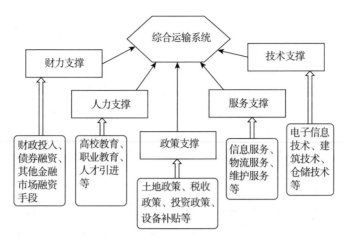

图 4 - 7　综合运输系统的支撑体系

白山）。交通带包括：一是东西大通道（白城—松原—长春—吉林—延边）；二是南北大通道（四平—长春—扶余）；三是东南大通道（长春—辽源—通化—白山）。未来应构建两条支线，一是松原—扶余—榆树—舒兰—蛟河的东西大通道支线；二是白城—双辽—四平—梅河口—长白山—延吉的交通支线。

第五节　推动综合运输系统发展的对策建议

一　以运输需求为导向，重构运输系统

根据运输需求质量"双提升"重构运输系统。运输需求质量"双提升"要求提高运输规模和服务水平，提高交通运输的便捷化程度，同时要降低运输的物质能耗和制度成本。为此，一是要对运输需求进行全面调查和分析，确定省内运输和过境运输需求的比重，确定省内运输的现有规模、区域结构、行业结构和未来前景，确定不同运输方式的供需关系。二是根据调查分析结果及时调整运输资源结构，制定运输系统重构的具体方案或综合运输系统的发展规划。三是以经济区域为范围建立关于运输需求的监测站，对运输需求进行实时监测，并按照运输需求配置运输资源、规划运输线路、设计运输模式等。

根据交通运输绿色发展需求重构运输方式。加快发展轨道交通等资源

节约型、环境友好型运输方式。鼓励轨道交通、公路等共用线位、桥位资源，减少土地和空间占用；改扩建项目优先于新建项目；推广使用先进适用的节能技术，逐步淘汰高耗能、低效率等落后的技术和设备，实施营运车船燃料排放消耗限值标准，推广清洁环保车辆。合理设计交通线路走向和场站选址，避绕水源保护区、自然保护区等生态环境敏感地区，做好地形、地貌、生态环境恢复和土地复垦工作，提高建设、运营、养护等过程中废气、废水和废弃物的循环使用和综合利用水平，加快推行运输工具的烟气脱硫除尘、尾气净化。

二 以科学技术为依托，提高运输效率

提升交通运输技术和装备水平。加强现代交通技术研发和应用，在全面提高交通基础设施水平的同时，加快运输装备和生产工艺的技术进步。加快既有铁路电气化改造，提升铁路先进装备的安全性和可靠性，提高铁路开行动车组、空调客车、专用货车比例。积极发展公路专用运输车辆、大型厢式货车、多轴重载大型车辆和城市配送车辆，推进客货运车辆结构升级和节能化进程，加快老旧车辆更新。积极采用先进成熟的民航技术装备，提升机场通信导航、空管、机务维修、地面服务设施等保障能力和水平，积极引进支线飞机和通用飞机。

推进交通运输相关领域科技成果的转化。支持一汽、长客等企业交通设备制造业的最新科技成果转化为先进产品，并在吉林省公共交通、轨道交通以及地方铁路线上首先应用；支持启明等省内软件企业开发交通运输信息软件或车载导航软件；支持省内建筑企业转化适合寒冷地区使用的建材类科技成果并应用于高速公路、普通公路等道路建设；交通部门加大与科技部门和产业部门的合作，支持吉林大学、交通科学研究所等高校和科研机构相关科研成果在省内直接转化和快速应用。

强化信息技术对综合运输系统的支撑。加强综合交通运输公共信息平台建设，逐步建立各种交通运输方式间的信息采集、交换和共享机制。积极推动客货运输票务、单证等联程联网系统建设，扩大高速公路不停车收费系统覆盖范围。建立综合交通运输服务信息系统，公布服务主体、服务价格、服务事项、服务质量等内容，实现运输代理、维修检测、设备租赁、运输劳务、信息咨询等运输辅助服务的全面信息化。建立跨运输系统

的运输状况发布和调节平台或物流信息平台，促进不同运输方式之间的互联互通，有效引导运输能力提升。

三 以重点区域为核心，打造交通枢纽

建立综合交通客运枢纽。依托高速铁路、高速公路重点客站和主要机场，建设多种交通方式一体化的综合交通客运枢纽。在中心城市和重点旅游城市，如长春、吉林、延吉、白山、长白山管委会等地，完善枢纽布局和功能，有机衔接铁路、公路、城市轨道及地面公共交通、私人交通，强化配套设施建设，建立与主体交通设施能力相适应的旅客集散和中转系统，实现多种交通方式之间便捷、安全、顺畅换乘。

建立综合交通货运枢纽。在粮食主产地和重要工业基地城市，如长春、吉林、四平、松原、梅河口等地，建设多种交通方式一体化的综合交通货运枢纽。优化货运枢纽布局和功能，有机衔接不同交通方式，建立能力匹配的铁路、公路、水路等集疏运配套系统，加强集装箱、大宗散货等专用联运设施建设，积极推进物流化运输，实现不同交通方式间的无缝衔接。机场、铁路、公路、港口等大型运输站场配套建设邮政设施，加强邮政枢纽建设。

建立综合交通枢纽规范标准体系。制定综合交通枢纽规划办法，明确规划内容和范围，加强与城市总体、土地利用、综合交通网络等规划的衔接协调，强调规划的先导性和严肃性。制定综合交通枢纽设计建设规范，按不同交通方式一体化的要求，明确各类综合交通枢纽设计建设原则、主要参数、技术标准、投资划分等，并作为行政审批管理的依据。制定综合交通枢纽运营管理规则，按统一管理、提高运营效率的原则，明确各类枢纽的管理办法、责任界定、经费保障等。

四 以民生需求为目标，配置运输资源

加快发展城市交通。加速建设城市公共交通系统，完善城市综合交通体系。交通部门与城建部门携手，加快城市道路和公共交通基础设施建设，统筹路网交通和城市交通发展，优化城市交通体系，推进城市智能交通建设，提升城市交通承载能力。合理布局建设城市出入道路和客货运枢纽集散通道，疏解城市交通压力。优先发展公共交通，扩大公交网络规

模，提高公共交通站点覆盖率，合理分配城市道路资源，落实地面公共交通路权优先政策，积极发展快速公交，科学引导和调节出租车、私人机动车使用。建立及时、全面、双向的公共交通信息服务系统，提高城市交通疏导能力和效率。积极进行轨道交通建设，支持长春、吉林等特大城市，充分利用现有资源，扩大轨道交通规模，制定轨道交通发展规划。

加强农村交通建设。加强县、乡公路升级改造。优化农村公路网络布局，升级改造重点县道和乡道，提高县乡道路铺装水平。全面加固改造县、乡、村道路现有危桥。加强农村公路安全隐患排查和损坏路段修复，建设农村公路标识、标线、护栏等安全设施，提高农村公路运输能力和安全保障、抗灾防灾和服务水平。推进农村公路客运站点建设。加快重点乡镇、行政村候车站（亭）建设。

提高安全运输和应急运输水平。安全运输是满足民生需求的根本。建立政府主导的交通安全长效教育机制和交通运输安全监督管理机制，加强交通安全管理部门之间的沟通协作，强化交通基础设施和装备规划设计、建设制造、运营使用全过程监督管理。完善安全管理制度，健全交通运输设施、装备安全标准和安全认证、评估规范，建立安全责任考核和追究制度。加大交通安全设施投入，加强关键和薄弱环节建设，加快构筑安全监管网络，建成危险品和重点运营车辆 GPS 联网联控系统，新建交通设施实行安全系统同时规划、同时设计、同时施工、同时验收、同时使用。构建各级交通应急保障体系，制定交通应急能力建设规划，建立交通运输应急预案和处置机制，形成跨区域交通应急报送和区域联动协调机制。增强交通设施抵御自然灾害的能力，提高全天候保障水平。加快安全预测预警和救助能力建设。

五　以市场机制为根本，推进制度改革

推进交通运输管理体制改革。按照综合协调发展的理念，加强铁路、民航、公路、水运等管理部门衔接，统筹各种交通方式一体化发展。将铁路建设改设到交通运输管理部门。推进公路管理体制改革，逐步理顺各级政府在公路建设、运营和管养中的关系。明确交通基础设施的公益性质，研究制定促进普通公路、水运发展、道路运输和场站建设的政策，逐步形成以公共财政为基础的多渠道筹资、责任清晰、财力和事权相匹配的投融

资长效机制。推进运输管理体制改革，理顺部门职能，加强运输市场管理，提高运输效率。推进干线公路养护市场化，探索建立专业养护和群众养护相结合、灵活多样的农村公路养护机制。建立以市场运作为主、财政资金引导为辅的公路运输场站的投资管理体制。

创新交通运输投融资机制。充分发挥各类省级融资平台的作用，创新融资理念和方式，通过引进保险资金和发行企业债、私募债、中期票据以及交通项目沿线土地储备开发，为全省综合交通运输体系建设提供资金支持。出台城际铁路建设和运营补贴有关政策措施，坚持以地补路、以商补公、综合经营，建立可持续发展的长效机制。积极吸引社会资本参与高速公路、铁路、机场、港口、公路服务区等经营性或具有赢利能力的交通基础设施建设。鼓励各地充分发挥本级投融资平台的作用，采用 BT、BOT、TOT 等模式推进交通基础设施建设。积极争取国家资金、政策，支持我省综合交通枢纽和长吉图通道建设。

加强法制建设，提高运输市场监管水平。按照市场经济要求和新的发展形势，结合吉林省综合交通运输体系发展需要，研究修订（制定）公路、铁路、航空、水路等运输方式的地方性法规草案，加强交通运输相关领域的立法调研工作，加快节能、环保交通法规体系建设，引导、规范绿色交通发展。完善各种运输方式的市场监管，探索建立适应综合运输发展的监管机制。完善运输价格形成机制，规范市场行为与经营秩序，形成统一开放、公平竞争、规范有序的运输市场；加强政策引导和扶持，培育和建立促进综合运输发展的各种运输代理、中介服务和行业协会。

此外，还应根据现实需要，加大舆论宣传，让社会各界了解综合运输系统的内涵和重要性，同时大力培育文明交通，使文明规范深入综合运输系统中的管理者、营运者、受益者之内心，弥补法律框架下规范性的不足，建立更为持久的支撑力量。

下　篇
调研报告选编

调查研究是制定区域发展战略的基础。本篇精选了笔者近年来撰写的 13 篇调研报告。其中，部分是笔者在区域发展战略研究中的思考，部分则是笔者在实地调研后所形成的调研报告。

第五章

关于科技金融问题的相关报告

第一节 以新"三动"战略助力吉林省五大发展

—— 关于实施"信息引动、金融撬动、创新驱动"
战略的建议①

2016年以来，吉林省党政领导多次会晤国内金融业企业负责人，并达成了相关合作协议；7月，省委十届七次全体会议通过了《省委省政府关于深入实施创新驱动发展战略推动老工业基地全面振兴的若干意见》。综合上述情况，课题组展开了相应的调研并提出吉林省有必要且有可能实施"信息引动、金融撬动、创新驱动"战略，并将其作为吉林省区域发展战略的合理补充和有力支撑。

一 实施"信息引动、金融撬动、创新驱动"战略的必要性

一是实施"信息引动、金融撬动、创新驱动"战略是支撑"三个五"战略②的需要。"三个五"战略是指导吉林省"十三五"乃至未来较长一段时期的国民经济和社会发展的核心战略。这一战略从经济、社会、生

---

① 本报告于2016年10月13日获吉林省委书记巴音朝鲁圈阅。因吉林省以前曾提出"投资拉动、项目带动、创新驱动"的"三动"战略，故称本文中的"信息引动、金融撬动、创新驱动"为新"三动"战略，特此注明。原报告署名为课题组。

② "三个五"战略，即突出发挥"五个优势"、推进"五项举措"、加快"五大发展"。

态、安全、文化等领域构筑了宏观经济的新型发展格局，也基于微观经济发展现状提出了未来要求。但总体而言，"三个五"战略是更趋于宏观性的、指导性的、方向性的，需要基于生产要素（资本、劳动、技术等）层面的微观性的、操作性的、基础性的战略予以支撑。而"信息引动、金融撬动、创新驱动"战略则是基于现代生产要素高流动性、高融合性等特点提出来的，致力于打造新型经济形态的发展战略，能够对"三个五"战略发挥支撑作用。

二是实施"信息引动、金融撬动、创新驱动"战略是发展新经济、谋求新动能的需要。一般而言，从传统经济形态向新的经济形态转变是区域发展不能违背的经济发展规律之一。不论是横向的国内外比较还是纵向的历史比较，都表明新的经济形态具有如下三个特点：其一，新的经济形态是基于生产的服务型经济，而不是生产型经济；其二，资本、信息、技术是未来经济形态的三个支点，金融服务、数据服务、创新服务是未来经济形态的三个支柱；其三，新的经济形态是对传统形态的创造性升华，资本、信息、技术体现出强流动性且不再依附于产业和区域，而区域发展和产业发展则更加依赖于资本、信息、技术的合理配置。"信息引动、金融撬动、创新驱动"战略则恰恰能体现信息、资本、技术等现代生产要素的作用，构建起牵引力、启动力和推动力"三位一体"的中微观发展战略。

三是实施"信息引动、金融撬动、创新驱动"战略是明确吉林省金融业定位的需要。2016年以来，吉林省党政领导多次会晤国内金融业企业负责人并达成了相关合作协议，表明吉林省金融业即将进入蓬勃发展时期。然而，吉林省南面有沈阳和大连两个致力于发展金融业的城市，北面有哈尔滨这一致力于发展对俄金融服务业的城市。吉林省发展金融服务业必须明确自身定位，走出一条与沈阳、大连、哈尔滨具有较大差异的发展之路。而实施"信息引动、金融撬动、创新驱动"战略，不仅能够促进信息、科技和金融的结合，还能够促进新型要素与传统产业、资源优势的结合，促进域内外要素资源的大流动和大融合。在这一趋势下，发展科技金融、创业金融和金融大数据等领域，可以作为吉林省金融业发展的重要定位。

二 实施"信息引动、金融撬动、创新驱动"战略的可行性

吉林省的区位优势、产业基础和科技优势，使实施"信息引动、金融

撬动、创新驱动"战略具有了可行性。

一是吉林省具有"信息引动"的区位优势。吉林省位于黑、辽之间的区位有利于聚集东北地区的各种信息,吉林省位于中、朝、俄三国交界处,有利于生产出有别于其他地区的特色信息,吉林省的生态旅游资源和长白山品牌等能够促进相关信息的汇聚、发布、输出,吉林省的高校学生资源、青年人才资源及思想的碰撞能够推动信息资源的融合、创新和再利用。综上所述,吉林省具有"信息引动"的基础,在进一步推动信息化工作的基础上,强化信息本身的生产、加工、提炼、输出,能够发挥"信息引动"的作用。

二是吉林省具有"金融撬动"的产业基础。吉林省的制造业基础需要金融资源的参与;同时吉林省国企改制、民营企业加快发展、"双创"活动的蓬勃开展、商用卫星、聚乳酸等特色产业的发展等能够为金融产业发展带来巨大的收益。这些都是吉林省加快"金融撬动",利用金融盘活域内各项资源资本的基础。

三是吉林省具有"创新驱动"的综合优势。吉林省的高校、科研机构尤其是中直单位具有较强的研发实力和成果产业化能力,研发设备、创新团队等均具有深厚基础,中国农业科技东北创新中心、国家技术转移东北中心等都位于吉林省。但是这些优势都需要金融资源的助力和信息资源的引力,才能迸发出促进经济发展的更大活力。

三 实施"信息引动、金融撬动、创新驱动"战略需要新的目标体系

(一)"信息引动"战略目标的指标体系

"信息引动"战略不是信息化战略,而是要强化信息生产的战略,为此,该战略目标的指标体系要兼顾信息生产、信息流动和信息设施建设。

表 5-1 "信息引动"战略相关指标体系

一级指标	二级指标	目的
信息生产	信息生产总量(每年度主要搜索引擎关于区域关键词的增量)	表明区域内信息总规模
	服务业从业人数	从事信息生产的人数

一级指标	二级指标	目的
信息流动	信息流动成本（互联网、电信的单位价格）	表明信息流动难易程度
	交易平台数量（主要电商网站上吉林网店的数量和交易额）	表明信息流动的总规模
信息设施	区域性大数据中心数量	表明吉林省信息方面对东北区域的影响
	行业性大数据中心数量	表明吉林省信息方面对相关行业的影响

（二）"金融撬动"战略目标的指标体系

"金融撬动"战略不是金融业发展的行业战略，而是营造金融业发展环境促进区域性金融行业内生发展的战略，其战略目标的指标体系要兼顾风险收益、风险控制、金融产品创新。

表 5 - 2　"金融撬动"战略相关指标体系

一级指标	二级指标	目的
风险收益	全社会平均赢利能力（GDP 中营业盈余的比重）	表明区域内盈利水平大小、赢利机会多寡
	全社会人均赢利能力（GDP 中营业盈余与区域人口的商）	
	新兴产业赢利能力（新兴产业收入利润率）	表明区域内赢利能力的持续性
	现代服务业赢利能力（现代服务业的收入利润率）	
风险控制	非农产业资产负债率	从债务、利息支出等方面体现风险程度
	非农产业利息支出与利润的比例	
	非农产业管理费用支出比重	从管理水平方面体现风险程度
金融产品创新	本地金融产品创新	表明本地金融产业活力
	引进域外金融产品数量	

（三）"创新驱动"战略目标的指标体系

"创新驱动"战略不只是促进科技创新、制度创新的战略，还是构建创新生态、优化各类创新主体关系的战略。为此，该战略目标的指标体系要兼顾创新投入、成果转化、驱动水平。

表 5 – 3　"创新驱动"战略相关指标体系

一级指标	二级指标	目的
创新投入	R&D 经费占 GDP 比例	表明创新的财力基础
	R&D 人员占总人口比重	表明创新的人力资源
成果转化	成果转化率	表明科技成果转化的能力
	高技术产业产值	表明科技成果转化的质量
驱动水平	科技进步贡献率	表明总体驱动发展水平
	企业科技投入对政府科技投入的弹性系数	表明政府投入对社会投入的驱动水平

四　实施"信息引动、金融撬动、创新驱动"战略的有关建议

综上所述，吉林省有必要且有可能在中微观层面实施"信息引动、金融撬动、创新驱动"战略，并将其作为吉林省"三个五"战略的合理补充和有力支撑。在宏观推进层面，吉林省要基于新业态、新经济发展，重视信息、金融、创新三者融合的发展战略和政策措施，设置包含三方面主管部门的联席会议制度，制定三者融合发展的中长期规划。在具体推进层面，要推动如下五方面相关工作。

（一）建设集信息、金融、创新功能于一体的服务综合体

信息、金融、创新只有交会在一起才能发挥作用。为此，有必要建设信息、金融、创新功能于一体的综合实体，打造"信息引动、金融撬动、创新驱动"战略实施的中枢，并做好相关规划和保障。可考虑依托吉林省科技大市场、长春科技大市场、长春科技金融服务中心等机构，在既有科技信息收集与发挥功能的基础上，强化信息生产和再加工的功能，强化科技信息与金融业发展的互动能力，建设吉林省的信息、金融、创新服务综合体；也可考虑依托中国人民银行长春支行、吉林银行总部等机构，在既有金融、信息相关功能基础上，强化对科技企业和创新活动的评价服务、预测服务、资金服务等，建设吉林省的信息、金融、创新服务综合体。不论何种模式，该综合实体都必须具备一流的专业数据中心、一流的信息分析团队、一流的转化促进团队、一流的战略发展思路，都要制定具战略视野、可长期坚持、导向清晰、任务明确的发展规划，以促进信息、金融、

创新的深度融合。财政资金可以政府购买服务、PPP 等模式对这一综合体的发展进行引导和支持。

（二）"创意 +" + "数据 +"：以信息综合运用能力提升产业层级

不论是人的集聚，抑或是产业的集聚，其作用的发挥都有赖于信息尤其是高质量信息的生产、整合、创新和综合运用。基于此，吉林省应从产业融合发展的视角，着力推动"创意 +"产业和"数据 +"产业发展。"创意 +"产业不只是文化广告等创意产业本身，更多的是促进创意与传统产业的融合，如创意汽车（如创新汽车的功能、创新汽车的外观等）、创意餐饮（如融合菜等）。"数据 +"产业不只是增加服务器等硬件建设和专业的数据中心建设，更重要的是做好数据分析、加工和创新利用工作，如吉林一号卫星数据的分析和商业化利用，吉林省农业、生态等资源数据的分析和商业化利用，环日本海区域经济社会数据的分析和商业化利用等。通过"创意 +"和"数据 +"，深度解决信息生产不足和高质量信息挖掘不充分等问题，提升信息引动经济社会高质量发展的能力。

（三）明确金融定位：打造面向东北地区、服务科技企业的特色金融中心

明确的金融发展定位有利于引进域外金融资源，也有利于集聚域外的金融服务对象。根据金融资本追求风险收益的特性，结合区域内创新资源丰富的基础以及创新活动能够产生风险收益的本质，吉林省应尽快明确"面向东北地区的、服务科技企业的特色金融中心"的发展定位。并围绕这一定位，做好如下工作。

其一，吉林省与中国人民银行（或其沈阳支行）加强合作，争取依托中国人民银行长春支行建立东北地区科技企业征信中心和科技企业信用大数据平台。

其二，吉林省与国家科技部合作，争取建立东北地区科技企业、高新技术企业数据中心及金融供需分析中心。

其三，吉林省与中国证监会等部门加强合作，学习北京中关村有关经验，争取在吉林长春产权交易中心或相关科技金融机构基础上建立东北地区高新技术企业、科技企业股权置换中心、股权众筹中心。

通过信用、数据、股权等多种方式的齐头并进，提升吉林省对东北地区科技企业的吸引力，更积极地发挥金融资本的作用，推动吉林省打造"面向东北地区的、服务科技企业的特色金融中心"。

（四）发展特色数据服务、"双创"金融、预警预测服务等配套服务业

"信息引动、金融撬动、创新驱动"战略的基点是要素流动，这就需要特色的、能够促进相应要素流动的配套服务业予以支撑。结合吉林省特点，吉林省应着力发展特色数据服务、"双创"金融、预警预测服务等配套服务业，形成特色数据服务业创造宜居宜业环境、"双创"金融业精准扶持新兴产业发展、预警预测服务业降低经济社会发展综合风险的综合支撑体系。

其一，特色数据服务业。在大数据产业快速发展的背景下，结合区域特色优势，发展专精型特色数据服务业。既要包括特色产业、特色资源的基础数据服务业，也要包括特色产业、特色资源的研发数据、检测数据等相对高端的数据服务业，还要包括城镇甚至社区的温湿度、"双创"空间的满意度、优惠政策满意度等事关宜居宜业的精准数据服务业。

其二，"双创"金融业。既要包括扶持科技企业发展的科技金融业，也要包括扶持个人创业的创业金融业，更要包括支持孵化器等众创空间发展的载体金融业；既要大力支持金融业企业在"双创"空间设置服务终端，也要支持金融业企业对科技企业、创业人才、众创空间分类开发相应金融产品，实施精准金融服务。

其三，预警预测服务业。各种要素的高流动性必然带来高风险性，发展预警预测服务业的核心目的是预判风险和规避风险。吉林省的技术人才和管理人才能够支撑该产业的发展，但在发展过程中要兼顾宏观经济和微观经济的预警预测，兼顾产业层面和企业层面的预警预测，兼顾产品层面和资本层面的预警预测。

（五）建设以信用为核心，产权保护、普惠财税为两翼的制度保障体系

利用要素高流动性获得区域发展新竞争力的核心是信用体系，通过良

好的信用体系快速高效推进信息、金融和技术之间的结合；而产权保护政策和普惠性财税政策则是确保各种要素收益的核心措施。吉林省在面向新经济发展的态势下，在实施"信息引动、金融撬动、创新驱动"战略中，必须构建新型的制度保障体系。

其一，区域信用体系。"人无信不立"，区域发展缺乏信用体系也难以集聚到真正有利于发展的资源。一方面，依据《关于加快推进失信被执行人信用监督、警示和惩戒机制建设的意见》等现有相关文件规定，迅速推动吉林省关于法人信用、自然人信用的立法工作，以更严格的地方立法提高区域信用标准，促进区域诚信体系建设；另一方面，要强化信用执法、司法工作。深入推广 2016 年 9 月 22 日长春净月法院面向社会公布 111 条"老赖"信息等相关做法，既要强化专业的信用执法、司法队伍建设，又要对任何法人（含政府部门）、自然人统一标准，公平对待，增强信用法律自身的信用。

其二，产权保护政策。一方面，要明确信息、资本、技术都具有价值，都能够促进区域经济发展的理念，制定信息拥有者与资本、技术拥有者同样可以在企业中享有股权、期权、收益权的有关政策，保护新型生产要素及其拥有者的权利；另一方面，要加强与外省产权保护部门的合作，强化域内各类资产对外投资的管理，保护产权拥有者在行政区外投资获得的收益，以股权为纽带，以利息为收益，放眼全国甚至全球布局吉林省的经济网络。

其三，普惠财税政策。一方面，要加大普惠性财税政策的力度、广度，减少财政资金的直接性投入和无偿性投入，更多地采用与经营业绩相挂钩的税收减免、后补助等措施，使所有市场主体感受到公平竞争的营商环境；另一方面，要大力推进财税领域基层工作人员改变意识，在绩效考核中适度弱化完成税收任务指标的权重，适度强化向企业推广普惠性财税政策的权重。此外，要根据吉林省经济社会发展实际需要，强化与国家财政部、税务总局等部门进行沟通协调，制定更适合吉林省的普惠财税政策相关指标（如探索对吉林省企业非研发类科技支出比照《企业研究开发费用税前扣除管理办法（试行）》相应标准的一定比例实行相应的加计扣除政策等）。

第二节　吉林省发展科技金融的域外经验借鉴与对策建议

2016年4月20～28日，笔者参与了吉林省有关省直部门就科技金融工作组织的专项调研。在此基础上，总结了相关城市科技金融发展的经验，并结合吉林省实际，提出了八个方面的对策建议。

一　科技金融：供给侧改革的重要突破口

（一）科技金融是创新驱动发展的灵魂，是完善市场体制的密钥

创新驱动发展战略是供给侧改革的核心，而科技金融是创新驱动发展的灵魂。通过发展专注于科技企业的风险投资基金、创新科技信贷机制、完善科技到产业的资本市场体系、培育和发展科技金融服务体系、创新科技金融监管模式等领域的科技金融，不仅有利于破解吉林省创新驱动资金瓶颈，也有利于破解吉林省创新驱动的体制障碍，还有利于从微观层面提升企业主体的现代治理水平，更有利于财政资金的循环使用和适度增加。同时，科技金融的"金融"本质决定了其市场属性和效率属性，能够最大化实现创新的效益，加速打通从知识到技术再到产业化的"最后一公里"，促进科技与经济真正的融合发展，全面激发创新活力。

（二）科技金融是吉林振兴崛起的加速器

吉林省经济发展仍然具有资源驱动、传统要素驱动的特征，科技进步作用并没有有效显现。发展科技金融，促进科技型中小企业发展，不仅有利于提高吉林省科技产出步伐，而且有利于打造吉林省科技产业集群，形成一系列科技产品，为传统产业升级和高新技术产业发展提供完善的配套支撑，有效降低产业升级的综合成本。同时，金融体系的介入，能够改进全社会资本积累模式，只有当金融体系大幅度提高知识密集型资产的配置效率时，经济发展方式才可能发生根本性转变。从中长期看，科技金融可以系统地改善吉林省区域经济的肌肤、血脉和骨骼，可以改变吉林省对国有经济、大企业经济等方面的依赖，可以从本质上促进民营经济发展和"双创"工作的开展。可以说，从中长期看，科技金融就是吉林振兴崛起的加速器。

二 相关城市开展科技金融的典型经验

(一) 领导高度重视

各地领导非常重视科技金融发展,针对科技金融业务跨部门运行的机制以及直接面对企业的特点,改进领导方式,强化顶层设计,加强统筹力度,谋划前瞻战略,提升了科技金融工作的战略高度。如天津市成立了科技型中小企业发展领导小组和办公室,由市领导担任组长、副组长,建立了天津市联席会议制度,统筹协调政策制定、工作推进等各项事宜。各区县、各功能区也相应地成立了领导机构和专家认定机构。成都市党政领导每月都与创业者、投资人、企业家进行现场对话,促进"知本"和"资本"有效对接。发展科技金融已被列为重庆市加快建设长江上游区域性金融中心的重要任务之一。在主要领导的重视下,相关城市的科技部门中多已设立专门的科技金融管理机构,如科技金融处等。

(二) 政策体系健全

各地根据科技金融发展的规律,针对不同时期的特点和问题,主动调整了政策思路和工作路径,出台了相应的具体政策,形成了体系化的完整支持。如重庆市"1+4"科技金融政策体系(《关于加快发展创业投资的若干意见》,"创业种子投资引导基金""天使投资引导基金""风险投资引导基金"三只引导基金管理办法和知识产权质押融资管理办法)。成都市制定了"1+n"政策体系,包括《成都市科技金融资助管理办法》《成都市科技企业创新券实施管理暂行办法》《成都市市级科技企业债券融资风险补偿资金池资金管理暂行办法》《成都市科技创业天使投资引导资金管理暂行办法》《成都市青年大学生创业融资风险补偿资金池资金管理暂行办法》等。天津市围绕科技创新政策、科技人才政策、科技项目、成果转化及产学研政策、促进科技型中小企业发展的政策、综合管理政策六个方面,仅市级层面就出台了19项促进政策。北京市先后制定了"京校十条""京科九条"实施细则,落实中关村"1+6"、"新四条"和"新新四条"等政策。

(三) 具有区域特色

各地根据经济社会发展主要目标和核心任务,针对不同地区面临的不同问题，发挥市场主体作用，强化区域特色模式，突出创建科技金融品牌发展。如重庆市强化市场主体意识，突出加快建设长江上游区域性金融中心的重要任务，以重庆市科技金融集团公司为主体促进科技金融工作的开展和运营。成都市突出科创通品牌经营和"双创"工作的结合开展科技金融工作，坚持"市场＋市长"双驱动、"创新＋创业"双发展、"平台＋服务"双支撑、"物质＋精神"双激励，积极开发新型科技金融产品。天津市把科技金融作为产业进行市场化培育，依托科技型中小企业服务网，突出科技型中小企业培育，壮大了科技金融服务对象群体和规模，引导了科技金融服务业不断壮大提升。北京市积极利用中关村的政策优势、科技企业众多的集聚优势和建成具有全球影响力的科技创新中心的发展优势，优先推广中关村等地的创新性科技政策，积极推动科技金融政策创新和应用。

（四）创新服务模式

各地根据科技金融服务对象的需求，积极深化供给侧改革，创新服务模式，解决科技企业发展中存在的科技金融及相关的人才、管理、机制等多种问题，促进企业在解决融资问题的同时享受到多种服务。如天津市携手银行和保险公司进行科技金融创新，在科技担保贷款方面，市有关部门对所有合作担保机构给予40%的风险补偿。北京市中关村发展集团设计并推出了领创金融系列产品，借助大数据技术，以金融孵化器的新理念，快捷高效地为新诞生的创业企业提供无抵押、无担保的小额资金支持。成都市盈创动力科技金融服务平台，分别与雅安市科技局、德阳市科技局、乐山高新区、内江高新区签署《科技金融战略合作框架协议》，在全省推广盈创动力科技金融服务模式。

（五）紧密结合"双创"

各地科技金融的开展，都离不开"双创"工作，科技金融产品精准服务"双创"需求，科技金融服务贴心服务"双创"主体，科技金融平台积极联手"双创"平台。如重庆市针对科技企业的不同成长阶段，组建创业种子引导、天使投资引导、风险投资引导等三支基金，通过投贷联动和信息共享，开展创业投资行动。成都市以"菁蓉汇"的模式打造创业孵化机构，以"科创通"打造非常强大的线上服务平台，"科创能通"已经覆盖大多数成都"双创"平台。天津市通过推进科技与金融对接，释放"双创"活力，截至 2015 年 9 月，天津双创特区入驻 40 家科技金融创新实力派企业。北京市依托中关村发展集团，紧紧围绕科技创新中心、"高精尖"、京津冀协同发展大做"双创"文章。

三 加快吉林省科技金融发展的对策建议

（一）谋划具有前瞻性的顶层设计

顶层设计是推进科技金融的基础，谁领导、谁决策、谁落实、谁推进必须明确。从吉林省的实际看，顶层设计的前瞻性要体现政府和市场的结合、要体现法制和政策的结合、要体现风险和收益的结合、要体现重点和统筹的结合。为此，可考虑建立"省长直接领导 + 联席会议推动 + 部门协同支持 + 专业平台服务 + 市场主体运营"的推进科技金融工作的顶层设计框架。凡科技金融方面政策均需联席会议审议、省长签发。同时，还应强化科技金融工作的法律保障和政策保障。从而形成"依法推进、职责明晰、协同推进、有效落实"的工作模式。

（二）实施吉林省科技金融攻坚行动计划

结合吉林省服务业发展攻坚战，按照"1 个核心平台、100 户省市县重点企业、1000 户影响范围"、"100 亿融资、1000 亿产值"的目标和"三级财政联动、政产学研用金介七类主体协同"的思路，由省市（州）县（区、市）三级财政联合投入 5 亿元，启动实施科技金融攻坚行动计划。由省长亲自挂帅，协调分管金融、科技、发改、财政等工作的副省长共同推动落实该行动计划。从顶层设计到目标设定再到任务分解，从行动计划到配套政策再到监督落实，从领导分工到部门推进再到企业主体，明确责任、落实政策。

（三）在顶层设计基础上建立跨部门协调机制

科技金融事关科技、产业、金融、财政等多部门，没有有效的跨部门协调机制，大多数科技金融工作都无法开展。从吉林省实际看，建立包括由科技、财政、发改委、行业主管、金融监管等部门构成的跨部门协调机制，各部门设立科技金融工作联络员，在"省长直接领导 + 联席会议推动"下联合推动科技金融工作是具有可行性的。在这一机制下，凡科技金融方面事务，各部门均需开辟绿色通道，提高审批或服务效率，在限定的工作日内予以完成，以有效地推动科技金融工作的开展。

（四）形成体系化的政策支持

科技金融的对象众多，涵盖不同行业、不同技术领域的创业者、科技企业甚至大中型企业，引导的对象既有金融机构也有个人资本，投入路径涉及直接投资、引导基金、债权投入等多种方式。为此，必须建立完善的政策体系，才能有效地保障科技金融工作的开展。吉林省可以在借鉴相关城市科技金融政策体系经验的基础上，深入调研，不仅要根据不同创新创业主体需求、不同科技金融投入渠道制定不同的政策，还要根据科技金融发展的需求及时制定科技金融人才培训、科技金融绩效评价等方面的专项政策。

（五）打造专业化的服务平台

专业化的服务平台能够有效促进科技企业、科技人员和金融机构之间的对接，能够有效防范科技金融的潜在风险，能够快速利用财政资金降低企业融资成本，能够推动新兴科技金融产品的普及推广。当然，专业化的服务平台需要专业中介服务团队，及时为金融资本找项目，为科技企业融资金，为战略发展作策划。吉林省依托科教资源、利用信息技术以及赋予相应政策支持服务平台引进域外服务资源，是比较容易实现的。专业化的服务平台必须具有开放意识，即服务平台不仅可以引进资源服务省内科技金融发展，也可以利用平台资源服务域外项目，以服务促招商，以服务促发展。

（六）建立积极的资源投入机制

尽管在信息时代好企业、好项目不缺乏融资渠道，但是稳定的财政投入能够提高对社会资本的引导力度，能够降低科技金融的风险，能够提高社会资本、金融资本参与科技金融、促进创新发展的信心。在稳定的财政投入基础上还要有稳定的人力投入，稳定的科技金融运营团队是科技金融快速取得成效的最大保障。为此，在投入层面，不仅要设立专门的科技金融专项资金及积极增长机制，还要探索研究专门的科技金融人才培育机制，兼顾域外科技金融服务资源发展和本地化科技金融运营团队建设，更要探索科技金融运营团队的激励机制，留住人才、吸引人才，防止因科技金融人才被"挖墙脚"而导致的科技金融名存实亡。

（七）盘活存量财政科技经费资源

吉林省科研机构、高等院校众多，同样吉林省存量财政科技经费也较多，"躺"在相关机构的银行账户上。省政府应出台相应政策，允许科研机构、高等院校对不影响正常科研活动的存量经费按照财政资金同等待遇参与科技金融活动，存量财政科技经费参与科技金融活动的分红、利息收入可再次投入科技创新活动或将其用于对相关科研人员的奖励。

（八）强化科技金融的法治保障

金融是市场经济的核心。推进科技金融必须依靠市场主体——专业化的具有现代治理结构的企业。这一点需要立法保障。吉林省立法部门应就科技金融工作制定专门法规，确保来自各级各类财政方面的资金不绝对控股，保障科技金融企业的民营属性；确保科技金融企业对科技企业投资按市场机制自主决策；确保科技金融企业投资"不以个别项目论成败、不以短期发展论成败"，重点关注综合效益和中长期发展。相关法规还应规定科技金融主管部门的责任和义务，如科技金融主管部门应制定精准政策，按不同类型的科技金融投入方式制定不同的投入政策，也应尽量按科技企业的不同需求制定相应的政策措施；再如科技金融主管部门应做好人才培训、行业信息共享、中长期投入绩效监管考评等工作，为科技金融企业发展提供良好的公共服务。

第三节　吉林省科技成果转化能力评估及对策建议
——基于科技金融和大数据的分析

国内外发展实践证明，科技成果转化能力在很大程度上表现为科技金融资源的配置能力。而在"互联网＋"背景下，科技金融资源的供给能力和需求能力都能够通过网络信息予以表达。为此，本节基于搜索引擎和网络地图的大数据资源，从科技金融供给和科技金融需求两个视角，对吉林省科技金融资源的配置能力进行了分析，从科技金融发展视角对吉林省科技成果转化能力进行了评估，并提出了有针对性的对策建议。

一 吉林省科技金融供给能力的现状评价

（一）吉林省科技金融供给能力居全国第 18 位

以"吉林省科技金融"为关键词利用搜索引擎获得的信息量为 121 万条，在全国各省区中居第 17 位。科技金融发达地区的信息量均在 145 万条以上。

从近一年的信息量看，吉林省信息量为 43.1 万条，在全国各省区中居第 18 位。科技金融发达地区近一年的信息量均在 55 万条以上，各省区平均水平为 46.8 万条。

从近一年的信息量比重看，吉林省为 35.6%，在全国各省区中居第 20 位。科技金融发达地区的比重多在 40% 以上，全国平均水平为 39.2%。

按以上三个指标几何平均数排序，吉林省科技金融供给能力居全国第 18 位。

（二）长春市科技金融供给能力在省会城市和副省级城市中居第 21 位

以"长春市科技金融"为关键词利用搜索引擎获得的信息量为 66 万条，在 32 个省会城市和副省级城市（不含直辖市）中居第 17 位。东部沿海地区 12 个城市的信息量平均为 107 万条以上，全国 32 个城市的信息量平均为 82 万条以上。

从近一年的信息量看，长春市信息量为 22.4 万条，在 32 个省会城市和副省级城市（不含直辖市）中居第 21 位。东部沿海地区 12 个城市的信息量平均为 49 万条以上，全国 32 个城市的信息量平均为 35 万条以上。

从近一年的信息量比重看，长春市为 34.1%，在 32 个省会城市和副省级城市（不含直辖市）中居第 28 位。东部沿海地区 12 个城市平均为 45% 以上，全国 32 个城市平均为 43% 以上。

按以上三个指标几何平均数排序，长春市科技金融供给能力在 32 个省会城市和副省级城市（不含直辖市）中居第 21 位。

（三）吉林省其他市（州）科技金融供给能力在东北地区城市中的位次

在东北地区 31 个地级城市（不包含省会城市、副省级城市和大兴安岭地区），在吉林省科技金融信息总量方面，吉林市居东北地区第 1 位，通化市、四平市、延边朝鲜族自治州、松原市、辽源市依次居第 12、13、

16、19、21 位，白城市、白山市并列第 24 位。八市（州）信息量平均为
8 万条（不含吉林市，平均为 3.2 万条），东北地区 31 个城市平均为 6.4
万条。东北地区地级城市中排在前五位的城市依次是吉林市、朝阳市、大
庆市、抚顺市、鞍山市。

从近一年的信息量看，吉林市仍居东北地区第 1 位，四平市、通化市、
延边朝鲜族自治州、松原市、辽源市、白城市、白山市依次居第 11、14、
15、19、22、23、24 位。八市（州）信息量平均为 2.5 万条（不含吉林
市，平均为 1.2 万条），东北地区 31 个城市平均为 2.1 万条。东北地区地
级城市中排在前五位的城市依次是吉林市、朝阳市、抚顺市、大庆市、鞍
山市。

从近一年信息量的比重看，吉林省表现最好的是松原市，居东北地区
第 2 位，辽源市、白城市、白山市表现也较突出，依次居第 7、9、10 位，
延边朝鲜族自治州、吉林市、四平市、通化市依次居第 17、21、24、30 位。
八市（州）信息量比重平均为 31.7%（不含吉林市，平均为 36.2%），东北
地区 31 个城市平均为 32.4%。东北地区地级城市中排在前五位的城市依次
是七台河市、松原市、铁岭市、鹤岗市、锦州市。

按以上三个指标几何平均数排序，在东北地区 31 个地级城市中，吉林
市居第 1 位，四平市、通化市、延边朝鲜族自治州位居中游，依次居第
11、14、15 位；松原市、辽源市、白城市、白山市四个城市表现欠佳，依
次居第 19、22、23、24 位。

二 吉林省科技金融需求能力的现状评价

科技金融需求的主体是企业尤其是科技企业。为此，本节以百度地图
中显示的公司数、科技公司数和两者的比例关系，对吉林省科技金融需求
能力进行了评价。

（一）吉林省科技金融需求能力居全国第 24 位

百度地图大数据显示，吉林省"公司"总数为 3614 户，居全国第 23
位。全国各省区平均数超过 9000 户；11 个东部沿海省区（京、津、沪三
个直辖市及冀、鲁、苏、浙、闽、粤、桂、琼八省）该指标平均数近
16000 户，广东省高达 43547 户，四大直辖市中该指标最少的重庆市也达
到了 4223 户。

从"科技公司"看，吉林省"科技公司"总数为 1147 户，居全国第 24 位。全国各省区平均数近 4900 户；11 个东部沿海省区（京、津、沪三个直辖市及冀、鲁、苏、浙、闽、粤、桂、琼八省）该指标平均数超过 9800 户，广东省高达 36285 户，四大直辖市中该指标最少的重庆市也达到了 2003 户。

从"科技公司"与"公司"比重看，吉林省为 31.7%，在全国各省区中居第 25 位。全国各省区平均数为 54.3%；11 个东部沿海省区（京、津、沪三个直辖市及冀、鲁、苏、浙、闽、粤、桂、琼八省）该指标平均数为 61.5%，北京市该指标高达 112.4%，广东省也高达 83.3%，四大直辖市中该指标最小的重庆市也达到了 47.4%。

按以上三个指标几何平均数排序，吉林省科技金融需求能力居全国第 24 位，该指标值为 508.6，相当于广东省的 10% 左右。

（二）长春市科技金融需求能力在省会城市和副省级城市中居第 22 位

百度地图大数据显示，长春市"公司"总数为 1543 户，在 32 个省会城市和副省级城市中居全国第 23 位。32 个城市平均数为 2871 户；12 个东部沿海城市（冀、鲁、苏、浙、闽、粤、桂、琼八省的省会城市和副省级城市）该指标平均数为 4147 户，深圳市高达 10389 户。

从"科技公司"看，长春市"科技公司"总数为 782 户，在 32 个省会城市和副省级城市中居全国第 22 位。32 个城市平均数为 2180 户；12 个东部沿海城市（冀、鲁、苏、浙、闽、粤、桂、琼八省的省会城市和副省级城市）该指标平均数为 3654 户，深圳市高达 17322 户。

从"科技公司"与"公司"比重看，长春市为 50.7%，在 32 个省会城市和副省级城市中居全国第 18 位。32 个城市平均数为 75.9%；12 个东部沿海城市（冀、鲁、苏、浙、闽、粤、桂、琼八省的省会城市和副省级城市）该指标平均数为 88.1%，深圳市高达 166.7%。

按以上三个指标几何平均数排序，长春市科技金融需求能力居全国第 22 位，该指标值为 394.0，相当于深圳市的 12.7%。

（三）吉林省其他市（州）科技金融需求能力在东北地区城市中的位次

在东北地区 31 个地级城市（不包含省会城市、副省级城市和大兴安岭地区），吉林省"公司"总量方面，吉林市达到 487 户，居东北地区第 2

位（仅次于大庆市），松原市、白城市、延边朝鲜族自治州依次居第7、13、14位，四平市、通化市、白山市、辽源市依次居第18、20、24、27位。八市（州）"公司"平均为259户，东北地区31个城市平均为249户。东北地区地级城市中排在前五位的城市依次是大庆市、吉林市、鞍山市、营口市、齐齐哈尔市。

从"科技公司"看，吉林市达到114户，居东北地区第3位（次于大庆市和鞍山市），四平市表现尚可，居第13位，其他城市均表现一般，延边朝鲜族自治州居第17位，白城市和通化市并列第19位，松原市、白山市、辽源市依次居第21、23、28位。八市（州）"科技公司"平均为46户，东北地区31个城市平均为52户。东北地区地级城市中排在前五位的城市依次是大庆市、鞍山市、吉林市、锦州市、营口市。

从"科技公司"与"公司"比重看，吉林省表现最好的是吉林市，达到23.4%，居东北地区第8位。四平市、白山市表现也较突出，依次居第11、14位，通化市、延边朝鲜族自治州、辽源市、白城市、松原市依次居第23、24、25、27、30位。八市（州）信息量比重平均为17.6%，东北地区31个城市平均为20.7%。东北地区地级城市中排在前五位的城市依次是锦州市、鞍山市、大庆市、葫芦岛市、鹤岗市。

按以上三个指标几何平均数排序，在东北地区31个地级城市中，吉林市是吉林省表现最好的城市，居第3位；四平市位居中游，居第13位；延边朝鲜族自治州居第17位，白城市和通化市并列第19位，松原市、白山市、辽源市依次居第21、23、28位。其中表现最好的吉林市指标值为109.1，相当于长春市的27.7%，相当于东北地区最好城市沈阳的21.0%，相当于深圳市的3.5%。

三 研究结论及政策建议

（一）研究结论

第一，吉林省科技成果转化能力亟待提高。进一步数据处理结果显示，基于科技金融大数据的吉林省科技成果转化能力居全国第21位，在东北三省中略高于黑龙江省，相当于辽宁省的74.2%，从全国看仅相当于广东省的25.5%；吉林省科技成果转化能力最强的长春市，在32个省会城市和副省级城市中居第23位，在东北地区四大城市中科技成果转化能力最弱，仅相当于深圳市的 17.8%。

第二，吉林省科技金融供需失衡较为严重。供需关系方面，从省域层面看，供需失衡系数为 4.54（系数越大，失衡越严重），从省会层面看，失衡系数为 1.97，从其他八市州层面看，失衡系数最大为 2.37，最小为 1.24。区域失衡方面，吉林省科技金融供给能力的 64.6%、科技金融需求能力的 77.5% 集中在长春市。从全省层面和长春市层面看，科技金融资源是供大于求，但从各市州层面看，则是科技金融资源供不应求。强化省级政府部门的科技金融资源和长春市的科技金融资源向全省的辐射作用，有利于加速全省的科技成果转化进程。

（二）政策建议

1. 以科技金融为加速科技成果转化的核心举措

由于综合商务成本仍然高于沿海发达地区，吉林省科技成果转化仍然具有资本导向特征，哪里资本要素密集，哪里科技成果转化就快。为此，迫切需要把科技金融工作提升到战略层面甚至核心层面。具体措施包括以下三个。

① 由科技部门、金融部门联合牵头制定吉林省中长期科技金融服务业发展规划，用以指导全省科技金融服务业发展。

② 把培育科技金融需求主体作为国民经济社会发展和政府工作报告的重要目标，在原有 GDP、高新技术产业产值等指标基础上，将中小企业数、科技型中小企业数等纳入年度发展目标和中长期规划目标。

③ 强化科技金融工作，打造科技金融品牌促进科技成果转化。开辟专题专栏，组织吉林省主要新闻媒体跟踪报道吉林省域内知名的科技金融企业和服务平台，进一步探索提升其品牌力的新举措。

2. 促进长春市科技金融资源向全省辐射

长春市是全省科技金融资源的密集区。不论是从发挥省会城市科技金融资源带动全省发展的角度看，还是从利用全省科技金融需求壮大长春市科技金融服务业的角度看，吉林省都需要促进长春市科技金融资源向全省辐射。

① 省市共建长春市有关科技金融服务平台。省级财政资金采取参股或后补助等方式，支持长春市有关科技金融服务平台做大做强，成为立足长春、服务全省的科技金融服务平台。

② 支持长春市有关科技金融服务平台以市场化方式到其他市（州）建设分平台，省级财政资金在对长春科技金融服务母平台进行补助的基础上，可根据分平台建设情况和运行效果，以购买公共服务、后补助等形式对分平台进行补助式扶持。

③ 做好全省各市（州）科技金融需求主体（科技企业）普查工作。科技金融需求情况是影响科技金融事业发展的根本因素之一。省级科技部门协调市州科技管理部门，做好全省科技金融需求主体（科技企业）的摸底调查，科学判断吉林省科技金融总需求，从而科学制定科技金融供给侧改革的政策措施。

3. 完善全省科技金融服务生态体系

科技金融作为一种产业形态，需要不断优化其产业生态体系，才能促进其健康快速发展。

① 强化科技金融的人才支撑。依托吉林省有关科技金融服务平台，迅速成立吉林省科技金融促进会，筛选省内科技金融领域知名专家，成立吉林省科技金融专业智库。支持省委、省政府决策咨询委员会成立关于科技金融的专业分委会，促进科技金融事业发展。加强科技金融业从业人员的专业化培训。

② 强化科技金融的配套服务支撑。科技金融发展需要信用评级、风险评级、企业上市培训、企业管理能力提升等多方面、多领域的、专业化的配套服务，吉林省服务业发展专项资金要向该领域加大倾斜力度。

4. 以普惠性财政政策支持科技金融发展

科技金融服务需要较高水平的市场化机制支持。为增强科技金融服务发展的内在动力，体现出合理的竞争态势，需要以普惠性财政政策为主支持科技金融业发展。

① 实施财政投入的普惠性激励政策、普惠性风险补偿政策和普惠性补助政策。普惠性激励政策是根据科技金融企业或服务平台的绩效予以奖励性补助；普惠性风险补偿政策是针对科技金融服务业的风险属性，由财政资金设立风险补偿专项资金，对科技金融企业或服务业平台的风险损失按一定比例进行补偿；普惠性补助政策是根据科技金融企业或服务平台的规模，参照科研机构基本业务费模式设置专项资金对科技金融企业或服务平台的人员培训和基础设施建设予以补助。

② 放松财政投入科技金融活动的限制条件。目前财政投入科技金融活动仍受到财政资金自身管理规定的约束，如较为严格的预算制度、给予特惠型资助模式的绩效制度、财政资金管理仍具有较强的计划经济属性等。为此，迫切需要放松财政投入的限制条件，尤其是财政科技投入资金，应按照市场经济规律办事，允许财政资金在一定程度上出现投资失败，对科技金融资金管理者在一定程度上予以免责。

第六章

关于创新战略问题的相关报告

第一节 关于双轮驱动吉林省实体经济发展的研究报告

——基于有效投资率、科技进步贡献率测度的有关建议①

有效投资和创新驱动是发展实体经济的两个轮子，有效投资是实体经济规模扩大的支撑，创新驱动是实体经济效益提升的保障。为此，吉林省发展实体经济必须促进有效投资与创新驱动的结合。本报告基于宏观统计数据，对吉林省有效投资率和科技进步贡献率进行了测算，并针对吉林省实体经济发展提出了对策建议。

一 吉林省有效投资率的现状和趋势

在假定有效投资是能够带动财政收入增长和就业总量增加的投资以及初始年度有效投资率为80%的基础上（见表6-1），本节对吉林省的有效投资率与全国、辽宁省、黑龙江省进行了比较，结论如下。

第一，吉林省有效投资规模持续扩大。2001~2015年，吉林省有效投资从552.1亿元增长到8696.5亿元（见表6-2），年均增速达到21.8%，低于全社会固定资产投资23.3%的年均增速。其中，2001~2008年有效投资增速达到24.5%，低于全社会固定资产投资35.2%的年均增速10.7个百分点；2008~2016年有效投资增速达到19.1%，高于全社会固定资产投

① 本报告于2017年4月获长春市委书记王君正批示。

资 12.4% 的年均增速 6.7 个百分点。从东北地区来看，吉林省有效投资规模在全国的比重从 1.74% 上升到 2.31%，而辽宁省的比重从 3.71% 下降到 2.94%，黑龙江省的比重从 2.36% 下降到 1.61%。

第二，吉林省有效投资率相对较高。2001～2015 年，吉林省有效投资率从 81.2% 下降到 68.4%，下降了 12.8 个百分点，同期全国、辽宁、黑龙江分别下降了 18.5 个、21.3 个和 18.5 个百分点。2015 年吉林省 68.4% 的有效投资率分别高于全国、辽宁、黑龙江 1.6 个、6.7 个、8.9 个百分点。其中，2001～2008 年吉林省有效投资率下降了 35.4 个百分点，达到了 2001～2015 年的最低值，同期全国、辽宁分别下降了 3.8 个、22.5 个百分点，黑龙江省上升了 0.7 个百分点；2008～2015 年，吉林省有效投资率走出低谷提高了 22.6 个百分点，而同期全国、黑龙江省分别下降了 14.7 个、19.2 个百分点，辽宁省 2008～2014 年期间下降了 12.3 个百分点，2015 年有效投资率有所上升，相比 2008 年提高了 1.2 个百分点。

第三，吉林省有效投资率进一步下滑的不确定性较大。2010 年以来，吉林省有效投资率基本上呈现出震荡发展之势，从 2011～2015 年有效投资率分别为 78.1%、71.8%、76.0%、71.6%、68.4%，在震荡中具有下滑趋势。同期全国、辽宁、黑龙江的有效投资率均以下滑态势为主，在这种背景下，吉林省有效投资率提升的难度进一步增大，且其进一步下滑的不确定性也正在增强。

表 6-1　2001～2015 年吉林省有效投资率比较

单位：%

	全国	辽宁省	吉林省	黑龙江省
2001	85.4	83.1	81.2	78.0
2002	88.0	84.9	78.7	82.6
2003	83.9	81.0	79.0	86.4
2004	82.3	71.6	78.8	86.1
2005	83.6	66.6	65.8	85.5
2006	86.2	64.1	55.4	84.3
2007	85.4	63.9	50.3	81.7
2008	81.6	60.6	45.8	78.7
2009	76.6	64.5	46.2	71.6

续表

	全国	辽宁省	吉林省	黑龙江省
2010	83.7	64.3	46.4	67.4
2011	80.3	72.4	78.1	74.6
2012	75.5	66.1	71.8	62.7
2013	70.8	52.6	76.0	53.0
2014	67.7	48.3	71.6	61.1
2015	66.9	61.8	68.4	59.5

表 6 - 2   2001～2015 年吉林省有效投资规模比较

单位：亿元

	全国	辽宁省	吉林省	黑龙江省
2001	31793.3	1180.9	552.1	751.6
2002	38269.1	1363.1	635.5	863.7
2003	46637.0	1681.4	765.2	1007.8
2004	58026.0	2134.5	923.4	1231.3
2005	74219.9	2799.4	1186.3	1485.4
2006	94767.3	3646.0	1552.3	1884.7
2007	117317.9	4748.9	2014.9	2314.5
2008	141004.4	6070.1	2565.8	2878.8
2009	172084.3	7924.8	3351.0	3599.4
2010	210754.7	10313.9	4468.4	4593.3
2011	249989.7	12827.5	5811.1	5573.1
2012	282930.8	14429.5	6832.0	6075.5
2013	315872.7	13205.0	7583.4	6068.7
2014	346803.9	11947.0	8121.9	6001.6
2015	375916.4	11067.5	8696.5	6061.1

二　基于有效投资的科技进步贡献率测度及结果分析

一般而言，科技进步贡献率（即全要素生产率）等于产出增长率与资本增长率和劳动增长率加权之差。在这一关系中，有效投资不仅关乎投资形成资本的能力，也对劳动增长率产生实质影响，其比率的高低必然影响一个区域科技进步贡献率。本节基于全口径投资和有效投资分别计算了吉林省的科技进步贡献率，具体分析如下。

第一，全口径投资下的科技进步贡献率被严重低估。按全口径投资计算，2001～2015 年，吉林省科技进步贡献率先从 45.1% 下降到 40.2%（2009）后又上升到 55.3%（见表 6－3）。但是，以同样的方式按有效投资计算，2001～2015 年，吉林省科技进步贡献率先从 37.8% 下降到 30.7%（2007）后又上升到 60.3%（见表 6－4）。尤其是 2013 年之后，有效投资的科技进步贡献率普遍高于全口径投资的科技进步贡献率 4～5 个百分点。由此可见，以全口径投资计算的科技进步贡献率将低于实际水平。

第二，全口径投资下的科技进步贡献率变化周期被延后。2004～2008 年吉林省有效投资率大幅下降后，科技进步贡献率也随之下降，按有效投资的测量的科技进步贡献率于 2007 年达到最低值并于 2009 年出现企稳回升迹象，但按全口径投资计算的科技进步贡献率直到 2009 年才达到最低值并于 2010 年出现回升迹象，其周期滞后于按有效投资测量的结果 2 年左右。这种周期延后必然会影响科技政策的及时性、精准性，从而在一定程度上导致政府在科技领域的政策失灵。

第三，全口径投资下的有效投资率对科技进步贡献率的影响被弱化。全口径投资的科技进步贡献率变化对有效投资率的敏感性较弱，也就是说只有有效投资率持续提升或较大幅度提升时，全口径投资的科技进步贡献率才能获得明显提升。而有效投资的科技进步贡献率对有效投资率的敏感性较强，只要有效投资率达到一定水平以上，该科技进步贡献率就会现出上升的态势。

第四，全口径投资下的科技进步贡献率扭曲了吉林省的创新能力。全口径投资下，吉林省科技进步贡献率自 2009 年来大多低于全国平均水平 1.5～2 个百分点，然而在有效投资下，吉林省科技进步贡献率自 2012 年显著高于全国平均水平，2014 年、2015 年高于全国平均水平的幅度在 8 个百分点以上。结合吉林省近年来在投资下滑、国际形势恶化等背景下保持了经济发展相对平稳的事实，吉林省科技创新发挥了巨大的作用。相对而言，以全口径投资为基础计算的科技进步贡献率在一定程度上扭曲了吉林省的创新能力，而以有效投资为基础计算的科技进步贡献率则更能体现吉林省的科技发展实际。

表 6 – 3　2001～2015 年吉林省科技进步贡献率（基于全口径投资）比较

单位：%

	全国	辽宁	吉林	黑龙江
2001	43.9	43.3	45.1	39.3
2002	43.5	43.5	44.1	39.3
2003	43.7	43.7	44.7	40.2
2004	43.8	43.2	46.0	41.0
2005	41.7	41.8	43.0	39.6
2006	41.6	43.1	42.1	39.2
2007	42.2	44.2	42.9	40.2
2008	41.0	43.2	42.7	40.8
2009	42.1	43.7	40.2	40.7
2010	47.0	46.6	40.4	42.3
2011	49.8	51.5	47.1	44.8
2012	50.5	54.1	47.7	44.4
2013	51.9	59.6	49.1	44.6
2014	53.4	64.2	51.9	46.9
2015	55.1	69.5	55.3	48.6

表 6 – 4　2001～2015 年吉林省科技进步贡献率（基于有效投资）比较

单位：%

	全国	辽宁	吉林	黑龙江
2001	41.1	37.6	37.8	42.3
2002	40.5	37.2	36.9	42.0
2003	41.1	38.0	37.4	42.5
2004	41.3	38.7	38.9	43.6
2005	39.0	36.1	33.6	41.8
2006	38.4	36.6	31.3	39.9
2007	39.4	37.4	30.7	38.9
2008	38.6	38.0	32.2	38.1
2009	39.9	39.2	32.2	37.1
2010	43.2	42.8	36.7	37.1
2011	45.7	46.4	43.2	37.2
2012	46.1	49.8	49.4	37.5

续表

	全国	辽宁	吉林	黑龙江
2013	47.0	56.4	53.3	38.5
2014	47.9	60.6	56.7	39.3
2015	48.7	64.4	60.3	41.1

三 结论与对策

(一) 五大结论

结论一：有效投资率和科技进步贡献率是反映吉林实体经济发展质量的关键指标。吉林省应委托相关部门对有效投资率和科技进步贡献率进行测度，并将两项指标的数值纳入每年的《政府工作报告》和《国民经济统计公报》。

结论二：吉林省处于有效投资与科技进步互相促进的发展阶段。如表6-1、6-2所示，吉林省与全国平均水平、辽宁省、黑龙江省不同，吉林省处于有效投资和科技进步互相促进、互补发展的阶段，而全国平均水平、辽宁省、黑龙江省都处于有效投资和科技进步替代发展的阶段。也就是说，吉林省增加有效投资，能够提高科技进步贡献率。

结论三：基于有效投资的科技进步贡献率能够反映吉林省创新驱动的真实水平。近年来，吉林省在投资总体下滑和劳动力加速流出的背景下实现了相对稳定的经济增长，唯一的原因就是全要素生产率（科技进步贡献率）的提升。但按全口径投资计算的科技进步贡献率并未实现显著提升，无法解决吉林省经济增长的现实。只有基于有效投资的科技进步贡献率的测度结果，能够反映吉林省经济增长和创新驱动的真实情况。

结论四：有效投资率的提前回升是吉林省经济近年来稳步发展的重要支撑力量。前文有效投资率的变动趋势能够较好地说明吉林省经济增速未过度下滑的原因。吉林省有效投资大幅下降的时候，国内外经济形势较好，保障了吉林省经济增长，而近年来国际经济形势恶化、国内进入经济新常态时期，吉林省有效投资率在震荡中虽有所下降，但相比于黑龙江、辽宁和全国平均水平而言降幅最低，也防止了吉林省经济增长出现较大滑坡。

结论五：有效投资率与科技进步贡献率双提升的结合点是科技成果转

化。实体经济发展、有效投资率、科技进步贡献率三个内容的结合点是加速科技成果转化。实体经济发展需要新的科技成果转化成新的产品（服务），才能不断丰富和提升实体经济体系的发展质量；有效投资也必须不断注入科技成果转化中，才能使新的产品（服务）扩大生产规模和市场份额；科技进步贡献也必须依托科技成果的快速转化才能实现。为此，吉林省必须以加速科技成果转化为切入点，千方百计地提高有效投资率和科技进步贡献率，使实体经济发展动能更强、前景更好。

（二）五大对策

第一，提高实体经济投资的落实比率，防止合同投资代替实际投资。加强对实体经济实际投资额的核查和统计工作，防止在统计工作中出现以合同投资代替实际投资的现象。各级政府部门对于科技型企业、高新技术企业、小巨人企业的认定和有关企业奖项的评定，要以每年度实际发生的投资额为主要指标，以每年度实际发生的研发经费投入额作为核心指标。

第二，强化实体经济投资的集聚程度，取缔一批集聚程度过低的实体经济园区。实体经济投资只有集聚才能产生更大的效益。为此，要整合实体经济园区，防止"摊大饼"式发展，把各类园区、开发区等实体经济发展载体实际利用土地面积、闲置土地面积、每单位国土面积上的实体经济投资额等作为重要的实体经济发展监测指标。对于闲置土地面积过大、每单位国土面积上实体经济投资额过低的开发区、园区，要予以坚决取缔。

第三，突出实体经济投资的创新能力，着力打造实体经济微观创新体系。实体经济只有不断的向创新领域进行投资，才能提高自身的主体性和竞争力。增强实体经济投资的创新能力，不只是要增加研发投入，还要强化技术改造、技术引进消化再吸收和技术工人培训，完善研发创新的配套系，推动在实体经济内部形成以创新的企业文化为引领、以技术研发为核心、以生产线改造为支撑、以技术工人技能提升为保障的、特色显著的微观创新体系。

第四，降低实体经济投资的综合成本，加快完善实体经济的服务体系。不论是有效投资率还是科技进步贡献率，都受制于投资的管理成本和财务成本。因此，必须加快完善实体经济的服务体系，协助实体经济主体按照其发展阶段，灵活运用成本内部化或外部化的方式，协助实体经济主体降低成本。此外，还要以公共财政资金支持开展对实体经济管理人员、财务人员的培训，提高实体经济管理人员、财务人员运用好各项优惠政策，降低实体经济投资的各种成本。

第五，引导实体经济投资于成果转化，助力实体经济创新发展。针对科技成果转化具有一定风险的特点，根据吉林省实体经济发展现状，鼓励实体经济以股份期权、收益期权、远期债权等多种方式进行成果转化，由政府部门予以担保后，在科技成果转化实现收益后再将收益分配给科研机构或科研团队。进一步深化科技成果的使用权、收益权、处置权改革，释放国有企事业单位科研人员参与实体经济科技成果转化的活力。

第二节　残疾人、军转干部等特殊群体创新创业面临的问题及对策建议①

2017年4月笔者到长春市残疾人培训就业服务中心调研残疾人创业情况。调研之后，结合以往对省军转中心等机构创业情况的调研以及对有关资料的梳理形成本节内容。本节指出：残疾人、军转干部、家庭妇女、失地农民、退休人员等特殊群体（以下简称"特殊群体"）具有较强的创业欲望，这些特殊群体的创新创业对于社会和谐发展和小康社会建设具有重要意义，同时，这些特殊群体也需要特殊的政策予以扶持。

一　特殊群体创新创业面临的八大难题

从调研情况看，特殊群体创新创业除面临经费不足、场地不足、基础设施老旧等常规性问题外，还面临八个其他方面的问题。

一是政策的精准问题。创新创业需要普惠性政策和特惠性政策相结合，需要补助性政策和激励性政策相结合，需要引导性政策和示范性政策相结合。整个社会的不同创业群体、同一创业群体的不同创业时期所需要的政策都是不一样的。要改变现有的评项目、分资金式的支持政策，要综合利用财政资金、风险资本、金融资本、授信评级、政府采购、人才引进、市场推广等多种手段，针对不同类型、不同阶段的创业群体采取更加精准的支持政策，才能真正地推动创新创业活动走得更远。

---

① 本节作者为赵光远、王天新。

二是风险的分担问题。大多与"创"字相关的活动，都有较大的风险，创新创业均是如此。如果这些风险大都由创新创业者承担，显然是不利于开展"双创"活动的。当前财政支出对创新创业的补助式支持，尤其是依据创新创业活动既有基础的评价方式，只是有效地减少了政府财政资金的风险，没有实现降低创新创业活动风险的目的。甚至可以说，现有的财政支持方式，对暂时表现不好的创新创业活动置之不理，而其支持额度对于表现好的创新创业活动而言又如同杯水车薪。在创新创业活动最需要的风险分担领域，很难看到财政创新创业资金的效果。

三是技能的提升问题。对于特殊群体而言，大多从事的是劳动密集型产业，如老兵代驾、家政服务等。即使从事电子商务等活动，实际上也是对新技术的简单应用，这些活动的市场份额和利润相当有限。从创新创业而言，不可能只停留在创新创业初期，还会经历创新创业活动的规模扩张、技术提升等阶段，这就需要加强创新创业者的技能提升。如何使创新创业者认识到提升技能的重要性，如何使创新创业者能够解放出时间参与技能提升的相应培训活动，如何使创新创业者能够在相应培训活动中真正受益，如何设计培训课程真正满足特殊群体创新创业的需要等，都迫切需要解决。

四是竞争的公平问题。竞争的公平问题对创新创业活动的开展具有重大影响，对于特殊群体参与创新创业活动的积极性影响则更大。虽然没有直接的证据表明特殊群体创新创业中存在被不公平竞争、被不平等对待等问题，但是特殊群体在创新创业活动中需要付出的劳动力、时间等高于一般性创新创业群体，但是收益却等同于甚至低于一般性创新创业群体却是不争的事实。残疾人、军转干部、在家妇女、失地农民找工作都难，其创业企业或者创业产品（服务）在起步期更是步履维艰，尤其是在批发、餐饮、住宿等传统服务业领域创业的特殊群体还有很大可能受到同行的排挤、顾客的刁难甚至侮辱，这些都是竞争中存在不公平问题的表现。

五是社会的认同问题。竞争中存在的不公平问题，是特殊群体社会认同问题的一个缩影。尽管社会认同问题在支持"双创"发展的大环境下得到了很大改善，但是特殊群体由于受到自身因素（如行动不便、沟通不畅等）、家庭因素（家庭妇女照顾家庭）以及相关社会因素的影响，很多特殊群体创业人员都面临家人亲友的不理解、不支持的情况。有人认为特殊群体创业就是瞎折腾，有人认为特殊群体不应创业，就该在家帮忙带孩子，等等。同时，特殊群体由于受教育程度有限、从业领域相对狭窄、社会关系网络相对欠缺等原因，全社会有很大一部分人不认同特殊群体创业行为，没有认识到特殊群体创业是自食其力，是艰苦奋斗，是社会主义核心价值观的重要体现，这进一步加深了特殊群体社会资本的匮乏，直接制约其创业规模和水平的提升。

六是平台的服务问题。当前针对特殊群体的"双创"平台有很多，也发挥了很大作用，但是与特殊群体创业者的需求相比还有很大差距。如长春军转干部创业培训中心、长春市残疾人展能创业孵化基地以及辽源市残疾人创业服务中心等多位于老城区，交通拥堵现象严重，基地办公用房老旧，有的甚至在采暖、水电等方面还存在一定隐患。与一般性群体创业平台已经进入智慧园区或"互联网＋"双创园区相比，特殊群体创业平台亟须政府资金支持，提升服务能力。从平台能够提供的专业化服务看，特殊群体创业平台受制于服务团队人员规模和素质，在应用、解读、推广各级创业政策，为特殊群体提供更精准的专业化服务方面，显著弱于一般性群体创业平台。

七是创业的升级问题。特殊群体创新创业大都集中在劳动密集型产业或对新技术的简单应用阶段。从创业平台走出的企业或团队，大多数以个体工商户形态存在，真正发展成为现代企业的很少，因而其资本运作能力、带动就业能力以及带动全社会发展的示范效应也受到限制；而且这些从创业平台走出来的企业或团队，还面临市场风险和经营风险。为此，特殊群体创新创业不能止步于现有技术手段和现有市场，政府部门和创业平台要与有关智库部门加强合作，对特殊群体创业进行持续跟踪和政策帮扶，使更多的创业团队升级为现代企业和中小企业，使更多的特殊群体创业团队在科学规划和科学扶持的基础上发展成有技术、有管理、有市场、有前景的产业集群。

八是政府的指导问题。相对于一般性群体创业而言，特殊群体创业更应该得到政府部门的关怀和指导。但是由于政府创新创业管理部门的人力有限、涉及特殊群体创业平台的人力有限等因素，特殊群体创业人员很难从政府部门得到相应的产业信息、政策信息，大都是通过自身的社会网络和实践摸索在艰难前行。政府对于特殊群体创业行为有必要进一步加强指导和引导，如政府采购政策需要惠及特殊群体创业产品，再如，政府部门应与智库机构、特殊群体创业平台共同研究制定不同类型特殊群体的创业指导目录，等等，减少特殊群体创业的盲目性和随机性。

二　特殊群体创新创业应予特殊政策

针对上述问题，本节提出：针对特殊群体创新创业应予以特殊政策支持。

（一）加强重视，努力打造特殊群体创新创业示范省份

近年来，吉林省在推动特殊群体创新创业方面做了大量努力，也取得了一定的成效和经验，但是特殊群体在创新创业中仍是边缘化群体，特殊群体人员创新创业只能到特殊群体的创业平台，大多数创新创业平台缺少对特殊群体的包容度。在吉林省整体经济实力较弱的情况下，应强化创新创业与人文关怀的结合，加强重视并予以政策倾斜，以特殊群体创新创业为重点，打造特色创新创业示范省份。

一是省委省政府主要领导更加重视特殊群体创新创业，增加对特殊群体创新创业平台调研的频率；二是建立特殊群体创新创业政策需求的绿色通道，解决特殊群体创新创业政策供需衔接不畅的问题；三是省委、省政府加强与国家有关部委协商，争取把吉林省建设为全国唯一的特殊群体创新创业示范省份；四是以省委、省政府名义出台支持残疾人、军转干部等特殊群体创新创业的实施意见；五是统筹使用省创新创业资金、残疾人事业发展专项资金、军转干部专项资金等与特殊群体相关的财政资金，强化对特殊群体创新创业活动的支持。

（二）加强研究，制定一批特殊群体创新创业精准政策

不同的特殊群体对创新创业的政策需求有显著差异。为此，创新创业管理部门要加强与特殊群体主管部门的沟通协调，要加强与特殊群体创业者的交流互动，根据特殊群体的需求，制定精准的、针对性强的创新创业支持政策；同时也要结合省外经验，促进创新创业扶持政策的多样性。

一是根据不同特殊群体的需要，发挥特殊群体主管部门的主体作用，制定不同类别特殊群体的创新创业资金管理办法，并强化资金投入方式的

多样化，如残疾人创业资金应可用于餐饮提供，军转干部创业资金可更多地采取贴息、担保等金融手段予以支持。二是创新创业管理部门、特殊群体主管部门应联合与财税部门、金融部门加强沟通，为特殊群体创业者争取更大幅度的财税减免政策、政府采购政策以及相关金融政策，为特殊群体创业在信用评级、风险评估等方面提供更大的便利和自由度，努力使特殊群体创业者享受到更低的担保费用和融资成本。三是有效发挥特殊群体主管部门、特殊群体民间组织（如有关商会）的作用，组织特殊群体创业者"走出去"，学习外省特殊群体创业者经验并利用好"一带一路"倡议机遇开拓国内外市场。

（三）加强服务，壮大一批特殊群体创新创业现代企业

特殊群体创业者比其他创业者更难，但也更希望通过获得成功来展示自己。为此，需要以更细微、更持续的服务来支持特殊群体创业者做大做强。

一是创新创业管理部门和特殊群体管理部门要强化后服务意识，以特殊群体管理部门为主体，做好特殊群体创业者的持续服务，创新创业管理部门可委托相关机构编撰《特殊群体创业情况实时通报》，及时将特殊群体创业者的政策需求反映给省委省政府主要领导或国家相关部委。二是创新创业管理部门和特殊群体管理部门联手加强与发改、工信、科技等部门的沟通协调，在特殊群体创新创业企业的不同阶段协助特殊群体争取不同的政策支持。三是创新创业管理部门针对特殊群体创新创业企业发展确立明确的目标，如到2025年特殊群体创业的科技型"小巨人"企业的数量目标和营收目标，到2030年特殊群体创业的上市企业数量目标和营收目标等，并将相应目标纳入省委、省政府相关文件和五年发展规划中。

（四）加强协调，探索一种特殊群体创新创业新型机制

特殊群体创新创业涉及面广，除创新创业管理部门及财政部门外，还事关残联、妇联、军队、金融、社保、教育、工商联等多个部门，为此亟须探索一种有利于特殊群体创新创业的新型机制。

一是着力形成特殊群体管理部门唱主角、创新创业管理部门做服务和监管的合作机制。特殊群体管理部门更了解相应特殊群体的心理心态

和现实需求，其唱主角更有利于政府部门与特殊群体创业者进行沟通，更有利于推动创新创业工作。二是在创新创业资金使用方面，参照有关专项资金对市（州）采用"分块下拨"的方式，在创新创业资金中划出一定比例的特殊群体创新创业资金，直接下拨给特殊群体管理部门，增强特殊群体管理部门组织创新创业活动的自主性和灵活性。三是在创新创业政策引导和指导方面形成合力，着力形成特殊群体主管部门做好基础调研、创新创业管理部门做好政策创新，双方携手制定培训计划、编撰创业指导目录等机制。四是创新创业管理部门要加强引导和考核，增强各类创新创业基地对特殊性群体创业的包容性，并把特殊群体创新创业情况作为考核、评价各类创新创业平台的参考指标之一。五是创新创业管理部门、特殊群体管理部门要加强与国内外特殊群体的知名创业者和知名企业的沟通，争取在吉林省设立企业主导、政府参与的、面向全国的特殊群体创新创业基金，把吉林省打造成全国特殊群体创新创业的总部基地。

（五）加强宣传，营造一种特殊群体创新创业社会氛围

针对特殊群体创新创业过程中面临的公平竞争、社会认同等问题，要加强宣传，努力使全社会形成"理解、包容、善待、支持"特殊群体创新创业的社会氛围和舆论环境。

一是加强对特殊群体创新创业扶持政策的宣传。尤其是多部门联合实施的税费减免及优惠、简化行政程序、建立绿色通道以及具有针对性的免费培训和政策解读等的宣传。二是加强对特殊群体创新创业实际效果的宣传。尤其是特殊群体人员创新创业形成的科技型"小巨人"企业、上市企业以及这些企业得到的实际政策支持内容的宣传。三是对特殊群体创业平台及服务体系的宣传。在提升特殊群体创业平台基础设施和创业环境的基础上，着力完善其服务体系并加大舆论宣传力度，尤其是面向东北地区乃至全国的特殊群体人员进行宣传，努力打造吉林省在"特殊群体创新创业"方面的品牌效应。四是创新创业管理部门与特殊群体管理部门、特殊群体有关民间组织携手，宣传吉林省特殊群体创新创业的有关政策、软环境和创业效果，努力将吉林省打造成特殊群体创新创业的示范区。

第三节　推进"双创"须关注传统产业
"二次创业"[①]

一　传统产业"二次创业"不容忽视

（一）吉林省是传统产业大省

吉林省立足国家"一带一路"建设和新一轮东北老工业基地振兴战略，主动适应经济发展新常态，目前形成了以汽车、石化、农产品加工为核心支柱产业，以医药健康、装备制造、建筑和旅游为优势产业，以及新兴产业、服务业共同发展的产业布局。

但是，传统产业在吉林省经济发展中仍占有很大比重，依然是全省经济发展的重要支撑，传统产业转型升级对于吉林省经济提质增效发展的作用举足轻重。

（二）传统产业面临升级窘境

近年来，吉林省围绕创新驱动发展，着力推进传统产业向精深化、链式化转型升级，促进了一批传统产业实现"有中生新"。

但是，很多传统产业仍面临升级窘境。一方面，传统产业粗放型增长方式仍然存在。一些传统产业的发展是以资源的过度消耗为前提的，尽管取得了较好的经济增长质量和企业效益，但这种粗放的经济增长方式已非长久之计。另一方面，传统产业核心竞争力不强。很多传统产业摊子铺得过大，产业集中度不高，工艺装备技术相对落后，低水平生产能力过剩、高附加值产品短缺等问题日益突出。此外，有些传统产业受新产业、新业态冲击严重。有些龙头企业受到新兴产业冲击及体制机制限制，已经处在发展的瓶颈期，迫切希望结合自身优势找到创新性的发展模式，保持自身持续增长，但仍停留在不得其门而入的阶段。

（三）新兴产业需要传统产业支撑

虽然新兴产业是随着新的科研成果和新兴技术的发明应用而出现的新的部门和行业，但大多数新兴产业仍需要依赖传统产业的技术积累、制造

---

① 本节作者为王天新、赵光远。

能力、产业组织而发展壮大。也就是说，新兴产业的出现并不必然意味着是对传统产业的完全取代，在很多时候新兴产业是通过对传统产业注入高新技术，使传统产业的活力得到增强，进而促进其成长性和竞争力有所提升而实现的自身发展。因此，传统产业与新兴产业不仅没有绝对的边界，传统产业具备的基础牢、韧性好、潜力足、回旋空间大的发展优势反而成为新兴产业发展的重要支撑。

（四）传统产业更加贴近民生

近年来，吉林省稳增长的主要对象是传统产业，传统产业与全省生产生活联系紧密，无论社会处在什么阶段、发展到哪个形态，都离不开传统产业的发展。农业、食品制造业、餐饮业、运输业等传统产业对于解决社会民生问题的作用尤其突出，"十三五"期间是全国脱贫奔小康的重要五年，吉林省减少贫困人口的目标尤为艰巨，要实现这一目标，就必须充分发挥传统产业的"压舱石"和"助推器"的作用，因此，有必要采取创新性的方式推动传统产业进行"二次创业"，加快实现转型升级。

二 华魂模式：聚焦传统产业"二次创业"

华魂模式是指华魂商盟和富广场创业园在推进创业园区过程中的一些特色做法。调研显示，该模式持续聚焦传统产业的"二次创业"，致力于实现从共享服务式创业、共享设备式创业的初级创业园模式向共享品牌式创业、共享发展式创业的高级创业园模式跃升，对吉林省推进"双创"以及推动传统产业转型升级具有一定的启发性意义。

（一）构筑传统产业创业平台

华魂模式通过构筑传统产业创业平台，不仅为入驻企业提供运营所需要的基本场所和基础设施，还为其提供投融资等金融服务以及人才开发与培训服务。这在很大程度上实现了对传统产业"二次创业"所需资源的集成聚合，促进了传统产业创新创业要素的扩散叠加和高效溢出，极大地推动了传统产业实现资源对接和提速发展，集聚效应和规模优势均有所提升。

（二）助力传统产业理念跃升

华魂模式不仅为入驻企业提供包括资金、信息、咨询、政策、技术等多个方面的"一站式"服务，还为企业设计了专业性的定制化人才培训服务。华魂通过为入驻企业的管理层及员工提供个性化的培训服务和各类讲座，推动入驻企业转变生产经营理念，提高了传统行业企业的创新能力、策划能力、组织能力、协调能力及管理能力，其发展模式为传统行业进行"二次创业"提供了人才保障和智力支持。

（三）推进传统产业共享发展

华魂模式主张推行"入伙制"，即入驻企业通过交纳会员费成为华魂联盟一员，所有会员费用于华魂创业园区的日常运营发展。但与其他大部分创业园区不同，华魂模式倡导共享发展。具体而言，入驻企业在华魂园区的多项管理和服务中受益，其"二次创业"能力得到提升，同时入驻企业的自身发展和通力合作也促进了华魂商盟品牌价值、市场价值的整体跃升，华魂商盟通过向入驻企业给予股份分红的方式与园区企业共享品牌价值、市场价值的增值部分，有利于推进传统产业共享发展。

（四）建设传统产业未来社区

华魂模式的核心价值不在于提供办公场地，而在于其提供辅助"二次创业"的服务，比如培训辅导、融资对接、活动沙龙等。华魂通过沙龙、培训、讲座等活动，促进了传统产业的"二次创业"者之间的交流与合作，共同的办公环境更是促成了创业者之间的互帮互助、相互启发及资源共享，无形中构筑了传统产业企业的互动社区，在协同进步中产生聚变共赢的效应。

三 在"双创"中推进传统产业"二次创业"的对策建议

"十三五"时期，发展的重中之重是加快推进传统产业转型升级，这不仅需要发挥平台的集聚作用，吸引传统产业集聚发展，实现"二次腾飞"，而且需要发挥传统行业企业的主体作用，引导企业家转变传统经营理念，推进"二次创业"。在"华魂模式"的基础上，结合吉林省省情，提出如下对策建议。

（一）在"双创"中打造若干传统产业"二次创业"平台

1. 建设综合性的传统产业"二次创业"平台

借鉴华魂模式，应针对传统产业"二次创业"的资源和服务需求，以配套支持全程化、创新服务个性化、创业培训专业化为重点，打造若干集成服务的综合性平台，为传统产业进行"二次创业"提供有力支撑。

2. 建设专业性的传统产业"二次创业"平台

针对吉林省传统行业的不同类型，建设能够提供定制化规划咨询服务的专业性平台，为处在"二次创业"进程中的传统制造业、服务业等行业企业提供专门性的服务。

（二）双轮驱动传统产业"二次创业"

1. 理念跃升驱动传统产业"二次创业"

通过构建综合性和专业性的"二次创业"平台，传统行业企业将获得信息、政策、咨询、培训等"一站式"服务，这将有助于转变传统行业企业管理者的经营理念，理顺其"二次创业"的发展思路，进而从根本上改变目前低端、粗放、低效的发展现状。

2. 技术应用驱动传统产业"二次创业"

在通过理念跃升驱动传统产业"二次创业"的基础上，还应探索应用互联网、远程会议、即时通信等现代信息技术，以及通过创业园区服务为传统企业引进先进技术，拓宽传统行业企业对内对外交流学习的沟通渠道，助推提升经营管理效率。

（三）探索传统产业"二次创业"多元模式

继续鼓励"共享服务、共享设备"等初级创业园模式发展。共享服务方面，加快促进创业园区入驻企业共享"二次创业"平台的多种服务，应基本涵盖运营设施服务、金融服务、信息服务、政策法律服务、人才培养服务、宣传推广服务等。共享设备方面，支持入驻企业共享创业园区的多种物业形态和基本设备，支持入驻企业将自身闲置设备用于共享服务，促进园区一切实体和服务资源更高效地应用于入驻企业的"二次创业"。

大力支持"共享品牌、共享发展"等高级创业园模式发展。强化共享品牌发展。推动入驻企业不仅有资格使用创业园区的一切实体设备和服务资源，还能够共享创业园区的品牌，实现企业与园区在品牌建设中的良性循环互动：创业园区的品牌效应持续为入驻企业的对外交流发展保驾护航，入住企业的升级壮大又提高了创业园区的品牌知名度。强化共享发展模式。入驻企业不仅在创业园区的扶持中获得自身发展，还能够通过推动创业园区的发展获得股份回报，共享创业园区的发展红利。

（四）大力推动高级创业园模式发展

引导其他创业园改变创业思路和发展模式。未来众创空间将更全面深入地与传统产业融合，切实带动实体经济转型发展，因此，亟须引导创业园转变发展理念，用更先进的理念、更适合的发展模式创新创业园区建设思路。创业园不应停留在场地的运营，而应致力于构筑综合性和专业性的服务平台，在帮助传统行业企业成功进行"二次创业"的同时，还应积极探索共享园区发展红利的模式，从而形成紧密联系的"二次创业"企业社群，真正释放传统产业集群转型发展的聚变效应。

寻找更多基于商业模式创新的创业园发展案例。高级创业园除了为创业者提供办公场地及交流空间外，更应该为传统产业"二次创业"者构建一个提供全方位创业服务的生态系统。对此，应积极发掘吉林省内基于商业模式创新的创业园发展案例，在模式比较中获得推动创业园有序发展的真知灼见，在经验学习中吸收更多助推传统产业"二次创业"的创新思路。

第四节 医药健康产业发展存在的问题及应对建议
——基于个案调研的结论①

医药健康产业是吉林省"十三五"规划中的第一优势产业，也是吉林省打造新的支柱产业的重要对象。2016年以来，《关于加快推进全省中医药发展的意见》《吉林省人民政府关于推进医药健康产业发展的实施意见》先后发布，足见吉林省对医药健康产业的重视。但是，通过个案调研发现的四个共性问题，亟须引起关注。

一 四个共性问题

（一）重大展会缺少吉林印象

2016年4月17～20日在上海举行的第75届中国国际医疗器械（春季）博览会，始创于1979年，已成为亚太地区最大的医疗器械及相关产

---

① 本报告于2016年6月获时任吉林省副省长高广滨同志批示。

品、服务的展览会，每一届都达到 2500 家以上的医疗器械企业、100 多个国家和地区、15 万人次以上的规模。这一展会有 26 个省市展团（22 个省级行政区、4 个省会或副省级城市），但展团名单中没有冠以"北药"基地之名的吉林省。

此外，在 2016 年 4 月 21 日举行的重庆高交会上，也没有吉林省省级代表团参会，只有长春市的代表团参加展会，吉林市、延边朝鲜族自治州和通化市等设有国家级高新区的市（州）均未参加该次展会。

（二）吉林企业正在被"挖墙脚"

作为本文个案的企业，历经十余年时间开发出的、颇需市场拓展的高科技医疗器械产品，由于没有省级政府部门或中介机构的组织，无法获得相关展会的展位。据企业相关人员介绍，该企业只能通过私下购买外地企业展位的形式进行参展，不仅所获展位面积较小，仅能容纳一台设备，而且获得展位的成本不菲，同时还要接受一定的附加条件：不得透露出企业的"吉林"背景。同样是在这个展会上，这个企业因为开发的高科技医疗器械产品，已经接到深圳、北京等发达地区抛出的"橄榄枝"，希望该企业搬迁至深圳或北京进行发展。

据了解，吉林省在该产品研发和产业化方面已经进行了长期支持，投入了大量的人力、物力。但是，吉林省在产品营销、会展等配套环节的失误，很有可能会导致企业被"挖墙脚"。这一现象亟须引起重视。

（三）政府服务存在一定不足

调研还发现了另一问题：该企业的医疗器械产品，在历经十余年研发成功后，却因为在服务定价方面的障碍而无法进一步推广。服务消费者的价格得不到审批，医疗机构就没办法使用该产品，企业也就没办法销售该产品。据企业有关人员反映，从企业申请服务价格审批事宜至今已近 3 年，专家论证等环节均已通过，但是一直得不到正式批复。其间，由于政府下放价格审批权限等事宜，企业已经找不到价格审批的主体，还无法确认该价格是否仍需要审批，服务价格审批一事无从着手。尽管该企业在价格审批过程中得到了有些市（县）级政府部门的帮助，但仍未解决相关事宜。

（四）医药健康产业的"三个不利境地"

结合以往的研究，吉林省医药健康产业包括中医药产业正在步入"三个不利境地", 即"重技术、轻市场""重制造、轻品牌""重资源、轻配置"。"重技术、重制造、重资源"无可厚非, 但市场、品牌、配置也很关键。一方面, 医药健康产业的主体是企业, 企业存在的根本是市场。而市场开拓不只需要企业自身的努力, 也需要政府部门的协助。另一方面, 医药健康产业的核心是产品品牌或服务品牌, 没有产品(服务)品牌, 一个区域的医药健康产业迟早要被其他地方打败。此外, 医药健康产业的发展不能依赖"吃老本", 不能过于依赖现有的优势资源, 而应该把现有资源放在战略位置, 发挥杠杆作用, 强化资源配置功能, 撬动全国乃至全球的资本参与、研发集聚、模式创新, 产生更大的效益。吉林省做大做强的医药健康企业如修正、东宝、敖东等, 均在这一方面具有丰富经验。但目前市场机制未发挥出应有的作用, 战略资源配置其他资源的能力仍未显著体现。

二 有关建议

以上现象的出现主要有三方面原因, 一是政策供给不精准, 二是服务意识不积极, 三是市场观念太淡薄。针对以上问题, 结合《吉林省人民政府关于推进医药健康产业发展的实施意见》《吉林省人民政府关于推进内贸流通现代化建设法治化营商环境的实施意见》等文件, 笔者从公共管理和产业发展两个层面提出相关对策建议。

(一)公共管理层面

1. 党政领导要强化三结合模式, 发挥表率作用

吉林省党政主要领导一直高度重视企业发展, 2016 年以来多次到各地企业调研, 了解问题, 解决企业实际困难, 发挥了实质作用。但是, 吉林党政领导在重视企业发展方面不只要"走下去", 还要创新形式、创新路径, 形成吉林特色。要强化三结合模式重视企业发展。

一是上下结合, 即"请上来"和"走下去"相结合。吉林党政主要领导既要"走下去"到工厂倾听基层声音, 又要把企业家、创业者"请上来"谈问题、谈建议。

二是前后结合, 即"站前台"和"作后盾"相结合。吉林党政主要领导既要选好场合努力"站前台"推介吉林好企业、好产品, 又要为企业家、创业者争取省级、国家级各种政策、解决公共服务不足等问题"作后

盾"。

三是大小结合，即"大座谈"和"小交流"相结合。吉林党政主要领导既要组织以企业为主体的包括官员、专家等在内的"大座谈会"听取多方面意见，又要学习域外经验定期组织只有主要领导和企业家、创业者参与的小型交流会议，交流企业家、创业者在大座谈会上不好直言的问题和现象。

2. 公共政策要强化"四多四少"实现精准供给

公共政策供给精准化是供给侧改革的大趋势。吉林省每年制定的公共政策很多，但从当前看，政策供给的精准化程度不高。对此，公共政策制定要强化"四多四少"原则。

一是"多数字、少文字"。即多数字指标以考核政策文件落实情况，少文字篇幅让市场主体直面具体政策措施。

二是"多金融、少财政"。即多用金融手段，强化市场机制和风险收益观念；少用财政资助，推动市场主体加速资金流动，防止区域经济对财政资金的过度依赖。

三是"多企业、少行政"。即公共政策要多发挥企业作用、多具备企业思维、多一些长期效益观念；少一些行政界限、少一些行政壁垒、少一些行政权力意识。防止企业需求与公共政策脱钩，引导企业发挥市场主体作用。

四是"多明确、少模糊"。即政府部门公布的公共政策不仅要明确目标、任务，还要明确项目、路径、责任主体、具体任务的阶段性目标等，公共政策明确才能落实、做实。同时政策文件中原则性的、指向性不清的、模糊性的任务要避免提及。

（二）医药产业层面

1. 推动医药产业"四化"发展

医药产业"四化"发展，即"战略全球化、市场本地化、品牌集约化和资源战略化"。

"战略全球化"要求医药健康产业发展必须关注全球相关行业发展态势、医药产业最新成果和世界市场的需求变化，制定面向未来、面向全球，利用全球技术资源、人力资源的发展战略，来指导吉林省医药健康产业发展。

　　"市场本地化"要求医药健康产业要在开拓省外乃至国外市场的同时，重视医药健康产品本地需求的扩大，目前的财政对医药健康产品的支持是从产业端入手的，应探索研究从消费端入手解决医药健康产品发展问题。

　　"品牌集约化"要求吉林省发展医药健康产品要抓住关键环节，不要贪大求全，重点支持 1～2 个市场品牌和 1～2 个品牌环节引领吉林省医药健康全产业发展。

　　"资源战略化"要求吉林省要把"人无我有"的医药健康产业战略资源进一步做精做强，不能自降战略性资源身份，甚至要在一定程度上"逆市而上"主动提高战略资源的价格，使资源的战略质量与市场价格相符。

　　在"四化"基础上，要进一步统筹推进战略资源价值提升、特色品牌价值提升、宣传营销手段创新、管理模式创新以及业态创新等方面内容，通过特色服务、高端服务提高医药健康产业附加值。

2. 防范医药产业"创新边缘化"

　　"创新边缘化"指的是在非核心技术领域进行创新的态势和过程。吉林省医药产业存在"创新边缘化"问题，已上市医药大品种的二次开发与提升、化学药首仿药等都是"创新边缘化"的体现，并不完全有利于增强吉林省医药产业创新能力。对此，吉林省科技政策、产业政策等方面应强化"三核心"导向，即"科技研发以首创产品为核心、政策引导以效益实现为核心、发展目标以全球品牌为核心"的导向。

　　"科技研发以首创产品为核心"要求科技政策、研发项目、资助手段的调整和改进，一方面，非首创产品研发项目原则上不予过多支持，在省级财政专项资金中的比例不应高于 20%；另一方面，对于首创产品的项目，要针对医药行业特点，延长研发项目周期，强化研发资金使用监管，建立具有医药行业特点的研发资金绩效管理制度。

　　"政策引导以效益实现为核心"要求医药产业专项资金的投入必须强化效益导向，引导企业重视市场营销环节，重视对产品创新的再投入。一方面，在医药产业专项资金中，有偿或部分有偿的投入比例不应低于 50%；另一方面，单个项目的资金投入要探索无偿投入、股权投入、债券投入的组合方式，而不是单一方式。

　　"发展目标以全球品牌为核心"要求吉林省医药产业、医药企业要有大战略、大布局。一方面要紧抓近几年海外市场中药热的机遇，采用收购重组、建立分厂等方式到相应国家进行产业布局。另一方面要引导有潜力、有实力的企业，加强与知名行业智库合作，以建设全球医药健康行业品牌为目标，制定企业发展的规划或路线图，谋划打造 1~2 个全球品牌医药企业。

3. 优化医药产业"市场端"

在前述"三核心"导向的基础上，医药产业要加强"体验端""服务端""文化端"建设，支撑整个医药产业"市场端"的优化。

医药产业"体验端"要求有关产业主体、管理部门重视消费者对吉林医药产业的印象。一方面，要推进建立吉林省公共的医药产业产品体验中心，使消费者了解医药产业、产品的特殊性以及有关宜忌常识，促进消费者对医药产业尤其是中药产业的认知，促进医药产品尤其是首创产品功能的认可；另一方面，吉林省应利用好长白山品牌，组织"全球动植物药、生物药发展论坛"和"全球动植物药、生物药博览会（或交易会）"，面向东北亚乃至全球的医药消费者建设体验平台。

医药产业"服务端"要求有关医药产业经营主体学习其他行业经验，加强售后服务。一方面，要改变医药企业把药卖到药店或医院就结束的服务流程，要探索研究相关制度推动医药企业延伸服务至消费者，使医药企业通过了解产品（服务）购买群体以及使用效果来改进自己的产品（服务）；另一方面，要仿照食品可追溯制度，建立医药产品的可追溯制度，并建立医药产品消费者评价平台，使消费者在医药产品（服务）消费后有平台、有机会反馈使用信息，倒逼医药企业改进自己的产品（服务）。

医药产业"文化端"要求医药产业发展不只是卖产品（服务），还要融入医药文化和区域文化。一方面，吉林省医药产品尤其是中药产品，必须结合长白山文化进行市场开拓，通过文化融入提高产品附加值，让消费者只要提起长白山，就能想到吉林医药产业；另一方面，吉林省医药产业发展要重视文化建设，把医药文化、区域文化、民族文化和企业文化统筹起来，把医药产业、旅游产业、文化产业、会展产业整合起来，实现"用医药产品丰富文化体系，用文化内涵促进医药产业发展"的目标。

|第七章|

有关区域发展问题的相关报告

第一节　吉林省特色城镇化面临的深层次
问题及对策建议

特色城镇化是吉林省经济社会发展中的核心工作之一，但是"四新经济"已经对过去的特色城镇化模式提出了新的挑战。本节结合实地调研，就大学外迁、吉浙合作、基础设施、资源资本的作用、新城旧城建设及"挤水分"等对城镇化的影响进行了讨论。

一　大学外迁能否支撑城镇化发展？

问题的提出：知识密集是现代城市发展的重要特征，青年集聚是现代城市活力的重要体现。但大学外迁尤其是分散式外迁正在蚕食大中城市的核心竞争力。以长春市为例，近年来大学外迁愈演愈烈，除高新、净月等大学城外，北湖、空港乃至周边的范家屯、兰家等地，均已成为大学外迁的目的地，长春市中心的知识密集度和青年集聚度已经显著降低。

对此，有以下几点思考。

第一，大学外迁导致外地大学生对大学驻地城市缺乏认知，也使大学生对驻地城市缺乏感情，进而大学生毕业后不愿意留在大学驻地城市就业创业。

第二，大学外迁也导致大学的科研机构、创业平台分布更为分散，大学作为创新型经济重要孵化平台的功能被严重弱化。

第三，大学外迁目前只是带动了低端服务业发展，很多学校周边已经成为低端服务业集聚区。从长期看，基于当前模式的大学外迁很难从本质上提升城镇化水平和质量。

应对措施如下。

第一，谨慎推动大学外迁。大学竞争力达不到一定程度的不适宜外迁；大学外迁需要强化集聚型外迁，避免分散式外迁；大学外迁应与外迁地基础设施建设相匹配。

第二，建设环大学知识经济圈。围绕吉林大学、东北师范大学等部属高校以及大学集聚地区，布局大学科技园、双创平台等设施，支持高新技术企业迁移至大学周边，着力打造环大学知识经济圈。加速改变大学周边旅店、快餐、网吧等低端服务业发展的格局。

二　吉浙合作如何支撑城镇化发展？

问题的提出：吉林与浙江对口合作是吉林省特色城镇化发展的重大机遇。吉林省在推进城镇化的过程中需要向浙江学习何种经验，需要在实践中落实何种政策都很重要。机遇稍纵即逝，吉林省需要快速行动，确定方向。

因此，有以下几点思考。

第一，浙江省城镇化的最大动力是工商业发展，最主流的形式是小企业铺天盖地式的发展，初始动力是企业"走出去"发展。

第二，吉林省一直把大企业当作城镇化的动力，企业强则城镇强，企业衰则城镇衰，近年来城镇招商引资也大致如此。最后的结果就是大企业不愿意来，小企业不愿意招，小城镇内生动力不足，大多数城镇发展变成了为大城市"打工"，城镇难以升级为城市。

第三，有关调研发现，吉林省各类开发区对大企业有各种优惠，对小企业则挑三拣四，最终很多有市场潜力的小企业不得不到外地去发展。

应对措施如下。

第一，重新调整城镇、开发区招商引资政策，要侧重于发展有潜力的、由本地资本和人才支撑的中小企业，特别是要发展科技型"小巨人"企业。

第二，加大特色示范城镇试点和政策创新。按照权责相统一的原则，将一批试点城镇行政管理权限、经济社会发展事务外包给浙江有关企业集团进行重新规划和市场化运营。

第三，有关城镇或开发区要更加重视产业体系培育，更加重视工商业协调发展以及工业内部按产业链进行项目布局。

三　基础设施能否支撑城镇化发展？

问题的提出：近年来吉林省在高速铁路、高速公路、民航机场、通信网络等基础设施方面进行了大规模投入。基础设施方面的增强，加快了资本、劳动等生产要素的流动。从流动方向上看，这些生产要素更多的向长春等大城市集聚，一些中小城市（城镇）人口更趋萎缩，经济发展后劲严重不足。吉林省城镇化发展战略再次面临以大城市带动为主还是大、中、小城镇协调发展为主的选择。

因此，有以下几点思考。

第一，长春市是吉林省经济活力最强的区域。但长春市及其主城区的人口密度与全国经济活力最强的京、沪、深等城市相比仅为 1/10 左右，经济密度则相当于 1/20 左右。相比之下，长春市及其主城区人口密度至少可以提高到现在的 2 倍以上，也只有提高到目前的 2 倍以上，才能发挥出长春市省域中心城市的带动作用。也就是说，长春市市辖区人口至少要达到 1000 万人以上，长春市人口至少要达到 1300 万人以上。

第二，"四新经济"背景下要求生产要素区域集聚、集约利用、集成使用。但以吉林省当前 2700 万人左右的人口总量，在传统经济背景下形成的大中小城镇协调发展为主的城镇化战略实质上将导致生产要素分散和资源使用的浪费。为促进工业化、城镇化的协调发展，为促进"四新经济"发挥作用，吉林省必须依靠经济规律，强化人口集聚，促进长春市长吉都市区人口到 1500 万左右。

第三，全省人口大规模向长吉大都市区集聚，有利于吉林省中部创新发展转型核心区建设，也有利于保护吉林省东西部生态环境。

应对措施如下。

第一，以人口大集聚为主导，改变过去分散城镇化的策略，按照区域集聚、集约利用、集成使用的原则，重新制定吉林省城镇化发展规划。

第二，集全省之力，对标国内一线城市，优先提升长春市以及长吉都市区的城市基础设施水平和保障能力。促进全省交通通信设施提升与长吉聚集区基础设施、公共服务能力提升的协同发展，形成交通通信推动人口向长吉大都市区集聚、基础设施公共服务吸引人口向长吉大都市区集聚的新型格局。

四 资源还是资本主导城镇化发展？

问题的提出：吉林省城镇大多依赖自然资源在推动产业和城镇化发展，这些自然资源包括粮食、中药、林木、矿产等。但是，这些城镇营商环境与大中城市比差距越来越大，招商引资的难度越来越大，资源转换成资本的问题越来越突出。从全省特色城镇化发展看，在"四新经济"背景下，资源对城镇化的主导作用越来越弱，甚至可以说资源只有被送到资本密集之处才能产生经济效益。

因此，有以下几点思考。

第一，资本既包括产业资本、金融资本，也包括人力资本、知识资本。可以说资本的总部在哪里，哪里就可以凭借资本在全世界赚利息。相比之下，资源只是资本获取收入的工具或原料。

第二，吉林省资本最密集的地方在哪里，哪里就应该成为吉林省城镇化动力最强的区域。特别是人力资本、知识资本最密集的区域，更应该成为吉林省城镇化动力最强的区域。

第三，吉林省有些城市（或城镇），应在资源主导作用弱于资本主导作用的时期，把特色资源的保护列为首位，把特色资源的战略性提到应有高度，而不是盲目开发，浪费资源。

应对措施如下。

第一，吉林省城镇化发展应强化非自然资源的开发，应强化自然资源的保护。尤其是要推动文化旅游资源（如民俗旅游等）的开发、自然资源保护型产业（博物馆、展览馆等文化产业）发展。

第二，吉林省特色城镇化建设以及正要开展的特色小镇建设，应把一个城镇、一个区域的资本密集度作为核心考核评价指标。没有资本、只有资源的城市和城镇，在"四新经济"背景下迟早是要被淘汰的。

第三，支持大城市与周边中小城市在资本流动和运用方面建立合作联盟，以企业为主体，以市场化手段为核心，以点对点形式发挥大城市资本密集度对中小城市的带动和支撑作用。

五 新城旧城如何支撑城镇化发展？

问题的提出：当前，很多城市（城镇）都在建设开发区、工业集中区。有的地区开发区、工业集中区已经成为所在城市的新城区，但还有一些地区的开发区、工业集中区就是空架子。不同地区开发区等新城区发挥作用具有显著差异。同时不同城市（城镇）还面临老城区改造提升的问题。如何促进新城旧城协同互动，支撑城镇化发展，是一个亟须破解的问题。

因此，有如下几点思考。

第一，国家和省里正在推进开发区整合和机制体制创新。吉林省的人口规模和经济体量，到底需要多少个省级及以上的开发区，需要认真研究，该留的留，该撤的撤，该并的并，必须彻底改变吉林省开发区工作中存在的"碎片化、分散化、重复化"现象。

第二，新城建设不盲目，旧城改造重实效应成为吉林省新城旧城协同支撑城镇化的重要原则。

应对措施如下。

第一，加快整合省级以上开发区、取缔省级以下开发区的步伐。应按照吉林省的人口规模和经济体量，全省保留适当数量的国家级开发区和适当数量的省级开发区即可，集中资源，重点倾斜，做大做强。

第二，鉴于统计数据和网络大数据指标所得结果差异较大，建议省里成立专门的利用网络大数据监控全省经济发展的有关平台或机构，服务于全省宏观决策尤其是城镇化推进工作的相关决策。

六 目前迫切需要推进的五项工作

根据以上分析，亟须从以下五个方面着手施策，推进吉林省特色城镇化进程。

第一，根据"四新经济"的新特征和新需要，做好新型城镇化评估工作，重新修订或制定吉林省的城镇化发展战略，把长吉大都市区集聚人口作为核心目标。

第二，从百年发展视角重新审视高校外迁对吉林省经济社会发展的作用，重新规划高校外迁相关工作。尽快制止高校的整体外迁，可考虑支持高校采用建立分校模式支持有关地区发展。利用现有基础，谋划打造环高校知识经济圈。

第三，加快推进开发区整合工作，按照一定数量的国家级开发区和省级开发区的目标，推进整合并着力改变开发区工作中存在的"碎片化、分散化、重复化"现象。

第四，指导并调整城镇、开发区招商引资政策，侧重于发展有潜力的、由本地资本和人才支撑的中小企业，特别是要发展科技型"小巨人"企业。

第五，在吉林省特色城镇化建设以及正要开展的特色小镇建设，把一个城镇、一个区域的资本密集度而不是资源密集度作为核心评价指标。

第二节　科学治理、市场导向，提升特色城镇化发展水平①

特色城镇建设已经成为中国新型城镇化建设和培育新生中小城市体系的重点问题之一。本节基于对长春、吉林、四平、辽源、通化、白山、松原、白城等地 100 个城镇的实地调研，结合相关研究成果，认为特色城镇发展的核心是科学治理和市场导向。

一　吉林省特色城镇的发展现状——基于 100 个城镇的调研

实地调研的 100 个城镇涉及国土面积超过 2.5 万平方公里，城镇建成区面积超过 300 平方公里，涉及人口超过 300 万人。这些城镇中包括 14 个县城驻地镇，7 个边境型城镇，4 个市（县）郊型城镇，3 个镇局（林业局、矿务局）一体型城镇和 2 个中国特色小镇。总体而言，这些城镇发展水平差异巨大，主要体现在如下 5 个方面。

（一）城镇建设规模差异巨大

在中科遥感的实时地球软件上以同等比例尺、同等面积截图，可以显

---

① 本节作者为赵光远、李平。本节相关内容曾以《特色城镇的发展路径探析》为题发表于《上海城市管理》（2017 年第 1 期），署名为赵光远、李平。

示出城镇建成区面积的差异。如双辽市王奔镇和梅河口市山城镇，两镇距离最近城市均不足30公里，均有高速公路经过，但山城镇的建成区面积是王奔镇的4倍以上。山城镇的建成区建筑物密度明显高于王奔镇，王奔镇建成区中超过4层的建筑物较少，山城镇建成区中6层以上的建筑物比比皆是。

在调研的城镇中，除县城驻地镇外，建成区规模较大的城镇（大于5平方公里）的数量占10%左右，建成区规模较小的城镇（小于1平方公里）的比重超过40%，甚至超过10%的镇建成区不足0.5平方公里。

（二）城镇基础设施差异巨大

不同城镇之间的基础设施差异巨大。如东丰县小四平镇、抚松县漫江镇，两个镇镇区面积接近，其中漫江镇位于山区且有省道经过，小四平镇位于山区向平原过渡区域，只有县道经过。小四平镇的街道十分宽敞、干净、平整，漫江镇的街道则崎岖不平且很狭窄。街道两边的建筑也能体现出两个城镇基础设施的差距。

在调研的城镇中，除了县城驻地镇外，城镇基础设施水平能够达到小四平镇水平的比重大致在10%左右，60%左右的城镇都是沿交通线而建，20%左右的城镇建设水平与漫江镇接近。

（三）城镇产城融合差异巨大

不同城镇之间产城融合差异巨大。抚松县露水河镇和抚松县泉阳镇均是镇局（林业局）一体型城镇，两镇建成区规模、人口比较接近，均有铁路经过，距离高速公路距离相仿。露水河镇的镇区建设和林业局区域建设基本融为一体，两个区域没有明显差别，可以说产城融合得比较好。泉阳镇中的镇区建设与林业局区域建设则差异巨大，林业局区域是现代城镇风格，而镇区建设则仍是传统乡镇风格，两个区域被铁路分割开来，同时连接两个区域之间的道路也已破损严重，足以看出这一城镇产城融合发展水平显著弱于露水河镇。

此外，还有一些镇局一体化的城镇（如梅河口市红梅镇）面临着资源枯竭、塌陷区环境治理、交通设施改善等问题。

（四）城镇市镇融合差异巨大

对于市郊镇而言，不同地区市郊镇与城市发展的融合度差异巨大。如集安市太王镇已经与市区融为一体，实地调研中未感受到两地有何界限、有何差别。而梅河口市黑山头镇、曙光镇距离市区中心区均在 5 公里以内，可以说就在城市外环路沿线，但两镇建成区规模仍然不大，与市区之间仍有很大部分的空白地带。此外需要说明的是，太王镇融入的集安市区在建设规模、经济规模、产业规模以及行政级别等方面显著弱于黑山头镇、曙光镇需要融入的梅河口市区。

此外，公主岭市大岭镇融入长春市、马鹿沟镇融入长白县城、松江河镇与东岗镇融合发展、那丹伯镇与营城子镇融合发展、铁厂镇与鸭园镇融合发展等问题也应值得关注。

（五）城镇特色水平差异巨大

在调研的 100 个城镇中，有 2 个是国家住建部认定的中国特色小镇，有 5 个具有丰厚民族历史特色文化积淀的城镇，也有为数较少的产业具有特色的小城镇。即使在这 7 个城镇镇区建设中，也只有 2 个城镇具有一定特色。此外，仍需要关注三种现象。一是有些民族自治县政府驻地镇（如长白朝鲜族自治县长白镇）很少能够看到其民族特质元素，更多的是现代城镇建筑风格。二是有些边境城镇（如鸭绿江沿岸相关城镇），很难发现具有边贸活动的特征。三是有些特色城镇（如辉南县金川镇），不仅进入镇区的公路（自抚民镇进入金川镇的公路）亟待修缮，而且镇区中缺少生态特色标识，缺少让人记忆深刻的特色印象。

二 特色城镇发展的路径设计和对策建议

（一）发展路径

前述分析以管中窥豹的方式阐述了吉林省特色城镇发展存在的 5 个问题，同时这些问题也是特色城镇建设中"特而不精""特而不强""特而不新"等问题的直接原因或间接原因。从这 5 个问题出发，并紧密结合新经济发展需要，本节按照"规模协调化、机会均等化、要素多元化"的思路，对吉林省特色城镇发展的路径进行了设计。

"规模协调化"是指大力推动大中小城镇的协调发展，在现有城镇体系中通过促进城镇合并等手段，打造若干综合型特大型城镇和特色型专业型城镇，优化城镇规模结构。

"机会均等化"是指大力推动各类城镇基础设施建设、棚户区改造以及对各类城镇的信息化改造，使所有城镇在基础设施方面缩小差异，促进各类城镇具有同等的获得信息、获得资源、获得市场的机会。

"要素多元化"是指要引导小城镇管理者加快应用新要素，打造新动能，甚至在一定程度上需要为小城镇更新一批管理者，从而实现观念、要素、模式等各个层面的新组合。

（二）对策建议

在上述思路下，课题组认为特色城镇的特色发展，应重点是科学治理，关键是市场导向，手段是激发活力，目标是提升品牌。在这一过程中，要坚持政府引导和社会推进并举，坚持规模扩大和品牌提升并重，兼顾先进科学技术手段对生产生活方式的深改造和特色产品服务的微改造，竭力推进特色城镇名气、产品、市场"三提升"，努力形成创新、人才、智慧"三驱动"，推动特色城镇的特色水平和城镇规模在协调互动中迈向更高水平，最终形成特色城镇支撑区域科学发展的新格局。

1. 多渠道并举以赢特色之名

特色城镇建设及其特色程度需要社会认可和科学评价。为此，特色城镇需要强化"名气"建设，使"名气"成为特色发展的助推力量。①各级政府的特色城镇的认定工作和相应的宣传工作要有针对性，不宜过多，如每年定点宣传几个特色城镇等。②各级政府应加强与上级政府部门的沟通协调，为特色城镇争取更高级别的特色城镇之名头。③组织有关省内外公益性智库机构开展特色城镇竞争力、特色发展水平、特色经济贡献度等方面的评价研究，向社会要名气。④推动一些专业性展会、微展会到特色城镇举办，使会展与产业、商贸互动发展，着力打造一批小"博鳌"类的特色城镇。⑤支持特色城镇引进知名人士、知名团体做公益代言，如篮球、足球俱乐部以及体育界、文娱界知名人士等，为特色城镇做形象代言。

2. 强产品服务以成特色之实

特色产品（服务）是特色城镇的根基，但特色城镇不能只依赖传统的特色，要坚持传统特色为主、现代元素融入的原则，对传统特色进行"智能+""科技+"的微改造，形成适应性更强、持续性更强的系列特色产品（服务）。①深度发掘特色城镇的灵魂。特色城镇的特色，不能过度依赖于其资源，也不能过度依赖于其区位，而只能依赖于其灵魂，即文化层面的、可代代传承的特色。特色城镇产出的产品（服务）必须加注特色的文化标志，如长白山区城镇的产品可以加注长白山标志，松花江沿岸城镇的产品可以加注松花江标志等。②引进最新的科技手段，使特色城镇的基础设施、公共服务等更好地满足不同人群的差异性需求，如兼顾旅游者和投资者的需求等；新技术的应用，不能损害原有文化，必须更加强化对传统符号和文化标志的显示度，如虚拟现实技术等与特色产品（服务）的结合；必须强化微改造意识，即不改变原有产品外形、质地情况下去改进特色产品的性能体验，如利用3D打印技术、精密数控技术改进有关传统产品的外观体验等。

3. 拓深度市场以增特色之利

市场价值提升是特色城镇发展的终极体现。特色城镇市场价值的直接表现是特色城镇产品（服务）在量和质两个方面的持续突破。①在产品（服务）提供方面把制定标准作为重要手段，通过标准限制和严格监管，采用外包、控股、授权等多种方式利用更广大地区的资源提供产品（服务）。②在产品（服务）提供方面更加重视依托于自身特色文化的创意生产，并且要把这种创意生产作为特色城镇产业发展和人才集聚的重要手段。③强化质量建设，推动质监部门、知识产权保护部门、信用评价部门直接到特色城镇设置相应的监测点、服务点，以政府服务保障特色城镇产品（服务），筑造品牌引领的基础。④推动特色城镇"走出去"，主动参与国内外宜居城镇、特色城镇的评选，以舆论提升品牌引领程度。⑤积极打造特色城镇品牌群和特色城镇群品牌，借力已有产品（产业）品牌强化特色城镇品牌，如以同一品牌（标志）命名区域临近的生态旅游小镇、温泉小镇、森林小镇、稻花小镇等特色城镇，打造特色城镇群品牌，或将多个特色城镇品牌标识组团推介、打包宣传，打造特色城镇品牌群等。

4. 联创新人才以强特色之基

传统城镇的发展理念不可能推动特色城镇发展成新生中小城市甚至是大城市。为此，特色城镇的发展必然需要在观念和政策等层面予以最大力度的创新，进一步看人才是创新的基础，特色城镇发展必须强化与创新资源、人才资源的联系。①凡国家未明文禁止的，鼓励特色城镇先实验后立法。②以建设新型中小城市为目标，赋予特色城镇中小城市的行政级别和权力，建立省级行政长官负责的特色城镇推进制度。③各级特色城镇出于自身需要草拟的各种政策，经过专家充分论证的，上级部门原则上不可以各种理由不予支持。④各级特色城镇必须与省内外相应技术研发机构、智库机构形成战略合作关系，保障特色城镇在特色文化保护、特色产品开发方面的持续性和先进性。⑤特色城镇建设必须应用先进的理念和思路制定特色城镇发展规划，且各特色城镇的发展规划必须经省级人大机构批准后方可实施。⑥特色城镇发展需要引进服务思维人才进行管理，使特色城镇发展以服务思维进行指导，在体验服务、免费服务中寻找特色城镇新的增长点和新的附加值。⑦特色城镇需要互动分享型人才，也就是会"玩"的人才的参与，在参与和分享中让特色产品更具个性，让特色服务更具有灵性，让特色城镇更具活性。⑧特色城镇需要精英团队的参与，如建设服务思维团队、"玩"团队、创意团队等，此外还要发展专业的评估团队、策划团队、宣传团队等。

5. 乘智慧东风以造特色之翼

当前的特色城镇只能够生产和传播最基础的信息，在信息加工及创造性运用、高附加值信息的创造、高关注度信息的生产等方面均处于不利地位。为此，特色城镇建设需要以更快的速度加强智慧城镇建设。①特色城镇必须有官方微信公众号，且必须有数量众多的粉丝或者粉丝数年度增长率达到一定水平。②特色城镇必须在搜索引擎或知名门户网站等拥有高访问量和高信息量。③特色城镇必须在省内外交通干线、机场等区域具有较密集的广告投放度并强化在外省的广告投放度，外省重要区域的广告投放密集度要具有稳定的增长率。④加强特色城镇的智慧基础设施建设，努力实现公共 WIFI 和数字化管理的全覆盖。⑤特色城镇要加快特色产品电子商务、智慧旅游等特色产业，把通过淘宝、携程等网站取得的特色产品（服务）营业收入作为单独的统计指标。⑥加强与域外特色城镇合作，运用现代信息手段，搭建技术合作平台、品牌发布平台等，积极推进特色城镇和其他城市建立联系，融入全省乃至全国智慧网络。

第三节 关于"实施振兴四策，促进吉林发展"的建议①

本节结合吉林省情并借鉴了江苏省发展新型科研机构、发展第四代产

---

① 本节报告于 2017 年 3 月获吉林省委书记巴音朝鲁圈阅。

业园区等经验，提出了"唱响"之策塑形象、"融合"之策促升级、"创新"之策增动能、"民营"之策强内功等振兴四策共 12 条建议。

一 "唱响"之策塑形象

1. 紧抓发展亮点唱出吉林发展成就

依托吉林主流媒体，实施"吉林亮点、点亮吉林"行动，推动各类媒体的经济类记者走进创业园、走进新园区、走进新社区、走进创业者、走进新型产业企业工厂车间，去寻找吉林省经济社会发展的亮点。继续做好吉林卫星、聚乳酸、高铁客车、吉林中药、长春新区、生态农业、长白山旅游等产业和品牌的发展"亮点"和最新地方性政策创新中的"亮点"的宣传，让全国乃至世界更多地认知吉林，知道吉林发展的潜力和优势。

2. 多种渠道并举唱出吉林发展成就

传统媒体和新兴媒体兼顾，发出更多声音，唱响吉林、唱兴吉林；鼓励主流媒体顺应"2000 后"新观众的发展需要开发新的节目，增强主流媒体在全国的影响力；推动由企业运营的新型媒体，报道吉林亮点，开辟对相关社会事件的评论，增强群众参与率；鼓励吉林的企业家或专家学者成为新媒体上的"大 V"，更多地反映吉林正面发展情况；鼓励在发达地区的吉林籍贯的人士宣传吉林发展成就。

3. 谋划专题栏目唱响吉林发展成就

推动吉林媒体和省外知名媒体共同策划组织"大 V 吉林行"、"北上深广创客吉林行"、"专家吉林行"、"知名企业家吉林行"等专题栏目，通过"大 V"、创客、专家、企业家的声音，让外界改变对吉林省的认知。

二 "融合"之策促升级

1. 促进新型业态与传统产业融合

新型业态是基于新的科学技术、新的商业模式所形成的产业发展的最新形态，当前互联网经济、平台经济等都是新型业态的重要表现。首先，吉林省应强化对新型业态的跟踪和应用，强化对下一代基于生物技术或脑科学技术等的新型业态的研究和探索，提前布局，使吉林省在下一代新型业态发展方面具备优势；其次，吉林省应强化新型业态与传统产业的融合发展，利用好 BATJ（百度、阿里巴巴、腾讯、京东）等新型业态开发平台，降低成本，扩大影响，挖掘吉林省农业、制造业、旅游等服务业新的优势；再次，推动若干交叉领域产业发展，如互联网农业、互联网汽车、互联网旅游等；最后，以降低综合经营成本为核心制定普惠性产业政策促进新型业态与各项产业融合发展，如降低企业税费水平、降低企业贷款利息、强化产业基金引导等措施。

2. 促进新型产业与传统产业互动

新型产业是基于新的科学技术进展形成的一系列产品的总和，新型产业发展离不开传统产业的提升，传统产业发展也离不开新型产业的助力。首先，第一产业发展要强化与生物技术、生物化工、新能源、信息产业等新型产业的互动，以生物技术促进粮食增长，以生物化工提升第一产业产品附加值，以新能源强化第一产业绿色发展水平，以信息产业促进第一产业的要素商品流动；其次，第二产业要强化与电子信息、新材料、新能源等产业的互动，以电子信息产业全面改造提升第二产业，强化精准制造、智能制造、远程制造等，以新材料、新能源等产业产品改进第二产业的生产模式、生产设备，提高产品以及产品生产线的使用寿命，降低能源消耗水平和碳排放，强化安全制造和绿色制造水平；最后，第三产业要加速与电子信息、新材料等新型产业融合，开发智慧交通（交通运输与信息产业）、智慧旅游（旅游业与信息产业）、远程教育（教育业与信息产业）、远程医疗（医疗产业与信息产业、新传感材料产业）等新的产品，满足人民群众生产生活需要。

3. 发展新型园区促进产业体系升级

2011 年联合国工业发展组织已经定义了第四代产业园区，我国发达省区已经在这一领域进行了探索。针对吉林省产业园区层次不高且产业园区过多难以促成大集聚支撑大产业的现实，吉林省应加快对新型园区发展的研究和推动，使产业体系升级拥有更高层次的载体。首先，必须改进产业园区"政府建设、政府招商、政府评价、政府监管"的政府部门全推进的发展模式。提升产业园区建设发展过程中的市场属性，强化产业园区发展的第三方独立评价、产业园区内企业自治监管、产业园区"能上能下"和分级管理等机制，改变产业园区"向人民群众要土地、向地方政府要优惠、向上级政府要项目、向入住企业要缴费"的发展形态，着力以市场化手段改进产业园区内部生态体系。其次，必须升级一批和淘汰一批产业园区。吉林省现有的产业规模和就业规模，以及未来要强化服务业发展的趋势，吉林省只要制造业方面保留 50 个有望达到产值 500 亿元以上的园区，服务业方面的园区（文化园区、物流园区等）保留 60 个左右有望达到收入 500 亿元以上的园区，农业方面的园区保留 5 个有望达到产值 100 亿元以上的园区，且使这些园区真正地发挥作用即可支撑吉林区域经济发展。吉林省需按这一标准升级一批园区，达不到标准的园区需转型为其他园区或被淘汰。再次，完善产业园区软硬件设施。按照第四代产业园区与创新功能、融资功能、孵化功能等相融合的特点，在大力改进产业园区水、电、暖、信息等基础设施的同时，必须强化产业园区孵化器和众创空间建设、科技金融孵化平台建设、企业技术中心和科技创新中心等科技研发平台建设。最后，推动相关园区企业发展转型升级。产业园区内的企业必须是先进生产力的代表和示范。为此，产业园区要大力推进园区内企业的"机器换人""产品换代""管理换脑"，推动技术改造，改进产品质量，降低管理费用，要按照"强链""建链""补链"的导向，进行招商引资和集群升级；产业园区要借鉴孵化器建设，制定严格的进园和退园的产业标准，实施毕业机制，推动达到一定规模的企业走出园区自建产业园区或平台，同时也使更多的企业有机会享受产业园区的政策。

三 "创新"之策增动能

1. 强化区域关键核心技术而不是产业关键核心技术的研发能力

关键核心技术是一个区域自主创新能力的核心，也是一个区域品牌、特色的重要反映，区域关键核心技术更是如此，如同智能制造技术是德国的区域关键技术、电子信息技术是硅谷的区域关键技术一样。为此，吉林省要把发展区域关键核心技术提上重要日程。首先，必须认识到产业关键核心技术不等于区域关键核心技术，区域关键核心技术是个性化的、更加根植于本区域特色资源和长远优势的技术，产业关键技术是共性化的、吉林能研发其他省区也能研发（如汽车产业）的整个产业层面的关键技术。吉林省应结合自身优势，在特色农业、特色中药方面的集中力量，设计关键核心技术路线图，开发区域关键核心技术。其次，必须加强与国际知名的技术预测机构合作确定吉林省未来关键核心技术。与 IBM 公司的中国分支机构合作，学习其技术预测的研究方法，确定吉林省未来十年的区域关键核心技术培育方向。再次，必须强化科技资源在关键核心技术领域的集中使用。不论是区域关键核心技术还是产业关键核心技术，都需要科技资源的集中使用，吉林省应集中 80% 以上的科技资源（资金投入、人力投入、基础设施投入等），谋划重大、特大科技项目，投入经科学预测确定的区域关键核心技术领域。最后，区域关键核心技术必须重视基础研究的投入，基础研究投入在整个关键核心技术研发中的总比重要达到 20% 以上（前期要达到 50% 左右），必须改变科研评价机制（不能急功近利，要把国际专利而不是中国专利授权作为评价指标），等等。

2. 提高科技成果就地转化能力

科技成果转化能够增强对既有科技成果的深度开发，能够引导配套科技成果的进一步研发，能够利用示范效应激发其他科技成果的研发和转化。为此，吉林省要高度重视科技成果转化工作。首先，必须把科技成果"放出来"，让企业和投资者选择。如通过组织国际性的科技成果展会（交易会）、高新技术成果展会（交易会）等形式，把科技成果摆出来，让企业和投资者选择；利用东博会、汽博会、农博会，组织专业领域科技成果展会，还需要建立政府资金资助科研成果的信息公开制度；等等。其次，要强化科技信息网络建设，建立科技成果"竞争上岗"机制，增强域内外的科技成果竞争水平，让本地的科研人员意识到自身的优势和不足，开发出更具实用价值、市场价值的科研成果。再次，科技成果转化活动不适合以前期资助形式进行支持，必须把项目资助型的科技成果转化支持模式转变为降低风险型的科技成果转化支持模式，其前期所需资金应由科技成果持有者以市场方式寻找风险投资等金融资本予以解决，政府资金应建立风险补偿基金或奖励基金等在后期降低金融资本风险或对科技成果转化人的奖励方面予以支持。最后，加快推动把"科研成果转化为应用能力"作为政府资金资助项目的申请评审时的核心评价指标，引导科研人员主动参与科技成果转化。

3. 塑造新型研发机构挖掘科技创新潜力

新型研发机构是新经济、新常态对研发行业的必然要求，也是新型业态与科技服务业融合发展的必然结果。吉林省必须在新型研发机构建设方面做出突破。首先，必须学习先进省份经验推进产业技术研究院建设。江苏省产业技术研究院成立三年转化千项科研成果的案例亟须吉林省学习，吉林省必须加快推进以"理事会领导、院长负责、企业化运营"的产业技术研究院建设。其次，必须以"企业化""去行政化"大力推进科研机构的事业单位改革，必须看到科研机构不论是产品研发还是技术咨询都具有市场获利能力，必须看到政府机关与科研机构之间的隶属关系制约了科研机构的市场属性，必须看到科研机构的事业单位属性助长了科研人员的官本位而弱化了科研本位，必须建立科研机构的淘汰机制和破产机制。最后，财政对科研机构的支持，必须以业绩为核心，制定统一标准，使官办、民办、外资办的不同类型的独立科研机构享受同等待遇，使高校附属科研机构、企业附属科研机构享受同等待遇，对于科研业绩较差的科研机构，要实行企业化重组或破产制度。

四 "民营"之策强内功

1. 强化股改上市提升民营经济现代化治理水平

东北地区尤其是吉林省民营经济效益低下还有一个原因就是资本所有者和管理者责任不清晰，很多企业投资者既是运动员，又是教练员，还是裁判员。为此，需要推进民营经济的股份制改造，从而推动民营经济现代管理制度的形成。首先，要大力推进民营企业的股份制改造，使管理者、技术人员、生产者都能够获得股份，积极参与企业的管理，改变企业传统管理的误区，为企业上市融资和持续发展奠定基础。其次，采取定向培育、专家辅导和咨询服务等方式，加快推进企业产权多元化、法人治理结构升级、内部管理规范化的试点示范，推动资本所有者做裁判员、管理团队做运动员、第三方培训机构做教练员的民营经济内部现代管理体系的形成，打造民营企业现代管理的样板。最后，为民营经济发展引进战略投资者，通过举办民营经济股权交易会等形式，推进国内外知名企业入股吉林省民营经济，壮大民营经济规模。

2. 突出"双创"支撑扩大民营经济总体规模

一方面，要千方百计促"一次创业"，尽快壮大民营经济总规模。大力加强孵化体系建设，鼓励开发区、大专院校、科研院所、大型企业、民营资本等投资主体，建立各具特色、各种类型、各种阶段的创业孵化基地、科技孵化器和众创空间。强化"两种园区联动"，即孵化园区与产业园区联动，孵化园区毕业的企业能够直接进入产业园区进行生产经营活动。推动特大型国有企业、特大型民营企业组建创业平台，支持其裂变式发展，鼓励其员工围绕原有企业个别生产环节进行创业，形成民营企业集群。另一方面，要依托技术创新和品牌引领推进民营经济"二次创业"，促进民营经济升级发展。支持民营经济培育发展新产业新业态，发展高端制造业和智能制造业，既要支持民营企业直接参与这些高端产业的生产经营活动，也要支持民营经济通过参股控股、技术咨询、技术交易等方式参与这些产业的生产经营活动，支持民营企业为上述产业的核心企业提供优质配套服务。支持民营企业根据自身发展需要推动品牌的裂变、聚变。有的民营企业需要品牌裂变促进内部高成本的外部化，形成品牌集群才能更优发展，有的民营企业则需要重组并购其他品牌使较高的外部成本内部化扩大特定品牌的市场规模才能更好发展。

3. 突出营商环境建设，降低民营经济经营成本

首先要落实好既有政策，就"落实降低企业制度性交易成本、税费成本、财务成本、人工和物流成本、用电用地要素成本、管理成本"制定出具体的年度目标，并组织有关机构按年度调查企业上述成本下降情况，把减轻企业负担落到实处。强化对企业各类成本核算工作、管理工作的培训，让企业学会降低上述成本的技能。引导企业建立扁平化管理体系，推动民营企业合理并购、参股物流企业，通过科学管理降低各类成本。其次，要根据民营经济发展需要，尤其是针对新情况、新事件，及时调整政府部门的权力清单，以满足各类经济主体的新需要。最后，政府部门要深度调研，解决好"企业需要什么，企业什么时候需要什么"的问题，支持民营经济、民营企业发展的政策不可能"一刀切"，也不可能通过资助资金解决一切问题，必须针对民营企业实际需要进行决策，必要的时候要对民营经济发展"一企一策"。

第四节　吉林省城区老工业区搬迁改造的十大问题及对策建议[①]

城区老工业区搬迁改造是列入《国务院关于近期支持东北振兴若干重

---

① 本节报告于 2015 年获吉林省委书记巴音朝鲁、吉林省人民政府副省长马俊清、长春市委书记高广滨、吉林省人大常委会副主任王云岫批示。2016 年获长春市社会科学优秀成果奖，2017 年获吉林省社会科学优秀成果奖。

大政策举措的意见》的重要任务之一。本节在实地调研的基础上总结了吉林省城区老工业区搬迁改造存在的问题，并提出了相关对策建议。

一　城区老工业区搬迁改造的基本情况

城区老工业区是指在"一五"、"二五"和"三线"建设时期形成的、工业企业较为集中、目前处于城市中心位置的区域，随着城市化进程的推进面临着一定的物质性老化、功能性衰败和结构性衰退的工业地区和区域。吉林省是全国重要的老工业基地之一，城区老工业区搬迁改造任务非常艰巨。《全国老工业基地调整改造规划（2013—2022年）》中吉林省有7个老工业城市（城区），分别是长春市宽城区、吉林、四平、辽源、通化、白山、白城。国务院发布《国务院办公厅关于推进城区老工业区搬迁改造的指导意见》后，吉林省发布了《吉林省人民政府关于加快推进全省城区老工业区搬迁改造的实施意见》。此外，《吉林省新型城镇化规划》、《吉林省政府工作报告（2015）》等也都对城区老工业区搬迁改造工作进行了指导和部署，全省城区老工业区搬迁改造工作得以大力推进并取得了积极进展。

二　城区老工业区搬迁改造中的十个突出问题

一是资金筹集缺口较大。当前，老工业区搬迁改造资金筹措的渠道主要有企业自有资金、土地出让资金、银行贷款、地方政府财政投入、招商引资等。但由于近年来经济发展形势变化、地方政府财力较弱、企业经营不甚理想、土地增值潜力有限等原因，全省拟进行老工业区搬迁改造的地方均存在资金筹集问题。经济发展较好的地方资金缺口在10%左右，经济发展不好的或者区位条件较差的地方资金缺口比例接近70%。

二是企业发展能力持续性受到影响。企业发展是老工业区搬迁改造的头号问题。老工业区搬迁改造主要目的是为企业发展创造更好的环境、更好的前景，而不是通过搬迁改造把企业搬走、搬衰、搬死。然而在搬迁改造过程中又无法回避对企业经营发展的影响，如从事传统产业又具经营效益的企业在搬迁过程中的利润损失或者订单损失的问题、搬迁之后工人交通成本上升的问题；再如企业在搬迁之后的技术创新问题，如果企业承接区没有良好的创新环境、创新氛围，没有相应的知识环境，企业产品升级将缺乏可持续性，并从根本上影响企业发展。

三是生态治理和环境修复难度较大。环境修复和生态治理是老工业区搬迁改造的重点问题，狭义上只是腾退区域的生态治理和环境修复，广义上还要包括承接区的污染治理。暂以狭义方面看，几乎所有的老工业区都面临着环境修复和生态治理的问题，如辽源的塌陷区治理、四平老工业区存在的化学污染、洮南老工业区纺织和医药企业的污水处理、哈达湾工业区的大气污染及重金属沉积污染等。这不仅面临着修复成本极高的问题，也面临着修复周期极长的问题，部分地区的土壤污染可能需要数十年时间才能恢复。

四是遗产保护和文化传承多被忽视。老工业区搬迁改造不等于彻底消除老工业区的印记。老工业区印记的适度保留，能够让后来者见证过去半个多世纪的发展历程，能够展示前人创业的艰辛及警示后人不要再犯前人的错误。尤其是大城市城区老工业区印记的保留，还具有文化传承的意义。怎样筛选凝练、传承发扬老工业区发展过程中的先进文化，使之持续激励促进发展，已经成为各个城区老工业区必须思考、必须面对的重要问题。

五是腾退区域和承接区域发展定位不清。老工业区搬迁改造都面临着发展定位的问题。一方面，腾退区域再开发面临着千篇一律搞房地产开发或建商业综合体的模式，都把腾退区域定位为新的城市中心，而普遍存在忽视城市市场规模和未来趋势的问题；另一方面，老工业区承接区面临着产业定位和城镇定位的问题，如产业定位方面是按产业集群模式搬迁，还是为完成搬迁任务而大帮哄、大杂烩的搬迁到一起，城镇定位方面是承接区只发挥生产功能还是发挥综合性的城镇功能等。发展定位的不明确，可能会导致未来发展多走很多弯路。

六是部分地区发展空间不足以承接企业搬迁改造。不同城市周边地理地貌存在巨大差异，对老工业区搬迁改造产生巨大影响。如东部山区有关地区，城区老工业企业亟须搬迁，但周边无地可用，无法规划连片的承接区，只能哪里有个山沟沟，哪里就做个承接区。搬迁之后由于企业无法集中在一起，污染治理等问题仍将十分严重。而西部地区平原多，可利用土地多，承接区内富余土地也多，能够实现连片承接和综合治理，但很多厂区占地面积过大，厂区之间空地过多，也会产生土地集约使用效率低的问题。

七是土地产权转移操作主体和具体程序需要明确。在老工业区搬迁过程中，土地产权问题十分关键。有的地区为鼓励企业搬迁，将腾退区土地产权划给搬迁企业进行再开发，但企业受制于效益水平和信用水平，一直不进行或者拖延腾退区开发的现象仍有存在。再者，腾退区土地产权交易也存在由原企业与招商引资企业直接交易还是由政府收回后再出让给招商引资企业的问题，搬迁企业信用、交易成本、土地使用年限等具体问题均需要明确和解决。

八是地方政府难以协调央属企业搬迁。老工业区搬迁改造的对象如果仅限于省属企业、地方企业，搬迁改造的难度还不大。一旦涉及央企（含子公司），难度就会大大提高。主要原因在于地方政府（尤其是市州政府）对央企（含子公司）的协调力度不足。再者，即使央企同意搬迁，但在很多事务上子公司需要向总公司进行请示，各种程序上的事务也较之地方企业更为繁杂，隐性成本难以衡量。

九是个别成功模式难以全面复制或全省推广。当前，吉林省老工业区搬迁改造中，哈达湾老工业区无疑最为成功。可以说国家开发银行的全面介入、哈达湾自身的区位优势、吉林市整体市场规模等特色因素发挥了关键作用，但从全省看其模式不具有广泛的可复制性。除长春外，其他城区老工业区都面临着自身市场规模不足、区位优势缺乏、企业竞争优势不足等共性问题和企业权属、发展空间等个性问题，必须从实际出发，结合自身特点，大胆创新，走出属于自己的老工业区搬迁改造的模式。

十是搬迁改造规划缺乏全省统筹。当前，吉林省老工业区搬迁改造的规划，都是市县级政府在主导，情况好些的地方是外聘专家学者搞规划，情况差些的地方就是市县有些政府部门工作人员自行编写。这必然导致搬迁规划战略性不足，市州级规划水平略高，区县级规划问题较多，个别地区存在抓机会要项目要资金的现象，难以站在全省一盘棋的高度解决问题。此外，很多需要省级层面解决的问题，市县层面在规划中无法有效突破。

三 对策建议

上述十个问题，有的是共性问题，有的是特性问题；有的是长期问题，有的是短期问题；有的是体制机制问题，有的是操作程序问题。调研组认为，从省级政府层面看，推进城区老工业区搬迁改造要着眼于解决共性问题、长期问题和体制机制问题。在此基础上，针对推进城区老工业区搬迁改造事宜，提出如下对策建议。

（一）明确省政府及所属部门在城区老工业区搬迁改造中的职能：规划、协调、指导

省政府及所属部门在城区老工业区搬迁改造中的职能主要有 3 项，即规划、协调和指导。

规划是指省政府及所属部门应制定全省城区老工业区搬迁改造的总体规划，着力解决市州及以下政府部门无法解决的需要跨行政级别、跨行政边界统筹解决的若干问题。

协调是指省政府及所属部门应在全省城区老工业区搬迁改造过程中协调好区域之间、行政级别之间、行政部门之间、政企之间（尤其是央属企业与地方政府之间）的各种利益关系。

指导是指省政府及所属部门应在全省城区老工业区搬迁改造过程中及时发现相关问题，及时做出决策，指导下级部门快速做出反应，使下级部门在处理搬迁改造相应问题时有法可依、有规可据。

（二）明确地方政府（市州及以下政府部门）在城区老工业区搬迁改造中的职能：落实、反馈、创新

地方政府在城区老工业区搬迁改造中的职能有 3 项，即落实、反馈、创新。

落实是指地方政府要及时执行上级部门制定的政策意见和规划计划，把经费用好，把政策用足。

反馈是指地方政府要及时把本地区城区老工业区搬迁改造过程中的新问题新情况及时报告上级主管部门，利于上级部门从更宏观的层面防止相应情况的发生。

创新是指地方政府要把本地情况与上级部门的政策意见紧密结合，形成具有特色且可普及的经验模式，供其他地方在推进城区老工业区搬迁改造过程中借鉴或应用。

（三）创新城区老工业区搬迁改造财政专项资金使用方式，推进企业搬迁改造

企业搬迁改造成本分摊是城区老工业区搬迁改造过程中的最大难题，

当前的解决办法多是按照"自筹、贷款、财政、土地"的四个渠道按实际情况进行解决，不仅仍有很大缺口，而且缺少相关标准，容易导致有的地方以搬迁改造为名故意做大搬迁改造成本的问题。因此，需要创新财政专项资金使用方式。

首先，省政府应责成有关部门研究制定企业搬迁改造成本的分类标准，将拟搬迁改造企业按行业类别、企业规模、地理地貌、污染情况等指标，按照重化工业搬迁难度大于轻工业、大型企业搬迁难度大于小企业、山区企业搬迁难度大于平原地区企业、重污染企业搬迁难度大于轻污染企业等相关原则制定成本分摊的相应标准。

其次，探索采取后补助方式使用财政支持搬迁改造的专项资金，解决企业获得资金后不搬迁或拖延搬迁的问题。

最后，财政用于城区老工业区搬迁改造的专项资金使用要实行第三方评估和信息公开制度，并根据评估结果确定下一年度不同地方的财政专项资金额度。

（四）在全省范围内统筹解决承接区建设问题

当前城区老工业区搬迁改造的承接区建设具有各自为战的特征，根据土地供给能力有的地方集中全力建一个大承接区，有的地方见缝插针建若干个小承接区，这容易导致统一管理难度大的问题，还可能导致若干年后继续出现老工业区的相关问题。针对这一问题，与新常态下全省产业布局优化调整相结合，在全省范围内统筹考虑承接区建设问题。

首先，允许城区老工业区企业在省内跨行政区域进行搬迁，利用"飞地"园区、利税分成等模式，按行业属性和产业链特征，借助搬迁改造契机，规划建设具有国家级规模的超大型产业集群。

其次，支持毗邻相关市（州）、县（市）在交界地带联合建立城区老工业区的承接区，探索一个承接区福泽多个行政区域的模式，尤其是像四平与辽源、通化与白山等空间相近的城市，更应探索此类模式。

（五）注意腾退区开发不可急于一时

当前腾退区开发普遍以房地产开发和建设商业综合体为主。这一模式面临着购买力不足、房价下降等诸多问题，对未来区域发展形成挑战。同时部分地区腾退区开发还面临着生态未恢复（以封闭为主）的问题。为此，腾退区开发不可急于一时，不可急功近利。

首先，要做好腾退区的环境监测评估和生态恢复工作。由于以硬性封闭为主的处理土地污染的方式，日后可能面临着封闭物破损腾退区再次污染的可能，为此，要在腾退区建立常态的环境监测评估机制。对于未进行商业开发或房地产开发的腾退区域，要采取多种技术手段加快生态恢复进程。

其次，腾退区开发要关注发展的可持续性，一方面要尽可能发展无污染的战略性新兴产业和高新技术产业，另一方面要在技术培训、企业孵化、中介服务、市场服务方面下功夫，完善区域发展支撑体系，培育区域发展新优势。

第五节　珲春与瑞丽开发开放水平比较及对吉林省的启示[①]

珲春市是长吉图开发开放"窗口"城市，也是吉林省受益国家战略最深且最具活力的沿边城市。2014 年，其外贸进出口总额占全省比重约为5.8%，远超其 GDP、人口和土地面积比重（依次分别为 1.1%、0.9% 和2.7%）。可以说，珲春市是吉林省开放发展的重要标志，是吉林省与东北亚相关国家进行合作的关键平台。本节以同为内陆沿边城市的云南省瑞丽市为比较对象，对珲春市开发开放水平进行了比较分析，并对吉林省沿边开发开放工作提出了对策建议。

一　两市基本情况比较

珲春市与瑞丽市作为我国重要的沿边开放城市，在行政级别、人口规模、地形地貌等诸多方面具有一定的相似性。如两市均为少数民族自治州下辖的县级市，人口规模都在 20 万～25 万人之间，地形均以山地为主，距离国内机场均不足 100 公里，均是国务院批准的沿边开发开放的重要区域［中国图们江区域（珲春）国际合作示范区、国家重点开发开放试验区］等，开放对象均为欠发达国家（分别为朝鲜、缅甸）或一些国家的欠

---

① 本节报告于 2015 年获吉林省委书记巴音朝鲁同志批示。

发达地区（哈桑区）。但从开放对象市场水平、空间距离等方面看，差异也比较明显。

第一，开放对象市场规模差异较大。作为珲春主要开放对象的俄罗斯滨海边疆区人口规模只有 200 万人左右，而作为瑞丽开放对象的缅甸掸邦人口规模为 800 万人左右，另一个可以作为瑞丽开放对象的缅甸克钦邦人口规模也在 160 万人左右。

第二，与开放对象具有一定规模的城市空间距离不同。珲春与国外具有一定人口规模（20 万人左右）的城市距离比瑞丽远。仅有罗先市（约 20 万人）的距离在 100 公里以内；而瑞丽与缅甸木姐市毗邻，其姐告边境贸易经济区可以说就在木姐市区之中。

第三，与开放对象的经济中心距离差异较大。作为珲春开放对象之一的俄罗斯，经济中心在欧洲地区，空间距离在 5000 公里以上；另一开放对象朝鲜的经济中心在平壤一带，距离在 600 公里左右。而瑞丽的开放对象缅甸，其经济中心在仰光和曼德勒一带，空间距离分别为 900 公里和 300 公里左右。

第四，开放对象发展潜力差异较大。作为珲春开发开放潜在对象的东北亚地区缺少稳固的经济合作组织，各国间经济发展竞争大于合作；而瑞丽开发开放潜在对象为东盟国家，是目前世界上最具经济活力的区域之一，也是建设海上丝绸之路的重要对象。

第五，贸易商品属性不同。珲春市进行国际贸易的主要商品是一般性商品，如木制品、海产品等；瑞丽市进行国际贸易的主要商品是翡翠等奢侈品，并已成为缅甸玉石通向世界的最大集散地之一。

二 两市经济发展情况比较

对珲春市和瑞丽市的经济发展情况进行比较表明，珲春市具有一定的规模优势，但在结构、效益和开放水平方面弱于瑞丽。具体表现在如下 6 个方面。

第一，珲春市经济规模较大，但增长速度不高。2014 年珲春市 GDP 是瑞丽市的 2.67 倍，但增长速度比瑞丽慢 9.1 个百分点。

第二，三产结构虽各具特色，但瑞丽市更符合沿边开放城市产业结构特征。珲春市三次产业结构为 4.2∶71.2∶24.6（2012 年），二产带动型特征极其显著，与内陆地区较为一致，自身特色并不明显；而瑞丽市三次产业结构为 19.7∶20.1∶60.2（2011 年），三产带动型特征显著，沿边开发开放与服务业发展结合较好，具有沿边开放城市产业结构特点。

第三，珲春市一业独大，瑞丽市三业并驱。2014 年珲春市工业总产值318 亿元，农业总产值仅 11.3 亿元，旅游总收入仅 19 亿元，而瑞丽市工业总产值、农业总产值和旅游总收入分别为 36.3 亿元、13.9 亿元、36.4亿元，多业驱动特征更为明显。

第四，珲春市产业发展效益较低。从工业和农业的增加值率看，珲春市工业增加值率为 40.5%，农业增加值率为 52.3%（2012 年）；瑞丽市工业增加值率为 44.1%，农业增加值率为 69.1%（2011 年）。总的看来，珲春市产业发展效益低于瑞丽市。从单位 GDP 实现的地方财政收入水平上也是如此，珲春市单位 GDP 实现财政收入仅 0.146 元，瑞丽市为 0.165 元。

第五，珲春市消费带动能力较弱。2014 年珲春市社会消费品零售总额48.8 亿元，占 GDP 比重为 33.1%；同年瑞丽市社会消费品零售总额占GDP 比重为 52.8%，远高于珲春市水平。

第六，珲春市开放发展方面弱于瑞丽。2014 年珲春市进出口货物 90万吨、出入境人员 80 万人次；瑞丽市进出口货物 333.9 万吨，出入境人员1658 万人次。这两项指标珲春市仅是瑞丽的 27.0% 和 4.8%，差距十分巨大。同期珲春市外贸进出口总额不足 100 亿元（15.4 亿美元），而瑞丽市进出口总额则已接近 300 亿元（46.2 亿美元）。

三 瑞丽市开发开放方面的有关经验

瑞丽市作为中国西南部最大的口岸城市之一，其开发开放过程中有很多经验值得借鉴，主要包括 7 个方面。

第一，积极推动、主动参与。瑞丽市 2014 年与缅甸木姐在基础设施、跨境农业、环境保护、医疗卫生和警务司法等领域会谈会晤 28 次。

第二，充分发挥社会力量和非政府组织作用。2014 年先后成立全国首家跨境民间联合禁毒中心和缅甸木姐妇女儿童发展中心办公室。

第三，强化金融支撑。2014 年云南亚盟、天津渤海通汇两家个人本外币兑换特许机构获批开展业务，人民币对缅币兑换从个人项下扩大到经常项下，开通国内对缅首个非现金跨境结算服务点。2015 年继续鼓励支持民间企业组建个人本外币特许兑换业务机构。

第四，创新旅游产品。在继续巩固中缅边境游和自驾纵深游产品和线路基础上，积极探索中缅双向旅游环线，加快旅游产业向自然生态观光、异国风情感受、民族文化体验、口岸商务旅居、珠宝红木购物复合型转变。

第五，推进跨境民族相融互促。其"一寨两国"跨境民族相融互促的"银井模式"得到了党中央肯定，即边境稳定平安村、民族团结和谐村、乡风文明幸福村、特色旅游致富村的"平安边境特色四村建设"工作模式。

第六，突出文化支撑。承办第十四届中缅胞波节，协助缅方筹办第十四届中缅边交会；由中央电视台、云南省委宣传部等部门联合摄制的《南侨机工英雄传》在瑞丽完成拍摄，《目瑙纵歌》《英姿孔雀》等一批精品剧目在央视播出；成功举办世界景颇学术交流大会和召武定国际学术研讨会等。

第七，强化航空网络和信息化网络建设。鼓励瑞丽航空开拓国际航空市场，推动瑞丽景成直升机场投入运营。推进共享高效的信息化网络建设，加快实施"三网融合"工程，打造瑞丽—木姐（缅甸）区域信息汇集中心。

四 对吉林省沿边开发开放的启示

通过对珲春市与瑞丽市开发开放水平的比较，在吉林省推进沿边开发开放的过程中，应重视如下工作。

（一）沿边开发开放应积极主动，建议建立更为频繁的对外会谈会晤常态机制

加快与沿边开放对象建立省级、市（州）级、县（市）级三级政府会谈会晤的常态机制，就双方共同关注的问题进行磋商讨论。其中，省级会谈会晤常态机制半年1次，市（州、厅、局）级会谈会晤常态机制每季度1次，县（市）级会谈会晤常态机制每月1次。通过更加健全、频繁的会谈会晤常态机制促进与开放对象在基础设施、跨境农业、环境保护、医疗卫生和警务司法等领域的合作。

（二）沿边开发开放应抓好特色产品，建议探索建立日本海及北太平洋海产品集散中心和日韩化妆品集散中心

瑞丽市之所以能够成为中国西南最大的内陆口岸和重要的珠宝集散中

心,不仅与其地缘优势有关,也与其产业选择和产品定位有关。吉林省推动沿边地区开发开放,需要在特色产品上下功夫。只要有一个沿边县(市)成长为国家级的某一特色商品的重要集散中心,吉林省的沿边开发开放就能走向成功。这既需要沿边县市自身做好定位,也需要省政府及相关部门做好指导和有关研究机构做好发展趋势判断。我们认为可供选择的特色产品在进口方面有日本海及北太平洋海产品、日韩化妆品等,出口商品有长白山中药材及保健食品等。

(三)沿边开发开放应突出文化宣传,建议同步组织朝韩俄日重要节日的节庆活动和开设重要展会的沿边地区分会场

吉林省沿边地区与朝韩两国民族相同,与日俄等国空间距离接近,应借鉴瑞丽市相关做法,在现有基础上,强化节庆活动、会展平台各方面作用,突出文化宣传,吸引人流,提升消费水平。

第一,沿边地区应针对朝韩俄日等国的重要节日,如俄罗斯的卫国战争胜利纪念日以及东正教有关节日等,组织节庆活动,以文化魅力吸引国外游客、资本等。

第二,在沿边地区开设重要展会(如汽博会、东博会、农博会)的分会场,把沿边地区有关情况展示给国外客商。

(四)沿边开发开放应依托民间平台,建议建立三个吉林—滨海边疆区民间合作组织

非政府组织和民间组织在国际经贸合作中能够发挥巨大作用。借鉴瑞丽成立全国首家跨境民间联合禁毒中心和缅甸木姐妇女儿童发展中心办公室的做法,可以推动以下工作。

第一,成立吉林—滨海边疆区旅游合作组织。共同设计开发旅游线路,保护旅游人士权益,促进旅游业资本流动,合理开发两地旅游资源。

第二,成立吉林—滨海边疆区保护东北虎(西伯利亚虎)合作机构。

第三,成立吉林—滨海边疆区商会。

(五)沿边开发开放应突出交通信息支撑,建议组建地方性航空公司(或航空班组)和打造国际合作信息共享平台

由于吉林省沿边地区多是山区,为解决交通不便、信息不畅等问题,要突出交通和信息的支撑力度。具体如下。

第一，引进战略资本成立地方性航空公司（如长白山航空或延吉航空），或者协调驻吉航空公司成立具有吉林沿边地区特色标志的航务班组，执飞沿边地区至省内以及东北地区中心城市、国外开放合作有关城市的飞行任务。既可解决沿边地区交通不便的问题，又可满足未来省内发展支线航空的需要，还可利用航空公司加大对吉林省沿边地区的宣传力度。

第二，建立吉林省与滨海边疆区和咸镜北道的信息共享平台，打造区域信息汇集中心和跨境信息交流平台，利用信息手段，及时将境外港口信息反馈给国内相关企业和地方政府，快速协调解决出现的问题，着力降低区域合作的综合成本。

第六节 深度融入"一带一路"需重塑吉林省区域布局①

融入"一带一路"倡议，推动五大发展目标的实现，是吉林省当前的重要任务。然而从"一带一路"走向、吉林省主要开放方向来看，现有的"三纵一横"的区域战略布局支撑作用有限。通过对吉林省沿边开发开放、吉林省长吉图区域发展、吉林省交通运输轴线、吉林省城市布局等方面的研究，吉林省现有的纵向区域格局（东、中、西部）向南难以融入辽中南城市群、向北也很难与黑龙江省相关城市融合发展。为此，吉林省融入"一带一路"应强调"横向"区域格局的谋划，向东入海，向西连欧。

一 吉林省在"一带一路"倡议中的定位

（一）"一带一路"倡议与 TPP、TTIP 的竞合②

1. TPP、TTIP 合作倒逼"一带一路"倡议

进入 21 世纪以来，美国先后主导的 TPP 协议、TTIP 协议，从东、西两个方向对中国形成了经贸方面的战略包围。这两个协议与美、日、欧等

---

① 本节报告于 2015 年获吉林省人民政府副省长马俊清批示。报告内容经充实后曾作为主题报告发表于《吉林省城市竞争力报告（2015）》。吴迪、井丽巍、宁维等同志参与了本报告研究工作。
② 尽管美国已经退出了 TPP 协议，但是其他国家仍可能借助这一协议与中国的相关战略进行博弈。

经济体的"再制造业化"战略相结合,不仅将对原有的全球经贸机制形成冲击,也将在全球范围内挤压"中国制造",冲击中国产品尤其是高端产品的全球市场。"一带一路"倡议正是在这种大背景下提出来的,或者说是 TPP、TTIP 合作倒逼出来的,通过整合在 TPP 协议、TTIP 协议夹缝中生存的各个国家的资源和市场,降低相互之间的交易成本和贸易费用,提高相互之间的互信水平和互动力度,以欧亚非发展中国家为主体,发挥后发优势,推动机制体制创新,打造新的经济增长高地,联合应对 TPP 协议、TTIP 协议,共同实现战略突围。

2. 全球经济一体化决定三者的竞合关系

尽管"一带一路"倡议是 TPP 协议、TTIP 协议倒逼出来的,但是三者之间的关系是合作与对抗并存,而且对抗是暂时的,合作才是永恒的。尽管当前 TPP 协议、TTIP 协议仍然孤立中国,但是其主要成员国与中国经济联系日益密切却是不可改变的事实,"一带一路"倡议以及亚投行倡议得到欧盟、东盟成员国和其他 OECD 国家的支持充分说明了这一点。同时,中国的全面深化改革和继续扩大开放以及"一带一路"倡议向西联结欧盟国家、向南联结东盟以及澳大利亚等大洋洲国家等现实,也都说明在全球经济一体化的大背景下,国家之间的经济利益不是单向的,不是个别发达国家一厢情愿的,而是以网络形态存在的、以加深合作为常态的新型竞合关系。

(二)吉林省的三大战略定位

全球战略格局的未来趋势和吉林省的区位特征,决定了吉林省在"一带一路"倡议中的三大定位:东北亚路带枢纽、全球战略前沿带和"一带一路"潜力区。

定位之一:东北亚路带枢纽。

吉林省是东北亚地区丝绸之路经济带的重要节点,具有承辽启黑、联结俄蒙、眺望日韩、延拓欧美等作用;吉林省还是海上丝绸之路的新增长点,与临近港口加强合作,积极联入北太平洋航线和北极航线,将对"一带一路"倡议形成新的支撑。

定位之二:全球战略前沿带。

吉林省不仅是"一带一路"倡议应对 TPP 挑战的前沿区域之一,也是"金砖国家"应对 OECD 等传统经济组织的前沿区域之一和上海合作组织应对美日韩同盟的前沿区域之一。

定位之三:"一带一路"潜力区。

丝绸之路经济带东北方向经济活力充足区域。2014 年以来,吉林省经济增速在东北地区普遍下降的情况下仍保持领先水平。2015 年 1~5 月,辽宁、吉林、黑龙江三省工业增加值累计增速分别为 -6.1%、3.1% 和 -0.3%,2015 年第一季度辽宁、吉林、黑龙江三省 GDP 增速分别为 1.9%、5.8% 和 4.8%。

丝绸之路经济带东北方向技术合作先导区域。目前,吉林省正在推进的中韩技术转移大会、谋划的东北亚技术转移战略联盟等事宜,有利于打造东北亚区域技术合作的先导区域,强化吉林省经济发展的创新驱动水平。

二 谋划与"一带一路"更为契合的区域布局

(一)"三纵一横"的区域布局

2009 年以来,《中国图们江区域合作开发规划纲要——以长吉图为开发开放先导区》《吉林省西部生态经济区总体规划》《吉林省新型城镇化规划 (2014—2020 年)》《吉林省东部绿色转型发展区总体规划》等规划的发布,使吉林省形成了"三纵一横"的区域布局。

其中,中部城市群包括长春、吉林、四平、辽源、松原等 5 市全境和通化地区的梅河口、柳河、辉南 3 个市 (县)。国土面积 9.7 万平方公里,占吉林省国土面积的 51.7%。2014 年 GDP 达到 12427 亿元,占全省的 90% 左右;增速达 6.6%,略高于全省平均水平;人均 GDP 达到 58840 元,高于全省平均水平 17.3%。

西部生态经济区包括白城市全境、松原市全境,长春市的农安县,四平市的双辽市。国土面积 5.5 万平方公里,占吉林省国土面积近 30%。2014 年 GDP 达到 3056 亿元,占全省的 22.1% 左右;增速达 5.9%,略低于全省平均水平;人均 GDP 达到 47759 元,低于全省平均水平 4.8%。

东部绿色转型发展区包括通化市全境、白山市全境、延边朝鲜族自治州全境和吉林市的桦甸、磐石两市。国土面积 8.7 万平方公里,占吉林省国土面积的 46.4%。2014 年 GDP 达到 3350 亿元左右,占全省的 24.3% 左右;增速达 5.5%,低于全省平均水平;人均 GDP 达到 48970 元,低于全省平均水平 2.4%。

长吉图先导区包括长春市（不含榆树市）、吉林市（市辖区、永吉县、蛟河市）和延边朝鲜族自治州全境。国土面积 7.1 万平方公里，占吉林省国土面积的 38.1%。2014 年 GDP 达到 7700 亿元左右，占全省的 55.9% 左右；增速达 3.9%，显著低于全省平均水平；人均 GDP 达到 96583 元，高于全省平均水平 92.5%。

在这一区域布局中，白城市全境、白山市全境、辽源市全境、四平市（不含双辽市）、通化市（不含梅河口、柳河、辉南）、榆树市、舒兰市均至列入一个规划范围内；松原市全境、延边朝鲜族自治州全境、长春市辖区及德惠市、吉林市（不含舒兰）、双辽市、梅河口市、辉南县、柳河县等地区均被列入到两个规划范围内；农安县被纳入三个规划范围内。

（二）"三纵一横"布局存在的问题

"三纵一横"布局尊重了吉林省传统经济布局和经济联系，尊重了地理地貌特征和民族文化习惯，尊重了"沿边近海"区位优势和哈大经济带的主导地位，尊重了按照主体功能区发展的原则和保护生态环境的现实需要，对吉林省经济社会发展具有重要意义。但是，在国家层面提出"一带一路"、"中国制造 2025"、"大众创业，万众创新"等背景下，"三纵一横"布局就需要进一步调整。

一是"一横"西连作用不足。吉林省在"一带一路"倡议中的功能定位与黑龙江向北开放为主和辽宁省向南向东开放为主是有区别的，吉林省向北竞争不过黑龙江，向南开放没有相对优势，只有东西向的开放具有可能。一方面向东开放已经有了比较好的基础，借港出海、陆海联运等通道已经打开；另一方面向西开放的主要竞争对手内蒙古自治区的核心区域是呼包鄂一带，在东北地区其经济实力处于弱势，难以抵挡吉林省向西开放步伐。然而，吉林省东西向的区域战略只有长吉图战略，其规划范围也只达到吉林省中部，缺乏对内蒙古自治区相关地区的辐射和影响。相比之下，黑龙江省的哈大齐区域发展战略则直抵黑蒙两省区边界，甚至能直接影响到满洲里等地，对内蒙古东北部地区的影响十分强劲。也就是说现有的长吉图战略区域布局再融入"一带一路"倡议方面存在着先天不足。

二是"三纵"布局在一定程度上限制了吉林省融入"一带一路"倡议。吉林省"三纵"中的东西两纵的战略定位——生态经济、绿色转型发展——使中部城市群以制造业为主的经济体系的辐射力在东西方向上受到压制，同时中部城市群在南北方向上受到辽中南城市群和哈大齐牡城镇带的阻拦，包含黑、吉两省城市在内的哈长城市群还处于概念和规划阶段，其推进难度十分巨大。由于区域中心城市辐射能力有限，作为东西两纵的东部绿色转型发展区和西部生态经济区，还存在着近 1/3 的城市（镇）经济难以覆盖的区域。即使加上一些县城、重点镇的辐射范围，仍将有很多区域处于城市（镇）经济辐射的空白区。

三是现有区域布局不利于突破行政界线谋划发展。现有"三纵一横"布局总体上还是基于行政区划形成的，形成了"地市全境＋个别县市"的模式。这一模式在原有框架下对行政界线能够有所突破，但效果难以衡量。如中部城市群的梅河口、柳河、辉南等县，在城市群的话语权或投票权明显将低于由一个地级或以上城市代管的其他地区；东部绿色转型发展区的磐石市和桦甸市、西部生态经济区的农安县和双辽市，也将面临着这一问题；长吉图先导区这一问题相对较小，但长春市和延边朝鲜族自治州的党委领导具有省委常委的身份，使其对决策的影响明显大于吉林市。同时，由于行政界线的原因，很多纳入相关规划的地区，无法享受到相应的政策红利。如通榆县被划入西部生态经济区，但其区位很难接受到白城、松原等区域性城市的经济辐射；再如安图、抚松、长白等县（自治县）也是如此。这些地方即使得到了较快发展，但由于与其他区域联系不足，难以形成系统发展或者一体化发展的态势，同时也将导致这些地方难以融入"一带一路"倡议。

（三）"一核三纵三横"布局的构想及可行性

基于"三纵一横"存在的问题，结合哈长城市群建设需要加强吉黑合作、"一带一路"倡议需要强化东西向发展等实际需要，笔者认为应在"三纵一横"布局基础上谋划"一核三纵三横"的区域战略体系。"三纵"战略布局不变，"一核三横"分别为长吉核心、黑吉边界合作带、中部经济突破带和临辽经济带。

长吉核心包括长春市辖区、吉林市辖区和永吉县。国土面积 13980 平方公里，占全省的 7.5%；人口 650 万人，占全省的 23.5%；2013 年实现GDP 近 5000 亿元，占全省的比重近 40%。人均 GDP、地均 GDP 分别达到74000 元/人和 3400 万元/平方公里，分别高于全省 59.3% 和 401.5%。科教发达、交通便捷、一体化进程较快,长吉产业创新发展示范区等新平台将进一步强化其科教核心、文化核心、产业核心的地位。

黑吉边界合作带包括白城市辖区、松原市辖区、洮南市、镇赉县、大安市、扶余市、前郭县、乾安县、德惠市、榆树市、农安县、舒兰市、蛟河市和延边朝鲜族自治州全境。国土面积 9.6 万平方公里,占全省的51.2%;人口 1110 万人,占全省近 40%;2013 年实现 GDP 近 4000 亿元,占全省的 31.6%。人均 GDP、地均 GDP 分别达到 36500 元/人和 424 万元/平方公里,分别相当于全省的 78.5% 和 61.7%。该区域城市经济较为发达,交通便捷,同时与黑龙江省相邻地区民俗文化接近,石化、农产品加工、木材加工等产业具有合作基础,使该区域形成经济带具有较强可行性。

中部经济突破带包括通榆县、长岭县、公主岭市、伊通县、磐石市、桦甸市、辉南市和白山市全境。国土面积 5.2 万平方公里,占全省的 27.5%;人口 510 万人,占全省的 18.6%;2013 年实现 GDP 近 2000 亿元,占全省的15.5%。人均 GDP、地均 GDP 分别达到 38800 元/人和 387 万元/平方公里,分别相当于全省的 83.5 % 和 56.4%。该区域城市经济相对落后,需继续突破;同时长春至长白山高速公路、长春至白城公路等交通设施以及从西向东的多样化的自然环境,有望构建起以旅游为主的经济带。

临辽经济带包括四平市辖区、通化市辖区、双辽市、梨树县、梅河口市、集安市、柳河县、通化县和辽源市全境。国土面积 2.6 万平方公里,占全省的 13.8%;人口 490 万人,占全省的 17.7%;2013 年实现 GDP 近2000 亿元,占全省的 15.5%。人均 GDP、地均 GDP 分别达到 40500 元/人和 767 万元/平方公里,分别相当于全省的 87.3 % 和 111.8%。该区域城市发展具有较好基础,已经具备形成城镇带的雏形,与辽宁省地理相邻、文化习惯相近,换热器、医药等产业跨界存在,具有较好的合作基础,使该区域形成经济带具有可行性。

三 以城市为基、以城镇群(组团)为主体的区域布局思路

(一)城市或城镇群(组团)可以支撑新的区域布局

原有"三纵一横"区域布局具有较强的城市或城镇群(组团)支撑基础,这里不再论述。这里主要考察一核三横的城市或城镇群(组团)支撑情况。

长吉核心区包括长春市辖区、吉林市辖区和永吉县,下辖103个街道、48个镇和17个乡(含民族乡)。长吉核心区的17个乡级经济体中,有一半以上位于都市经济区15公里范围内。市区经济为主体,城镇发展水平较高,完全可以支撑长吉核心区发展。

黑吉边界合作带可以划分为东、西两段。其西段包括现长春市、白城市、松原市的相关区域,下辖45个街道、94个镇和76个乡。这一区域初步形成了沿松花江和沿洮儿河两个小城镇密集区,这两个区域包括白城市辖区、松原市辖区以及洮南、大安、扶余、前郭、镇赉等城市(镇),借助既有的交通体系,东西向联系较强,具有形成同一经济带的可能。黑吉边界合作带东段包括现吉林市相关区域和延边朝鲜族自治州全境,下辖29个街道、65个镇和23个乡。这一区域初步形成了以延龙图珲为中心的小城市(镇)密集区,此外沿鹤大交通带、舒兰蛟河两市与吉林市辖区交界带也有可能形成小城镇密集区。这些区域与长吉图战略相结合,成为黑吉边界合作带东段发展的重要支撑。黑吉边界合作带上在街道、乡镇这一级别行政区域中,镇的比重占47.9%,在东段这一比重更高,达55.6%。这些城镇将在未来发展中发挥重要作用。

中部经济突破带也可以分为东段和西段。其西段包括通榆县、长岭县、公主岭市、伊通县,下辖10个街道、50个镇和21个乡。其东段包括磐石市、桦甸市、辉南市和白山市全境,下辖26个街道、68个镇和12个乡。中部经济突破带西段城镇主要集中在长吉核心区周边的长岭、公主岭、伊通等地;中部经济突破带东段城镇主要集中在沈吉铁路周边、靖宇—抚松高速公路周边和浑江、江源、临江为支点的三角区域。如上的城镇分布格局,可以支撑中部经济突破带从接受长吉核心辐射、围绕长白山多种资源开发等方向加快发展。

临辽经济带下辖51个街道、94个镇和40个乡。该区域城市发展具有一定基础,围绕着交通运输通道形成了三个小城镇相对密集区,即哈大铁路周边、辽源至柳河铁路周边、通化市浑江周边。同时这一区域从四平至柳河一带,大小城市辐射圈几近完全相连,具有形成统一经济带的基础。

(二)根据经济基础和人口规模选择基点城市

新的区域布局必须以城市为基点,以经济基础和人口规模为依据,确定发展重点。根据2013年人口数据、GDP数据对吉林省各市县的经济基础水平和人口规模水平进行了评价（如表 7-1 所示）。

表 7-1　吉林省各市县的经济基础水平和人口规模水平评价

排名	地区	经济基础	人口集聚	综合评价	排名	地区	经济基础	人口集聚	综合评价
1	长春市区	0.933	0.822	1.754	25	桦甸市	0.141	0.090	0.231
2	吉林市区	0.525	0.507	1.032	26	东辽县	0.101	0.122	0.223
3	松原市区	0.413	0.608	1.021	27	乾安县	0.123	0.083	0.207
4	辽源市区	0.456	0.370	0.826	28	蛟河市	0.100	0.092	0.192
5	通化市区	0.299	0.266	0.565	29	永吉县	0.075	0.109	0.185
6	四平市区	0.094	0.344	0.437	30	辉南县	0.064	0.120	0.184
7	公主岭市	0.157	0.273	0.430	31	洮南市	0.065	0.101	0.166
8	德惠市	0.163	0.263	0.425	32	柳河县	0.061	0.105	0.166
9	榆树市	0.139	0.278	0.417	33	大安市	0.070	0.095	0.166
10	延吉市	0.209	0.207	0.416	34	通化县	0.087	0.065	0.153
11	九台区	0.173	0.234	0.407	35	抚松县	0.091	0.061	0.152
12	梅河口市	0.176	0.215	0.392	36	镇赉县	0.077	0.068	0.146
13	农安县	0.128	0.259	0.386	37	珲春市	0.087	0.052	0.139
14	梨树县	0.177	0.209	0.386	38	敦化市	0.064	0.070	0.135
15	白山市区	0.174	0.183	0.357	39	临江市	0.080	0.050	0.130
16	扶余市	0.153	0.183	0.336	40	集安市	0.068	0.062	0.130
17	磐石市	0.154	0.141	0.295	41	通榆县	0.052	0.065	0.117
18	前郭尔罗斯蒙古族自治县	0.181	0.113	0.294	42	图们市	0.055	0.060	0.115
19	白城市区	0.117	0.170	0.287	43	靖宇县	0.058	0.041	0.099
20	长岭县	0.122	0.138	0.260	44	龙井市	0.036	0.060	0.095
21	舒兰市	0.093	0.159	0.252	45	和龙市	0.037	0.043	0.080
22	伊通满族自治县	0.098	0.152	0.250	46	安图县	0.038	0.040	0.077
23	东丰县	0.105	0.131	0.236	47	汪清县	0.034	0.041	0.074
24	双辽市	0.120	0.115	0.235	48	长白朝鲜族自治县	0.043	0.027	0.070

从表 7 - 1 看，排名前 10 的城市都可以成为吉林省发展的基点城市，排名在 10 ~ 25 名之间的城市都可以成为相关经济带的节点城市。这 25 个城市，有 20 个位于中部城市群，有 7 个位于西部生态经济区，有 6 个位于东部绿色转型发展区，有 5 个位于长吉图先导区，有 3 个位于长吉核心区，有 9 个位于黑吉边界合作带，有 6 个位于中部经济突破带，有 7 个位于临辽经济带。

（三）根据辐射半径和空间距离组建城市群（组团）

根据表 7 - 1 的综合评价水平，按照综合评价值从大到小确定不同的辐射半径系数，计算排名前 25 位城市（镇）的辐射半径，如表 7 - 2 所示。

表 7 - 2 吉林省前 25 位城市（镇）的辐射半径估算

排名	地区	综合评价	折算系数	辐射半径（公里）	排名	地区	综合评价	折算系数	辐射半径（公里）
1	长春市区	1.754	100	175.4	14	梨树县	0.386	50	19.3
2	吉林市区	1.032	90	92.9	15	白山市区	0.357	50	17.9
3	松原市区	1.021	90	91.9	16	扶余市	0.336	45	15.1
4	辽源市区	0.826	80	66.0	17	磐石市	0.295	40	11.8
5	通化市区	0.565	70	39.6	18	前郭尔罗斯蒙古族自治县	0.294	40	11.7
6	四平市区	0.437	55	24.0	19	白城市区	0.287	40	11.5
7	公主岭市	0.430	55	23.6	20	长岭县	0.260	40	10.4
8	德惠市	0.425	55	23.4	21	舒兰市	0.252	40	10.1
9	榆树市	0.417	55	22.9	22	伊通满族自治县	0.250	40	10.0
10	延吉市	0.416	55	22.9	23	东丰县	0.236	35	8.2
11	九台区	0.407	55	22.4	24	双辽市	0.235	35	8.2
12	梅河口市	0.392	50	19.6	25	桦甸市	0.231	35	8.1
13	农安县	0.386	50	19.3					

根据各城市辐射范围相衔接的情况，可以判断 2013 年吉林省形成了两个较为成熟的城市群（组团），两个发展中的城市群（组团）；从趋势上

看，可能会形成两个较有规模的城市带。

两个较为成熟的城市群（组团）：长吉松城市群（组团）和辽平梅城市群（组团）。长吉松城市群（组团）均处于长春、吉林、松原三个城市的辐射范围内，包括三市市辖区、扶余、德惠、农安、舒兰、榆树、前郭、九台 7 个辐射范围较大的城市。辽平梅城市群（组团）主要处于辽源市、四平市辐射范围内，包括两市市辖区、公主岭、梨树、伊通、磐石、梅河口、东丰 6 个辐射范围较大的城市。

两个发展中的城市群（组团）：通白城市群（组团）和延龙图城市群（组团）。通白城市群（组团）主要处于通化、白山两市辐射范围内，包括两市市辖区、通化县以及柳河和集安的部分区域；延龙图城市群（组团）主要处于延龙图一体化区域范围内，包括延吉、龙井、图们三市大部分地区及和龙市一部分地区。

两个潜在的规模城市带：四（平）扶（余）城市带和双（辽）集（安）城市带。四（平）扶（余）城市带以哈大铁路为轴，在两侧100公里范围内不仅涵盖了长吉松城市群（组团）和辽平梅城市群（组团）（不含梅河口）的大部分城市，还能涵盖双辽、长岭 2 个辐射半径较大的城市（镇）。其两侧 50 公里范围内包括长春、四平两市市辖区、公主岭、梨树、伊通、德惠、农安、榆树、扶余、九台等 8 个辐射半径较大的城市。双（辽）集（安）城市带主要由辽平梅城市群（组团）和通白城市群（组团）组成，沿双（辽）集（安）铁路形成，其两侧100公里范围内包括内蒙古自治区的通辽市、辽宁省的铁岭市等地级城市以及辽宁省的昌图、开原、西丰、新宾、桓仁等县。其两侧 50 公里范围内包括四平、辽源、通化、白山四市市辖区以及辽平梅城市群（组团）和通白城市群（组团）的相应城市，还包括双辽、集安、柳河等城市。

四 以陆路为主的区域交通网络

（一）公路网络建设

为强化"一核三纵三横"的区域布局，根据经济带和城市群（组团）的分布，需要在既有基础上完善"五纵、五横、二环、六支线、十枢纽"的公路网络建设。

"五纵"包括《国家公路网规划（2013—2030 年）》中的大广高速、

京哈高速、鹤大高速、黑河经吉林至沈阳高速在吉林省地域内的相应路段和新（改）建齐齐哈尔经泰来、镇赉、白城、洮南、通榆、太平川至通辽的公路。

"五横"包括以下五个。一是依托珲乌高速建设"两横"，其一是白城经大安、松原、扶余、榆树、舒兰、蛟河、敦化、安图、延吉、图们至珲春的高速公路，重点是建设松原至蛟河段高速公路，通过横向联系支撑黑吉边界合作带的建设；其二是依托长深高速双辽至长春段和珲乌高速的长春至蛟河段的高速公路，强化长吉核心区对中部经济突破带西段的带动作用。二是依托规划中的蒲左高速和延蒲高速建立横向通道，提升珲春开放试验区对中部经济突破带西段的带动作用。三是建设太平川经双辽、四平、辽源、梅河口、通化市到集安的吉林省南部快速通道，支撑临辽经济带建设。四是建设松原经长春（珲乌高速）至抚松（长春至长白山高速）的快速通道，强化中部城市群与长白山旅游区的联系，提高长吉核心区对中部经济突破带东段的带动作用。

"二环"包括：中部城市群外环路和延龙图环路。经过"五纵"、"五横"和相关支线公路建设，形成两大环路网络。中部城市群外环路为松原—榆树—吉林—梅河口—辽源—四平—双辽—长岭—松原的环路；延龙图环路为朝阳川经依兰、长安、图们、开山屯、龙井至朝阳川的环路。通过"二环"强化对城市群（组团）资源的整合，发挥更好的经济效益。

"六支线"的目的是强化区域之间的关联。一是提升松原经乾安、太平川至科左中旗的公路水平；二是提升四平至伊通公路交通水平（建设公主岭至伊通段高速公路）；三是提升吉林至桦甸公路水平；四是提升吉林经榆树至哈尔滨公路水平；四是提升白山经临江至长白县公路水平（争取建成高速公路）；五是提升汪清经春阳镇至宁安县公路水平；六是提升珲春市经春化镇至东宁县和绥芬河市的公路水平。

"十枢纽"是根据公路连接情况确定的具有交通调节功能的城市（镇）。"十枢纽"依次为长春市、吉林市、四平市、辽源市、松原市、通化市、梅河口市、双辽市、延龙图、太平川（科左中旗）。

通过上述方案，在强化内部交通联系的同时，积极与外省（区）加强联系，向北全面对接黑龙江省哈尔滨、大庆、齐齐哈尔、牡丹江四大城市，向西积极对接内蒙古乌兰浩特、通辽两大城市，向南主动对接辽宁省铁岭、抚顺、本溪、丹东四大城市，向东以全省资源支撑跨境经济区建设和开放发展。

（二）铁路网络建设

根据国家《中长期铁路网规划（2008 年调整）》，吉林省内铁路网络已经相对完善。结合"一核三横三纵"区域布局构想，吉林省应在铁路网络等方面在落实好《中长期铁路网规划（2008 年调整）》相关任务的基础上，还应推动如下工作。

进一步充实吉林西部铁路网络，提高路网密度。结合哈长城市群建设需要，设计哈尔滨经太平国际机场至松原市、大庆经肇源至松原市，松原经长岭、郑家屯、康平县、彰武县至阜新（在康平县向东建设至调兵山市支线）的铁路客货运路线，提升哈长城市群和辽中南城市群辐射带动吉林西部发展的能力。

提高铁路网络对沿边地区支撑能力。加快完成东北东部铁路建设工程项目，在既有基础上，设计临江市或松江河镇至长白朝鲜族自治县的铁路路线，支撑长白沿边开发开放试验区建设，提升对东北东部经济带和沿边开发开放的支撑能力。

建设一个枢纽和四大节点。提高长春市铁路枢纽作用，强化其对全省铁路系统的协调调度功能；提升延吉市铁路节点作用，强化铁路对空运、公路陆运之间的衔接能力，支撑向东开放功能；强化白城市铁路节点功能，打造吉林省西向开发开放新前沿；强化四平、双辽、梅河口、通化南向开放节点功能，加强通过铁路与辽宁省邻近地区深度合作能力，支撑临辽经济带的打造。

继续推动客运专线建设。提升哈大、长吉图珲客运专线运营服务水平，尽快完成长（春）白（城）线客运专线建设，谋划长春至集安的客运专线建设计划，强化长吉核心对吉林省西部和东南部经济的带动作用。

（三）其他交通方式

航空网络。进一步壮大长春、延吉等国际机场同行规模，加大力度开辟至欧、美、东盟以及图们江地区相关国家的直飞航线。提高长白山、通化、白城等机场与国内和东北地区主要城市、东北地区沿边开发开放城市的航线密度，促进区域交流。在条件允许的情况下，引进战略资本，组建地方航空公司。

水运网络。加强与俄、朝等国港口合作，保障内货外运、陆海联运等运输规模稳步发展，积极开辟新航线，力争航线覆盖日本海周边各主要港口。争取尽快接入北冰洋航线和北美航线。国内水运方面，争取延伸鸭绿江、图们江、松花江等河流通航里程，适度开展相关河流小规模货物运输工作勘察工作。

五 推进"一核三横"布局形成的对策建议

(一) 打造长吉图先导区升级版

一是推动长吉图先导区规划修订工作。强化长吉图先导区东进西联功能，在区域布局上以长吉核心区和黑吉边界合作区打造长吉图先导区升级版。

二是提升长吉图先导区对全省的带动作用。促进其与哈长城市群、西部生态经济区、东部绿色转型发展区、沿边开发开放经济带的协调发展。

三是加强与内蒙古自治区合作。争取将其兴安盟的乌兰浩特市、扎赉特旗、阿尔山市等地纳入长吉图先导区升级版中，使长吉图先导区直接与蒙古国相连相通。

(二) 推动城市群 (带、组团) 制度创新

依靠行政手段推动城市群 (带、组团) 发展具有局限性，不利于形成有机联系的经济带。因此，应着力建立两种促进城市群 (带、组团) 发展的新制度。

一是建立城市群 (带、组团) 理事会制度。城市群 (带、组团) 或经济带的发展，建立相应的理事会制度：由副省级领导担任理事长，协调相关区域发展；在理事长领导下实行常务副理事长 (相关城市主要领导) 轮值制度，每2年更换常务副理事长，常务副理事长不能由同一城市领导连续担任，由常务副理事长具体负责城市群 (带、组团) 或经济带发展的具体事务。

二是建立城市群 (带、组团) 统一的宣传和招商制度。城市群 (带、组团) 或经济带的对外宣传、招商引资应制定统一制度。城市群 (带、组团) 的对外宣传应统一，共同宣传一个主题，共同打造一个城市群 (带、组团) 的品牌。城市群 (带、组团) 统一招商引资来的项目按实际产业发展需要和地方特色进行布局，力促在大的城市群 (带、组团) 形成产业集聚。要有序推动城市群 (带、组团) 的宣传部门和招商引资部门合并，推

进相邻城市的基础设施建设部门的合并工作。

（三）推进行政区划调整

一是积极推进永吉县并适度谋划前郭县、梨树县、东辽县、通化县等地撤县设区工作。推动永吉县设区并与双阳区有机衔接，使长吉两大都市南北两个方向全面对接，推动长吉大都市区弧形区域变成圆形区域，有利于增强长吉大都市区对全省的辐射带动作用。此外，从区位上看，前郭县、梨树县、东辽县、通化县与相近地级市市区距离邻近甚至相接，空间距离小于长春市区与双阳区、白山市与江源区的距离，具有撤县设区的可能，应进一步推进相关工作。在上述工作基础上，根据重点城镇分布情况，谋划若干重点城镇撤镇设县的有关工作。

二是赋予有关城市地级城市管理权限。不论是现有的长吉图先导区还是新构想中的黑吉边界合作带，在其中东部都有很大一部分区域缺少地级城市支撑。同时该区域有些城市的经济总量不弱于公主岭、梅河口两个具有地级管理权限的城市。因此，极有必要赋予该区域相关县级市地级城市管理权限。从区位上看，可考虑赋予榆树、敦化、延吉、珲春四市地级城市管理权限，强化这些城市的辐射能力，带动黑吉边界合作带的形成。中部经济突破带和临辽经济带，从区位布局考虑，也应赋予桦甸、磐石、双辽、集安等县级市地级城市管理权限，增强这些城市发展的内生动力和辐射能力。

（四）打造五条东西方向大通道

一是北部通道：蒙古国—内蒙古—白城—松原—扶余—榆树—舒兰—蛟河—延吉—珲春—日本海—俄日韩等。

二是中部通道：蒙古国—内蒙古—白城—科右中期—长岭—长春—辉南—抚松—长白山。

三是南部通道：蒙古国—内蒙古—通辽—双辽—四平—辽源—通化—集安—丹东—黄海—日韩东盟等。

四是西北—东南通道：俄罗斯—黑龙江—大庆—松原—长春—梅河口—通化—集安—丹东—黄海—日韩东盟等。

五是西南—东北通道：蒙古国—内蒙古—通辽—双辽—长春—桦甸—大蒲柴河—延吉—珲春—日本海—俄日韩等。

后　记

　　《区域发展战略研究——以吉林发展为视角》是笔者近三年来研究成果的集成，是本人参与各类调查研究、战略研究、政策研究思考的升华，也是本人研究视野拓宽、研究思路提升、研究方法改进的见证。本书还是在本人所著的《科技创新引领区域发展》（2015 年出版）一书基础上将创新思维、创新方法、创新理念等在其他领域的探索性应用。本书虽未能穷尽本人近年来的相关研究成果，但也大抵体现了本人的研究特点：调查研究为根本，方法创新为路径，理念创新为指导，服务需求为目标。

　　本书集成的相关成果，得到了本人工作单位吉林省社会科学院的大力支持，也得到了吉林省有关政府部门给予的经费资助和多种帮助。在这一过程中，本人也收获到了很多同人的友谊。在此，对于予本书相关章节以帮助的朋友们予以衷心感谢。还要感谢社会科学文献出版社工作人员的辛勤劳动，你们为本书的出版站了最后一班岗，把了最后一道关。

　　回顾过往，自《科技创新引领区域发展》（2015 年出版）一书书稿完成至今已经过去三年时间。可谓：白驹过隙又三年，只可回望不能还。春雨秋风成往事，但留著述万千言。

　　最后，本书谨代表本人个人观点，定有不足之处，恳请读者谅解并批评指正。

赵光远

记于 2017 年初夏

图书在版编目（CIP）数据

区域发展战略研究：以吉林发展为视角 / 赵光远，

王树贵著. -- 北京：社会科学文献出版社，2018.1

ISBN 978 - 7 - 5201 - 2027 - 2

Ⅰ.①区… Ⅱ.①赵… ②王… Ⅲ.①区域经济发展

－经济发展战略－研究－吉林 Ⅳ.①F127.34

中国版本图书馆 CIP 数据核字（2017）第 314590 号

区域发展战略研究
——以吉林发展为视角

著　　者／赵光远　王树贵

出 版 人／谢寿光
项目统筹／任文武
责任编辑／王玉霞

出　　版／社会科学文献出版社·区域与发展出版中心（010）59367143
　　　　　地址：北京市北三环中路甲 29 号院华龙大厦　邮编：100029
　　　　　网址：www.ssap.com.cn
发　　行／市场营销中心（010）59367081　59367018
印　　装／北京季蜂印刷有限公司

规　　格／开 本：787mm×1092mm　1/16
　　　　　印 张：15.5　字 数：251 千字
版　　次／2018 年 1 月第 1 版　2018 年 1 月第 1 次印刷
书　　号／ISBN 978 - 7 - 5201 - 2027 - 2
定　　价／68.00 元

本书如有印装质量问题，请与读者服务中心（010 - 59367028）联系